"La marca de un buen libro sobre los atributos de Dios es que no resume a Dios y no lo empaqueta ordenadamente ni lo encasilla. Más bien, se enfrenta a su inmensidad, su trascendencia y su incomprensibilidad. Nos lleva a maravillarnos de lo mucho y lo poco que sabemos de Él. Llega hasta dónde llega la Escritura, pero no más allá. Este es justo ese tipo de libro, y sobre esa base me complace recomendarlo".

Tim Challies,
Bloguero en challies.com; autor de *El Carácter del Cristiano*.

"Tal vez desde R. C. Sproul no haya habido un tratamiento de la teología tan profunda con una devoción y accesibilidad tan cuidadosa. *Ninguno más grande* explora el 'adorable misterio' de Dios con claridad y sabiduría. Lea este libro. Y asómbrate".

Jared Wilson,
Director de estrategia de contenidos, Midwestern Baptist Theological Seminary Midwestern Baptist Theological Seminary.

"Los últimos años han revelado que, aunque el protestantismo evangélico ha hecho un buen trabajo en la defensa de una sana doctrina de las Escrituras, se ha descuidado mucho la doctrina de Dios y en muchos puntos se ha alejado de la ortodoxia clásica de Nicea, bajo la influencia de un biblicismo contundente e históricamente mal informado. Afortunadamente, hay un renovado interés por el teísmo clásico entre los teólogos protestantes, pero la discusión a menudo parece enrarecida hasta el punto de que muchos cristianos están confundidos en cuanto a por qué es importante y qué está en juego para la iglesia. El excelente libro de Matthew Barrett tiende un puente entre el teólogo profesional y el que está en la banca, exponiendo en términos claros y accesibles lo que significa la doctrina bíblica, histórica y ecuménica de Dios, por qué es importante y por qué su abandono por gran parte del mundo protestante es algo que necesita ser corregido".

Carl R. Trueman,
Profesor en Grove City College; autor de *Grace Alone*.

"Ya en 1973, J. I. Packer nos recordaba en su libro *El conocimiento del Dios santo* que la mayor necesidad de la iglesia evangélica era pensar en grande sobre nuestro Dios Trino y conocerlo en toda su perfección, gloria y majestad. Lamentablemente, muchos en la iglesia evangélica no han escuchado el llamado de Packer a conocer a Dios, ya que los evangélicos parecen haberse consumido con todo menos con la gloria de Dios, en detrimento de nuestra vida y salud espiritual. Sin embargo, Matthew Barrett no ha olvidado el grito de Packer de conocer a Dios. En *Ninguno más grande*, Barrett nos ha dado lo que la iglesia de nuestros días necesita desesperadamente más que nada: contemplar la belleza, la gloria, la autosuficiencia y la pura alteridad de nuestro Dios Trino, que es el único digno de nuestra adoración, fe, obediencia y servicio. Este libro es de obligada lectura si la iglesia quiere recuperar su camino y poner a Dios en primer lugar una vez más. Es un maravilloso antídoto a la superficialidad del pensamiento teológico de nuestros días, y nos devuelve a reflexionar de nuevo sobre nuestro Creador y Redentor no domesticado. Es uno de los libros más amenos sobre los atributos de Dios que he leído, Barrett nos llama a volver a las Escrituras y a teólogos anteriores que pensaron profundamente en el Dios del Evangelio. Si quieres mantenerte firme por el evangelio hoy y evitar todas las modas y errores de nuestra época, tome este libro y por medio de él, sea conducido a lo que es la vida eterna: el conocimiento de Dios en el rostro de nuestro Señor Jesucristo".

Stephen Wellum,
Profesor de teología cristiana en Southern Baptist Theological Seminary; autor de *God the Son Incarnate*.

"Este tratamiento vivaz e interesante de los atributos de Dios conducirá a los lectores a una apreciación más profunda del Dios que es el único digno de nuestra adoración. En una época en la que reina una gran confusión en cuanto a la naturaleza de Dios, Barrett aporta una exégesis responsable junto con un conocimiento histórico informado de la Gran Tradición y envuelve el paquete en un estilo de escritura que atrae al lector y explica cuestiones complejas con un toque de destreza. Se trata de una buena introducción a los atributos de Dios que fortalecerá la fe y nos ayudará a pensar con más claridad".

Craig A. Carter
Profesor de teología en Tyndale University College and Seminary; autor de *Interpreting Scripture with the Great Tradition*.

"En consonancia con los clásicos de Agustín, Aquino y Anselmo este libro llega al corazón de la pregunta '¿Qué es Dios?' Con un enfoque sencillo, pero nunca simplista, Matthew Barrett desentraña lo que la Biblia dice sobre el carácter o incluso las perfecciones de Dios. Dios es maravillosamente santo, y Barrett nos recuerda que no hay nada más grande ni mejor que conocer a Dios. Si conocer a Dios es tu deseo, toma este libro y léelo".

Anthony Carter
Pastor principal de la iglesia East Point; autor de *Black and Reformed* y *Blood Work*.

"El conocimiento de Dios es el terreno en el que florece la piedad cristiana. Agradezco la publicación del libro de Matthew Barrett *Ninguno más grande* y oraré para que sea una fuente de crecimiento en la piedad entre aquellos cautivados por su visión de la supremacía de Dios".

Scott Swain
Presidente y profesor James Woodrow Hassell de Teología Sistemática en Reformed Theological Seminary–Orlando; autor de *Reformed Catholicity*.

"En una época de frivolidades y distracciones, necesitamos más libros como este. Aquí está el más grande de todos los temas, la teología propiamente dicha, tratada con claridad y precisión. Matthew Barrett escribe de una manera accesible y atractiva mientras explora los atributos de nuestro Dios. Ningún lector saldrá decepcionado de este libro. Espero que muchos devoren este libro, porque no solo informará su teología, sino que los llevará a la doxología. Y el Dios detallado en estas páginas es digno de ser adorado".

Jason Helopoulos
Pastor principal de la University Reformed Church; autor de *The New Pastor's Handbook*.

"Matthew Barrett está publicando material importante y edificante a un ritmo asombroso. En su último libro hace accesible un clásico de los atributos de Dios. Está escrito de forma clara y atractiva, pero muestra el fruto de una gran cantidad de cuidadosa investigación y razonamiento teológico. El compromiso de Barrett con la autoridad suprema de la Escritura como Palabra de Dios es clara en cada página. En una época en la que el pueblo cristiano se ha conformado con demasiada frecuencia con un retrato anémico de la Palabra del Dios vivo, aquí hay un libro que es muy necesario. Amplíe su visión de Dios leyendo este libro".

Mark D. Thompson
Director del Moore Theological College.

"Corrientes profundas y poderosas fluyen a través de la explo-ración de Barrett de la doctrina de Dios. Escribe con rigor exegético, precisión teológica y visión práctica; todo ello en conversación con algunas de las mentes más brillantes de la iglesia. Este libro merece la pena para estudiar quién es Dios y aprender que realmente no hay *Ninguno más grande*".

J. V. Fesko,
Decano académico y profesor de teología sistemática e histórica en Westminster Seminary California; autor de *Justification*.

"Dios nos creó para conocerlo, amarlo y adorarlo según la revelación de sí mismo. Uno de los mayores desafíos a esto ha sido siempre nuestros instintos idólatras de reimaginar el carácter de Dios con uno con el que nos sintamos más cómodos o que encaja mejor con las sensibilidades contemporáneas. Esto sucede cuando distorsionamos o descuidamos cualquier atributo de Dios, y esto nos aleja de la relación verdadera y vivificante con nuestro Creador que él pretende. En *Ninguno más grande*, Matthew Barrett nos ha dado una presentación tremendamente útil y bíblica de los aspectos del carácter de Dios que a menudo se dejan de lado en nuestra forma de pensar, predicar y adorar. Estoy seguro de que este libro ayudará al pueblo de Dios a conocer, disfrutar y adorar a nuestro gran y amoroso Rey de una manera más satisfactoria y honorable".

Erik Thoennes
Profesor de teología y presidente del Departamento de Estudios Teológicos de Pregrado en Talbot School of Theology / Biola University; autor de *Godly Jealousy*.

"Este es un libro importante. La antigua visión clásica de Dios se está erosionando en la iglesia contemporánea. Barrett no es una voz solitaria de protesta (nos señala intencionadamente lo mejor de la teología cristiana de todas las épocas), sino que presenta los temas de forma accesible. Su escritura es atractiva y clara en todo momento. Aun así, este libro pondrá a prueba su concepción de Dios. Pero cualquier libro que valga la pena sobre la doctrina de Dios debería hacer eso, porque como nos recuerda Barrett, Dios es aquel que *Ninguno más grande* podía ser concebido. Sí, Barrett nos enseña sobre los atributos de Dios y cómo se interrelacionan, pero leer este libro no es como tomar una clase; se parece mucho más a un ejercicio espiritual, incluso a un encuentro con el Dios vivo. Es como leer un extenso himno de alabanza. Pocos lo leerán sin una creciente sensación de asombro. Este es un libro para leer y releer".

Tim Chester
Pastor en Grace Church Boroughbridge, Reino Unido; miembro de la facultad en Crosslands Training; autor de *Enjoying God*.

"Mis pecados y temores pueden deberse, en última instancia, a una visión empobrecida de Dios. Este libro es un tónico bienvenido para mí. Todas las debilidades y temores de la iglesia moderna se deben a una visión empobrecida de Dios. Este libro es un tónico necesario. Yo te insto a que lo leas en oración y seas confrontado con el Dios perfecto, infinito, desbordante y trinitario, que es amor, sabiduría, poder y gracia y más allá de lo que podemos imaginar".

Peter Sanlon
Autor de *Simply God*; director de formación en The Free Church of England.

NINGUNO MÁS GRANDE

LOS ATRIBUTOS INDOMABLES DE DIOS

MATTHEW BARRETT

PRÓLOGO DE FRED SANDERS

Ninguno más grande:
Los atributos indomables de Dios
por Matthew Barrett.

Copyright © Monte Alto Editorial, 2024

Traducido con permiso del libro *None Greater: The Undomesticated Attributes of God* © Matthew Barrett. 2019 publicado por Baker Books, una división de Baker Publishing Group; Grand Rapids, MI 49516-6287

Ninguna parte de esta publicación puede ser reproducida, almacenada en un sistema de recuperación o transmitida en forma alguna por ningún medio, ya sea electrónico, mecánico, fotocopiado, grabado o de otro tipo, sin el permiso previo del editor.

Primera impresión febrero 2024 en Colombia

A menos que se indique lo contrario, las citas de las Escrituras son de la Nueva Biblia de las Américas (NBLA) © 2005 por The Lockman Foundation.

Monte Alto Editorial
www.montealtoeditorial.com
ISBN: 978-628-01-2392-9

A Georgia.

"Pero al levantarse temprano al día siguiente, otra vez Dagón había caído rostro en tierra delante del arca del SEÑOR. Y la cabeza de Dagón y las dos palmas de sus manos *estaban* cortadas sobre el umbral; solo el tronco le quedaba a Dagón".

1 SAMUEL 5:4

Tabla de Contenido

Prólogo por Fred Sanders 13
Prefacio *Llenar la casa* 17
Introducción *Sorprendido por Dios* 21
1 ¿Podemos conocer la esencia de Dios?
    Incomprensibilidad 37
2 ¿Podemos pensar como Dios?
    Cómo debe (y no debe) la criatura hablar del Creador 53
3 ¿Es Dios el Ser Perfecto?
    Por qué un Dios infinito no tiene limitaciones 67
4 ¿Dios depende de ti? *Aseidad* 83
5 ¿Dios está compuesto por partes? *Simplicidad* 99
6 ¿Dios cambia? *Inmutabilidad* 121
7 ¿Dios tiene emociones? *Impasibilidad* 145
8 ¿Está Dios en el tiempo? *Eternidad atemporal* 175
9 ¿Está Dios limitado por el espacio? *Omnipresencia* 199
10 ¿Es Dios todopoderoso, lo sabe todo y es todo sabio?
    Omnipotencia, omnisciencia y omnisapiencia 223
11 ¿Puede Dios ser santo y amoroso a la vez?
    Justicia, bondad y amor 251
12 ¿Debe Dios tener celo para su propia gloria?
    Celo y gloria 273
Glosario 289
Bibliografía 299

Prólogo
por Fred Sanders

Por lo general, cuando los teólogos descubren que estaban equivocados en algo, lo admiten de inmediato. Pero luego cubren sus huellas. Revisan sus puntos de vista a la luz de la evidencia, adoptan los puntos de vista correctos, y a partir de entonces simplemente enseñan y hablan como si siempre hubieran mantenido estos nuevos y mejorados puntos de vista. Es posible que hayan emprendido un viaje desde la confusión para llegar a la verdad, pero una vez que llegan, solo hablan del destino. Eso es justo lo que queremos de los teólogos; una descripción de la tierra de la verdad.

Lo mejor del libro de Matthew Barrett *"Ninguno más grande"* es que no borra sus propias huellas. Las vuelve a trazar y nos lleva en el viaje. Y es un extraño viaje de descubrimiento, porque lo que Barrett descubrió fue el Dios que ya conocía. Había estado alabando a Dios, confiando en Dios, sirviendo a Dios, estudiando a Dios en su Palabra, enseñando cosas verdaderas sobre Dios, y orando a Dios todo el tiempo. Pero de alguna manera, en algún momento, se dio cuenta de que había algo irreal, incompleto e inadecuado en la forma en que se había acostumbrado a pensar en Dios.

Aquí es donde el viaje de Barrett se cruza con los viajes de tantos muchos de nosotros criados en la fe cristiana. Centrándonos en un subconjunto preseleccionado de cosas que nos gusta recordar de Dios (su misericordia, su íntima preocupación por nosotros, su amor por nosotros), dejamos que nuestros pensamientos sobre Dios orbiten en torno a ese centro familiar. Nos sentimos cómodos con un cierto conjunto de atributos divinos tranquilizadores, familiares y acogedores. No hay acantilados escarpados, alturas vertiginosas o abismos insondables en la doctrina de Dios en la que nos establecemos en ella. Es como si tuviéramos una doctrina de Dios que lo hace todo bien excepto que accidentalmente deja fuera la pura "divinidad" de Dios. Pero eso significa que lo hace todo mal.

Esa es la conmoción que capta el libro de Barrett: Conocer al Dios que pensabas que conocías, y ser sorprendido por su pura divinidad. ¡Dios es más grande de lo que creía que era! Extendiendo ese momento de conmoción a todo un libro, Barrett explora todos los atributos divinos que estamos tan tentados a disminuir, minimizar, evitar o ignorar. La perfección, la aseidad, la simplicidad, la inmutabilidad, la impasibilidad, la eternidad, y todos los atributos "omni-" se presentan mientras aprendemos a confesar una doctrina de Dios más elevada, más clásica y más bíblica.

El principal descubrimiento que Barrett registra en este libro es el descubrimiento que Dios es más grande, pero hay otro descubrimiento que lo acompaña a éste: la teología es difícil. La teología es difícil porque una vez que te das cuenta de lo grande que es Dios—que no se puede concebir nada más grande, en la forma anselmiana de decirlo—te das cuenta de lo difícil que es hablar de Dios. El problema no se puede superar simplemente estudiando libros de teología y aprendiendo un nuevo vocabulario más técnico. De hecho, la mayoría de los lectores aprenderán algunas palabras nuevas y útiles de este libro, ya que palabras como "aseidad" no son precisamente palabras familiares, y palabras como "simplicidad" tienen un significado especial en teología. Pero recoger esos términos, y utilizarlos para decir más cosas correctas sobre Dios, no es suficiente. Estas palabras y conceptos de la doctrina cristiana clásica de Dios son solo marcadores en el camino para revertir algunos hábitos de pensamiento arraigados profundamente. Esos hábitos de pensamiento comienzan en su mayoría con un sentimiento como "Si yo fuera Dios...". Nos dejamos llevar fácilmente por un estilo de teología que parte de nosotros mismos e imagina algunas formas en las que Dios debería ser así, pero más grande y mejor. Me siento triste cuando me rechazan, así que Dios debe sentirse aún más rechazado, pero sin actuar por ello. Yo necesito ser amado, así que Dios necesita ser amado aún más, pero también de alguna manera debe ser capaz de aceptar cuando no lo es. Es posible tomar declaraciones como estas y matizarlas lo suficiente, o cubrirlas con algunos principios bíblicos o descartar errores groseros, de modo que terminemos con una teología decente de un Dios respetable. Pero hay un problema subyacente que seguirá generando errores cada vez que bajemos la guardia. El problema subyacente es un estilo teológico que, incluso en su lectura de la Escritura, trabaja desde nosotros hacia Dios.

Con *Ninguno más grande*, Barrett está decidido a invertir esa dirección. Ha aprendido que el camino correcto de la teología es seguir la revelación de Dios desde arriba hacia abajo, y desea y quiere que los lectores le acompañen en este viaje. Ello requiere algunos movimientos verdaderamente contraintuitivos, porque realmente tenemos que salir de nosotros mismos para escuchar el mensaje de la perfección y la bendición de Dios. Y requiere que prestemos más atención a algunos de los principales testigos teológicos de la gran tradición del pensamiento cristiano de lo que estamos acostumbrados a hacer. Eso es porque muchas de estas voces más antiguas—Atanasio con su reacción de choque contra el arrianismo, Agustín con sus *Confesiones* autobiográficas, Anselmo con su libro oración meditativa—también escribieron como peregrinos que habían sido sorprendidos por la divinidad de Dios. Así que hay mucha compañía en el viaje que Barrett invita a los lectores a acompañarle. Pero lo más importante es iniciar el viaje. Lo que importa es unirse a la compañía de aquellos que están permanentemente sorprendidos por la pura divinidad del Dios que creíamos conocer.

Fred Sanders
Profesor de Teología
Torrey Honors Institute
Biola University

Prefacio
Llenar la casa

> Por mi parte, tiendo a encontrar los libros doctrinales a menudo más útiles que los libros devocionales, y sospecho que a muchos otros les espera la misma experiencia. Creo que muchos que encuentran que "no pasa nada" cuando se sientan o se arrodillan ante un libro devocional, descubrirán que el corazón canta sin proponérselo mientras se abre camino a través de una teología con una pipa entre los dientes y un lápiz en la mano.
>
> C. S. LEWIS, "SOBRE LA LECTURA DE LIBROS ANTIGUOS".

A menudo me he lamentado de que haya muy pocos libros sobre los atributos de Dios escritos para los miembros de la iglesia con un estilo claro y accesible, pero sin concesiones y riguroso. Mientras que las pilas de libros invitan al estudiante erudito a tomar y leer, el feligrés tiene pocas oportunidades de sumergirse de cabeza en las cosas profundas de Dios. Lamentablemente, recurren a la literatura devocional popular para alimentar un hambre espiritual que solo la teología puede satisfacer. ¿No es de extrañar que nuestras iglesias tengan un gran corazón para el ministerio, pero parezcan casi anémicas cuando se les pregunta por el gran Dios que decimos adorar?

Para empeorar las cosas, ese vacío es llenado con demasiada avidez por los teólogos liberales. Los dos últimos siglos han demostrado que la persona moderna y posmoderna se apresura a sustituir la visión elevada de Dios por un Dios que es como nosotros, un Dios que podemos domesticar, por la alta visión de Dios afirmada por figuras como Agustín, Anselmo y Aquino. La parábola de los espíritus inmundos se aplica: cuando la mala teología es expulsada por una generación, pero no es reemplazada por un sustituto siguiente, el hogar de la teología cristiana queda vacío. Cuando ese mal espíritu de teología regresa y encuentra la casa vacía, trae con él otras siete teologías inmundas. El último estado es peor que el primero (Mt. 12:45). Tal es nuestra herencia.

Pero puede cambiar

Este libro está destinado a *llenar la casa* de buena teología propia, del tipo que mantendrá a los demonios alejados para siempre. Eso significa renunciar a la agenda del teólogo moderno de crear un Dios a nuestra imagen y semejanza, un Dios cuya inmanencia se ha tragado su trascendencia, un Dios que puede ser controlado por la criatura porque no es tan diferente de la criatura. Pero también significa llenar la casa con una comprensión bíblica de Dios como alguien que es, como dijo Isaías, "alto y sublime" (Is. 6:1), cuyos atributos no se han domesticado. Él es el Dios que Jeremías confesó, diciendo:

> No hay nadie como Tú, oh SEÑOR.
> Grande eres Tú, y grande es Tu nombre en poderío.
> (Jer. 10:6)

No hay nada más grande que este Dios, no porque sea simplemente una versión mayor de nosotros mismos, sino porque no se parece en nada a nosotros. Solo un Creador que no se confunde con la criatura es capaz de descender a redimir a los que han estropeado su imagen. Nuestra "situación habría sido seguramente desesperada," exclama Juan Calvino, "si la misma majestad de Dios no hubiera descendido hasta nosotros, ya que no estaba en nuestro poder ascender a él".[1]

---

[1] Calvino, *Institutes* 2.12.1.

Todo esto para decir que he escrito este libro no para los académicos (aunque espero que muchos estudiosos lo lean) sino para los feligreses, pastores, y aquellos estudiantes principiantes que aún no han tomado un libro que los lleve a la visión clásica de Dios. Sinceramente, espero que este libro sea difundido entre el pueblo de Dios para que las iglesias del mañana se fortalezcan contra aquellos que puedan intentar astutamente llenar nuestra casa teológica con una teología propia ajena al Dios de Abraham, Isaac y Jacob.

Para ello, he tratado de escribir este libro de forma clara y accesible. He incluido un glosario al final del libro para ayudar a los lectores a entender los términos y conceptos a medida que trabajo con los argumentos del libro. Creo firmemente en la simplicidad divina, por lo que el atributo tratado en un capítulo está siempre relacionado con los atributos de los demás capítulos. El glosario ayudará al lector con los términos y conceptos incluso antes de que se den los términos y conceptos, incluso antes de que se hayan tratado completamente en un capítulo.

Por supuesto, estoy muy agradecido con muchos. Debo agradecer a Brian Vos, que fue el primero en proponerme escribir un libro sobre los atributos de Dios para Baker Books. Admito que al principio no estaba seguro. Escribir un libro de nivel popular de una manera accesible y clara, pero sobre un tema tan intimidante como la doctrina de Dios se sentía un poco como tratar de escalar el Sinaí mientras temblaba y humeaba. Me he encontrado escondido en la hendidura de la roca con Moisés, buscando humildemente para saber quién es Dios por medio de sus poderosas obras y palabras, pero sin suponer tan arrogantemente que puedo ver la gloria de su esencia. Mientras escribía este libro, R. C. Sproul se fue a estar con el Señor. Brian me animó a seguir estudiando a Sproul, alguien tan dotado para articular la complejidad de la teología de una manera que el miembro de la iglesia pudiera aceptar.

También estoy en deuda con el agudo ojo editorial de James Korsmo, que ayudó a limar las asperezas para que los argumentos y la prosa fueran lo más lúcidos posible. También quiero agradecer a algunos de mis alumnos—Ronni Kurtz, Sam Parkison y Joseph Lanier—por haber leído el libro antes de tiempo.

Estoy especialmente agradecido a Jason Allen, presidente del Midwestern Baptist Theological Seminary, y a Jason Duesing, rector del MBTS, por su apoyo durante la transición de mi familia a Kansas City. No solo se aseguraron de que tuviera tiempo para escribir este libro, sino que su entusiasmo por que enseñe teología a los estudiantes me ha inspirado a superarme en el campo de la erudición para la iglesia. Es una alegría estar en su equipo.

Como siempre, mi esposa, Elizabeth, ha sido mi baluarte. Lo que Katie fue para Lutero, Elizabeth lo es para mí. En medio de la construcción de una vida hogareña llena de alegría y felicidad, no se cansa de las conversaciones teológicas. A veces me cuesta imitar la humildad de Cristo, pero esa humildad caracteriza el espíritu de Elizabeth a diario. Ella ama genuinamente a los demás como lo hace Cristo, y nadie lo sabe más personalmente que sus hijos.

Dedico este libro a mi hija, Georgia. Ella es de un espíritu tranquilo. Cuando ella habla, yo escucho. Su dulzura debe haber venido de su Padre celestial. Ruego que este libro te muestre algo de su belleza, para que te acerques cada vez más a su Hijo por su Espíritu.

Matthew Barrett
Kansas City, 2018

Introducción
Sorprendido por Dios

Te has vestido de esplendor y de majestad
SALMOS 104:1

El Dios trascendente, majestuoso y asombroso de Lutero y Calvino… ha sufrido un ablandamiento de su carácter.
MARSHA WITTEN, *All Is Forgiven*

"Aslan es un león, —*el* León, el gran León".
"¡Ooh!" dijo Susan. "Pensé que era un hombre. ¿Es él—bastante seguro? Me sentiré bastante nerviosa al encontrarme con un león…"
"¿Seguro?" dijo el señor Beaver… "¿Quién habló de seguridad? Claro que no es seguro. Pero es bueno. Es el Rey, les aseguro".
C. S. LEWIS, *The Lion, the Witch and the Wardrobe*

Un despertar

Me enamoré dos veces cuando estaba en la universidad. La primera vez que me enamoré fue cuando conocí a mi esposa, Elizabeth, en mi primer año de estudiante fuera de la cafetería en el soleado Los Ángeles. Es difícil de creer, pero ya llevamos trece años casados, y sin embargo recuerdo el día que nos conocimos como si fuera ayer.

Todo sucedió al revés. El día de San Valentín se acercaba demasiado rápido, y ella había prometido a su compañera de piso que le encontraría una cita... y rápido. Como la mayoría de los nuevos, no tenía ni idea, pero aparentemente Elizabeth había decidido que esa cita era yo. Como me contaron mis amigos más tarde, durante las dos semanas siguientes me acosó asegurándose de que era una buena compañera de cuarto. Finalmente, un día se atrevió a presentarse a mí por primera vez. Acababa de salir de la cafetería y me sorprendió por el repentino "hola" de una chica de primer año terriblemente bonita. Durante la siguiente hora hablamos, pero ella había decidido que yo no era bueno para su compañera de cuarto después de todo. Por el contrario, ¡yo era el más adecuado para ella! En resumen, su compañera de cuarto tuvo que conseguir otra cita, y yo me presenté con flores en la puerta de Elizabeth ese día de San Valentín.

Ese mismo año, sin embargo, me enamoré por segunda vez. No, no fue de otra chica. Fue con un libro, tan nerd como eso suena. Como nueva estudiante en una universidad cristiana, Elizabeth estaba disfrutando de sus clases de teología. Un día me preguntó si yo había leído alguno de los libros que ella estaba leyendo. Avergonzado, tosí un no. Aquí estaba la chica a la que quería impresionar, y aparentemente sabía más de teología que yo. Sin ser consciente de mi humillación, Elizabeth comenzó a compartir lo mucho que había aprendido sobre la doctrina de la gracia, por ejemplo, y cómo estaba luchando con las grandes cuestiones que rodean la fe cristiana, como el misterio entre la soberanía divina y el libre albedrío y el problema del mal.

Se despertó mi curiosidad

Unos días más tarde, me topé con un ejemplar maltrecho y abandonado de las *Instituciones de la Religión Cristiana* de Juan Calvino fuera de la cafetería de la escuela. Durante los siguientes días no pude dormir. Estaba pegado a este libro. Nunca había leído nada parecido. Claro, yo había crecido en un hogar cristiano. Y sí, había ido a la iglesia cada semana para escuchar la enseñanza de la Biblia. Incluso había leído muchos libros cristianos como un joven creyente. Pero este libro era diferente. ¿Por qué?

Calvino articuló tan clara y profundamente la majestad de Dios. Con los ojos recién abiertos, ya no estaba "estudiando" a Dios, como a veces comunica la etiqueta "teología". No, me encontraba con el Dios *vivo*. Ese semestre me había embarcado en una misión para *conocer* a Dios mismo como nunca lo había conocido. Puede que haya leído mi Biblia durante años y haya sido un cristiano devoto, pero ahora una ventana—una puerta, en realidad—se abrió de par en par para que pudiera contemplar la gloria de Dios como nunca.

Ese año, cuanto más aprendía sobre Dios, más tenía que admitir lo pequeño e insignificante que era yo al lado de este gran Dios. Mientras la cultura me decía que Dios era solo una versión más grande y mejor de nosotros mismos, el Dios que estaba descubriendo no se parecía en nada a los humanos. Como nunca antes, resoné con la confesión de Calvino: "El hombre nunca esta suficientemente conmovido y afectado por la conciencia de su estado de bajeza hasta que se compara con la majestuosidad de Dios".[1] Al igual que Job, cuanto más comprendía "la sabiduría de Dios, su poder y pureza," más abrumado me sentía, especialmente a la luz de mi propia "estupidez, impotencia y corrupción".[2] Una vez que estuve absorto ante la majestuosidad de Dios, su gloria infinita, su supremacía y perfección brillaron de repente, como los cálidos rayos del sol después de un invierno despiadado y helado. El brillo de su divinidad me había cegado, pero, irónicamente, ahora podía ver su belleza mejor que antes.

No me imaginaba que ese verano, durante un memorable viaje de campamento, experimentaría un nuevo despertar a la gloria de Dios.

---

[1] Calvino, *Institutes* 1.1.3.
[2] Calvino, *Institutes* 1.1.3.

Un nuevo despertar

Acampar es realmente la aventura familiar por excelencia. Dormir al aire libre con la mirada de las estrellas. Asar malvaviscos y contar historias de fantasmas por la noche junto a un fuego chispeante. Atrapar esa lubina gigante con solo un gusano en el anzuelo. El campamento es el lugar donde se crean los recuerdos.

Excepto que, según mi experiencia, acampar puede ser una pesadilla total. Recuerdo la primera vez que mi esposa y yo fuimos a acampar después de habernos casado varios años antes. Los mosquitos habían decidido celebrar su reunión familiar en nuestro campamento. La primera mañana, nos levantamos preparados para un buen desayuno, pero nos dimos cuenta de que habíamos olvidado los panqueques, el jarabe, los huevos y el tocino. Y entonces llegó el calor. Hacía tanto calor que no podía dormir. Al parecer, nuestra hija de un año estuvo de acuerdo y decidió que dejaría que todo el campamento supiera que era una campista infeliz, descontenta con la decisión de mamá y papá de dejar las comodidades del hogar (especialmente el aire acondicionado). A las 3:00 a.m., no pudimos aguantar más. Lo metimos todo en el maletero del automóvil y volvimos a casa.

A pesar de mi reciente historia de desastres en campamentos, tengo buenos recuerdos de cuando era niño y viajaba de un lugar a otro en nuestra vieja camioneta. Disfruto de la tranquilidad de un lago por la mañana o la suave brisa en la cima de una montaña después de una dura caminata, y hay pocos momentos más apropiados que este para reflexionar sobre el carácter de Dios.

Después de salir de casa e ir a la universidad, intenté mantener la tradición de acampar. Ese primer verano, me invitaron a reunirme con mis futuros suegros, y fue memorable: Tostadas francesas por las mañanas, seguidas de esquí acuático por las tardes. Lo creas o no, eso no fue lo mejor del viaje, por mucho que me gustara el jarabe de maple y esquiar a veinte millas por hora con el viento en mi cara. El punto culminante llegó una tranquila mañana en la que me había levantado mucho antes que los demás. Me acababan de regalar un ejemplar de las *Confesiones* de San Agustín. Era un pequeño libro de bolsillo que había tirado accidentalmente en el recipiente de agua de un perro el día anterior. El libro estaba hinchado como un pez globo, así que estuve a punto de tirarlo. Por alguna razón lo guardé, y esa mañana de rocío me senté bajo la luz del amanecer para darle una oportunidad a Agustín. Mi vida nunca sería la misma.

AGUSTÍN

Agustín de Hipona (354-430) estaba impregnado de la filosofía maniqueísta como incrédulo, y la conciencia agitada de este norteafricano estaba inquieta hasta que descubrió que solo el cristianismo podía responder a las preguntas que luchaba por desentrañar. Se puede leer sobre su conversión en sus *Confesiones,* quizás la autobiografía cristiana más famosa de la historia, aunque atípica entre las biografías, basada en oraciones teológicas que dicen mucho sobre el carácter de la persona de Dios. Agustín estaría en la controversia a lo largo de su carrera. Contra los pelagianos, por ejemplo, Agustín defendió la doctrina del pecado original, demostrando que la depravación inherente de la humanidad necesita una gracia que conceda poderosa y eficazmente a los humanos una nueva vida espiritual, lo que resulta la conversión. Frente a los arrianos de Occidente, Agustín defendió la plena deidad de Cristo, y pasó a articular una doctrina de la Trinidad que todavía se discute y se debate hoy en día. Para nuestro propósito, son las reflexiones de Agustín sobre el siempre tan delicado equilibrio entre la trascendencia y la inmanencia divina.

He aquí un hombre que tuvo profundas luchas con el pecado, combatiendo su carne hasta que finalmente entregó su vida a Dios y confió en Cristo. Agustín un día miraría hacia atrás y volvería a contar la historia de su conversión. Pero *Las Confesiones* no es una mera autobiografía; es un rico retrato de Dios, que se presenta en forma de innumerables oraciones. Mientras disfrutaba de la belleza del azul marino del lago, me encontré de repente con una oración que me abrió los ojos a una belleza divina que nunca había visto antes:

> Altísimo, buenísimo, poderosísimo, omnipotente, misericordiosísimo y justísimo, profundamente oculto pero íntimamente presente, perfecto en belleza y fuerza, estable e incomprensible, inmutable y sin embargo cambiante de todas las cosas, nunca nuevo, nunca viejo, haciendo todo nuevo y "llevando" a los orgullosos "a ser viejos sin que lo sepan" (Job. 9:5, Versión latina antigua); siempre activo, siempre en reposo, reuniéndose a sí mismo pero sin necesidad, apoyando y llenando y rotando, creando y nutriendo y llevando a la madurez, buscando aunque a ti no te falte nada: amas sin consumirte, eres celoso de una manera libre de ansiedad, te "arrepientes" (Gn. 6:6) sin el dolor del arrepentimiento, tú eres iracundo y te mantienes tranquilo. Harás un cambio sin ningún cambio en tu diseño. Recuperas lo que encuentras, pero nunca lo has perdido. Nunca tienes necesidad, te alegras de tus ganancias (Lc. 15:7); nunca eres avaro, pero exiges intereses (Mt. 25:27). Te pagamos más de lo que exiges para hacerte deudor nuestro, pero ¿quién tiene algo que no te pertenezca? (1 Co. 4:7). Pagas las deudas, aunque no le debes nada a nadie; pagas deudas y no incurres en ninguna pérdida. Pero en estas palabras ¿qué he dicho, mi Dios, mi vida, mi santa dulzura? ¿Qué ha conseguido alguien en palabras cuando habla de ti? Sin embargo, ay de los que callan sobre ti porque, aunque son locuaces con la verborrea, no tienen nada que decir.[3]

---

[3] Agustín, *Confessions* 1.4 (4) (pp. 4–5). Cf. Charnock, *Existence and Attributes of God*, 1:200.

Diferenciando cuidadosamente entre el Creador y la criatura, Agustín es como un acróbata caminando por la cuerda floja.[4] Sí, Dios es inmanente ("íntimamente presente"), pero sigue siendo trascendente e incomprensible ("profundamente oculto"). Sí, realiza cambios en el mundo ("cambiando todas las cosas"), pero nunca cambia en sí mismo ("inmutable"). Sí, crea y renueva, pero él mismo es intemporalmente eterno ("nunca nuevo, nunca viejo"). Sí, nutre a otros, pero nunca necesita ser alimentado. Sí, lleva al mundo a la madurez, pero nunca madura, ni necesita alcanzar su potencial o ser activado; es máximamente vivo, acto puro ("siempre activo"), que nunca cambia (inmutable). Sí, ama, pero siempre impasible ("amas sin consumirte"). Sí, es celoso, pero su celo, a diferencia de los humanos, nunca es desesperado o impotente (estando "libre de ansiedad"). Sí, vierte su juicio sobre los malvados, pero nunca como un Dios caprichoso ("[tú] permaneces tranquilo"), su juicio siempre se mide por su justicia. Y sí, redime, pagando nuestra deuda, pero solo porque no tiene deuda con nadie, siendo un Dios de absoluta aseidad ("no debe nada a nadie").

Hay una premisa fundamental, que no se afirma explícitamente, pero que se entreteje silenciosamente en la oración de Agustín: *los atributos cantan en armonía*. Aunque la simplicidad—la creencia de que Dios no está formado por partes, sino que es sus atributos (véase el capítulo 5 y el glosario)—no se menciona nunca en la oración de Agustín, sino que está presente en toda ella. Agustín no solo equilibra a Dios en sí mismo con la forma en que Dios se relaciona con su creación, sino que nunca separa un atributo de otro, cree que cada uno ilumina al otro. En tal iluminación, nos alejamos y nos maravillamos de la perfección de la esencia única e indivisa de Dios. "Desde Sión, perfección de hermosura, Dios ha resplandecido" (Sal. 50:2).

---

[4] Agustín se expresa de manera similar en otro lugar: véase Agustín, *Trinity* 5.2.

Después de leer una y otra vez la oración de Agustín, dejé el abultado libro, miré el apacible horizonte y me sentí perplejo. ¿Por qué no había conocido antes a *este* Dios? Era tan... grande, mucho más grande de lo que me habían enseñado. Por supuesto, conocía lo básico: Dios es el Creador. Dios es el Señor. Dios es amor. Pero nunca había pensado sobre las perfecciones de Dios como lo hizo Agustín. Para ser honesto, algunas de ellas nunca las había considerado antes. También una parte de mí se sintió frustrado. ¿Cómo podía ser un cristiano por tanto tiempo, haber estudiado la Biblia durante tantos años, y haber ido a la iglesia con tanta regularidad, y sin embargo nunca había oído hablar de atributos como la simplicidad, la aseidad, la impasibilidad y otros? Sin embargo, al mismo tiempo me invadió la alegría. Con Agustín a mi lado, releí las Escrituras y vi estos atributos en cada página de la Biblia. ¿Cómo pude no verlos antes? Estaban por todas partes. Aunque conocía a Dios por años, en ese momento me tomó completamente desprevenido. Dios me sorprendió.

En los meses siguientes, volví una y otra vez a la oración de Agustín. Solo que, al hacerlo, había una frase de la que no podía escapar: Dios es, observa Agustín, "la perfección tanto de la belleza como de la fuerza". Es la palabra "perfección" la que me obsesiona especialmente. ¿Qué significaba? ¿Y por qué la usaría Agustín para referirse a los múltiples atributos de Dios?

En los años siguientes, el acecho se haría más fuerte.

Perseguido por el ser perfecto

Tardé en admitirlo, pero el hecho de haber sido sorprendido por Dios de esta manera significaba que mi vida tenía que cambiar. Tomé casi todas las clases de teología que pude cuando regresé de ese inolvidable viaje de campamento. Tenía que saber más sobre este Dios que Agustín describió, especialmente esa palabra "perfección".

En los años siguientes, el humo comenzó a aclararse, hasta que finalmente todo comenzó a tener sentido. Pero esta vez no fue Agustín quien abrió mis ojos; fue Anselmo. Si Agustín fue mi primer despertar a este Dios, Anselmo fue mi segundo. Había leído un puñado de libros populares, libros cristianos contemporáneos sobre Dios, pero ninguno de ellos tomó a Dios tan seriamente como Anselmo. Hizo preguntas que nadie más se hacía. La pregunta central era ésta: ¿Es Dios el ser más perfecto? Ahí estaba, esa palabra de nuevo: "perfecto". Anselmo tenía una manera de llegar a este concepto de perfección preguntando si Dios es alguien que no puede ser concebido como ninguno más grande.[5] Si lo es, entonces debe ser el ser más perfecto concebible. Y si es el ser más perfecto que se puede concebir, entonces tienen que seguirle ciertos atributos de perfección—o perfecciones—, perfecciones como la infinitud (cap. 3), la aseidad (cap. 4), la simplicidad (cap. 5), la inmutabilidad (cap. 6), la impasibilidad (cap. 7) y la eternidad intemporal (cap. 8), perfecciones que protegen a Dios de las limitaciones, perfecciones que le aseguran ser el ser más perfecto, supremo y glorioso.

Eso lo explica todo. La razón por la que no había entrado en contacto con el tipo de atributos que Agustín había descrito era que nadie me había presentado a Dios como el ser *perfecto*, alguien quien ninguno más grande se puede concebir. Al reflexionar sobre mi propio viaje, era obvio que Dios siempre se había introducido en las conversaciones de una manera muy *experiencial*: el amor es una experiencia humana común, por lo que Dios debe ser un Dios de amor; la misericordia es una virtud encomiable, por lo que Dios debe ser un Dios de misericordia; y así sucesivamente. El pensamiento sobre Dios siempre fue de abajo hacia arriba, es decir, desde mi experiencia hasta quién es Dios. Pero con la ayuda de Agustín y Anselmo, ese enfoque parecía ahora peligroso, siempre coqueteando con la posibilidad de crear un Dios a nuestra propia imagen, siempre definiendo los atributos de Dios según nuestras propias limitaciones.

---

[5] Anselmo, *Proslogion* 2 (*Major Works*, 87).

ANSELMO

Italiano de nacimiento, Anselmo (1033-1109) vivió sus primeros años como incrédulo, siguiendo el ejemplo de su padre, aunque su madre era seguidora de Cristo. Cuando se convirtió, Anselmo hizo un voto monástico y finalmente viajó a Inglaterra, donde fue nombrado arzobispo de Canterbury. A lo largo de su carrera, Anselmo escribió algunas de las más importantes obras de teología, como *Cur Deus Homo* (Por qué Dios se hizo hombre). Para nuestros propósitos, el *Monologion* y el *Proslogion* de Anselmo son especialmente relevantes. Este último es su famoso argumento sobre la existencia de Dios. Lo más inspirador es la creencia de Anselmo de que Dios es "algo-que-nada-mayor-puede-ser-pensado".[a] Lo que muchos no recuerdan es que el argumento de Anselmo para la existencia de Dios fue solo una parte de su contribución. A partir de esa premisa básica en latín—*id quo maius cogitari nequit*, o "aquello por lo que es imposible pensar en algo más grande"[b]—Anselmo demostró, a través del rigor lógico, que ciertos atributos *deben* sucederse. Aunque pensadores posteriores, algunos tan colosales como Tomás de Aquino, discreparon del argumento ontológico de Anselmo, sin embargo, ellos también vieron una cadena irrompible desde la perfección de Dios hasta el resto de sus atributos. Nuestro tratamiento de los atributos divinos será deudor de Anselmo, y nuestra actitud a lo largo de este libro será la de Anselmo, de humildad ante el Santo e Infinito. Será una actitud de fe que busca la comprensión. Como oraba Anselmo cerca del comienzo de su *Proslogion*: "No intento, Señor, alcanzar tus elevadas alturas, porque mi entendimiento no está a la altura. Pero sí deseo comprender Tu verdad un poco, esa verdad que mi corazón cree y ama. Porque no busco entender para creer, sino que creo para entender".[c]

[a] Anselmo, *Proslogion* 2 (*Major Works*, 87).

[b] Anselmo, *Proslogion* 2; la traducción es de Hart, *Experience of God*, 117.

[c] Anselmo, *Proslogion* 1 (*Major Works*, 87).

Lo que era tan diferente en el Dios de Agustín y Anselmo fue que primero pensaron en Dios como uno que no es como nosotros. Ellos empezaron por arriba (Dios) y luego bajaron (a la humanidad). Pasaron del Creador a la criatura. Y este enfoque parecía mucho más alineado con la forma en que los autores bíblicos se acercaban a Dios. Como dice David: "Porque en Ti está la fuente de la vida; En Tu luz vemos la luz" (Sal. 36:9).

Ser sorprendido por Dios cambió toda mi perspectiva y enfoque hacia Dios, y para mejor. Tengo la esperanza de que tú también te sorprendas con Dios también.

Una convicción fundamental

Este es un libro sobre los atributos de Dios. Pero probablemente es diferente a cualquier libro que hayas leído antes sobre los atributos de Dios. La mayoría de los libros sobre el tema abordan un atributo y luego otro y luego otro. Pero no está claro cómo estos atributos se relacionan entre sí y si todos se derivan de una creencia fundamental sobre Dios.

Este libro es diferente. No solo creo que todos y cada uno de los atributos son claves para todos y cada uno de los otros atributos de Dios, sino que estoy convencido de que solo podemos entender los atributos de Dios en toda su gloria si tales atributos se originan en una convicción central: *Dios es alguien que no puede concebirse como algo más grande.*

Hoy en día, curiosamente, esa convicción central se limita a la apologética, específicamente los argumentos para la existencia de Dios. Anselmo pretendía que fuera mucho más, una convicción que establece una trayectoria para la forma de entender los atributos de Dios.[6] Teniendo en cuenta esta convicción central, los capítulos de este libro giran en torno a esta pregunta central: ¿Qué debe ser

---

[6] Hogg ("Anselmo de Canterbury," 17) ha señalado que "la naturaleza y el ser de Dios no eran cualidades separables" para Anselmo. "Probar que Dios existía significaba que uno podía establecer simultáneamente la naturaleza de Dios (cómo es Dios)."

cierto de Dios si es el ser más perfecto? [7] Si Dios es alguien que no puede concebirse como algo más grande, entonces deben *seguirse* ciertas perfecciones que lo hacen grande. Sus perfecciones solo son verdaderas perfecciones si son perfecciones grandiosas.

Identificar esas grandes perfecciones es nuestra misión principal. Pero si su experiencia es como la mía, entonces usted se verá sorprendido por Dios también, conmocionado al descubrir atributos centrales de quién es Dios y de los que nunca se habla a las puertas de la iglesia.

Raíces antiguas: El Dios no domesticado de nuestros padres

Muchas de las grandes perfecciones mencionadas arriba por Agustín son terriblemente impopulares en nuestros días. El pensamiento cristiano moderno y contemporáneo las ha despreciado o las ha dejado de lado, prefiriendo un Dios que es *como nosotros* y no distinto de nosotros y por encima de nosotros. Como resultado, Dios ha sido domesticado. Sin embargo, los más grandes pensadores de la historia de la Iglesia afirmaron estos atributos, los entendieron como arraigados en la propia Escritura, y creían que a menos que estos caractericen a Dios, Dios no puede ser el ser más perfecto, al que le debemos toda la gloria, honor y alabanza.

Esto es una buena y una mala noticia. Es una mala noticia porque significa que tendremos que embarcarnos en una búsqueda que la mayoría de las personas hoy en día no están haciendo. El camino que tenemos por delante no ha sido pavimentado en mucho tiempo; despejar la maleza será parte de la descripción del trabajo. Es una buena noticia porque, aunque pocos contemporáneos nos acompañen, el viaje es antiguo. Al igual que el árbol de nogal de mi patio delantero, este libro tiene raíces profundas y amplias.

Si alguna vez has leído la famosa alegoría de John Bunyan, *El progreso del peregrino*, entonces sabes que elegir a los amigos

---

[7] Naturalmente, responder a esa pregunta nos llevará a responder a otra: ¿Cómo debe ser Dios para hacer las cosas que la Biblia dice que hace?

adecuados para viajar puede ser la diferencia entre llegar a la ciudad celestial o no. Los amigos pueden corrompernos, o pueden llevarnos a casa. A lo largo de los años he hecho un puñado de amigos que pueden llevarnos por el camino correcto para conocer a Dios. No son perfectos, ni mucho menos, pero, han resistido la prueba del tiempo, demostrando ser fieles a la revelación que Dios ha dado en las Escrituras. No solo son fieles, sino también perspicaces. ¿No es esto cierto con los viejos amigos? Ellos tienden a hacer preguntas que los de nuestra época descuidan.

Entonces, ¿quiénes son estos viejos amigos que nos mostrarán el camino a seguir cuando las oscuras tormentas nos impidan ver el camino? Se presentarán a lo largo del camino, pero me gusta llamarlos el equipo A: Agustín, Anselmo y Aquino. Añadiremos otros "grandes" a este equipo—puritanos como Stephen Charnock, y teólogos holandeses como Herman Bavinck. Pero todos esos amigos adicionales tienden a depender de este equipo A. Su imagen de Dios se ha denominado a veces "teísmo clásico". Llámalo como quieras; yo estoy persuadido—y estoy convencido y espero que tú también lo estés al final de este libro—de que el Dios del teísmo clásico es simplemente el Dios de la Biblia.

Invitaremos al equipo A; a hablar con nosotros, y escucharemos cómo nos advierten de las zanjas que hay al lado de la carretera y nos informan de los jardines ocultos que podemos disfrutar mientras nos refrescamos. A veces, nuestros amigos incluso hablarán entre ellos, complementándose, incluso reforzándose mutuamente. El objetivo (su objetivo) no es simplemente ayudarnos a ver el camino, sino llevarnos a casa, de vuelta a aquel que es el ser más perfecto. Es una búsqueda que cada uno de ellos han emprendido y los escritos que han dejado atrás fueron redactados para guiar a los peregrinos, como tú y yo.

Viajar con amigos siempre es un riesgo. ¿Nos ayudarán a perseverar por el camino difícil pero que lleva a la vida, o nos llevarán por el camino fácil pero que conduce a la perdición (Mt. 7:13-14)? El riesgo que conlleva nos recuerda que cualquier amigo es tan bueno como fiel sea a las Escrituras, nuestra última y única autoridad infalible; Porque allí escuchamos la voz del único, verdadero y vivo Dios. Nuestros amigos del pasado añadirán sus voces de apoyo o de advertencia a lo largo de este libro, pero la voz definitiva que hay que escuchar es la de Dios mismo. De principio a fin, por lo tanto, las Escrituras tendrán un lugar privilegiado, informando cada movimiento. "Lámpara es a mis pies Tu palabra, Y luz para mi camino" (Sal. 119:105). Nuestras raíces serán tan antiguas como Moisés, Isaías, Jesús y Pablo.

La Trinidad y los atributos

Una última palabra introductoria debe ser mencionada antes de comenzar nuestro peregrinaje. Este es un libro sobre los atributos de Dios, no uno sobre la Trinidad. Para incorporar algo más que una comprensión superficial de la Trinidad (lo que suele ser necesario, ya que la Trinidad es uno de los misterios más profundos de la fe) nos llevaría más allá de los parámetros de este libro, requiriendo otro libro.

Sin embargo, creo firmemente que los atributos y la Trinidad no están desvinculados. El Dios cuyos atributos estamos describiendo no es otro que el Dios Trino. Dicho esto, en puntos clave del libro, conectaremos inevitablemente nuestra discusión de los atributos con las tres personas de la Divinidad; Porque las tres personas comparten plena y verdaderamente la esencia única e indivisa, y como aprenderemos en nuestro capítulo sobre la simplicidad, los atributos son idénticos a la esencia de Dios.

Así que, aunque no podemos permitirnos un tratamiento completo de la Trinidad (por muy tentador que sea), el Dios Trino será la base de todo lo que digamos.

De la teología a la doxología

A. W. Tozer dijo una vez: "Lo que nos viene a la mente cuando pensamos en Dios es lo más importante de nosotros".[8] Si Tozer tiene razón, conocer a Dios, tal y como se ha dado a conocer,

---
[8] Tozer, *Knowledge of the Holy*, 9.

está en el centro mismo de nuestra identidad. Todos y cada uno de nosotros fuimos creados a imagen y semejanza de Dios y, como le gustaba decir a Juan Calvino, tenemos un sentido de la divinidad en nuestro interior. Desde este punto de vista, la vida cristiana es realmente una búsqueda de la verdad sobre Dios, una peregrinación que debe llevarnos a un encuentro personal con el Dios vivo. Naturalmente tenemos un deseo, incluso un hambre, de comprender mejor a Dios, de saber qué esperar de Él, y de conformar nuestros pensamientos a su voluntad. Como oró Agustín: "Nos has hecho para ti, y nuestro corazón está inquieto hasta que descanse en ti".[9]

En nuestro peregrinaje juntos, volveremos a las Escrituras para entender quién es Dios. El Dios de la Biblia es un Dios que no se calla. Ha hablado y nos ha dicho cómo es. Al hacerlo, el Creador y Señor del universo nos ha invitado a conocerlo y a disfrutar de Él para siempre. Nuestro objetivo no es irnos con un mero conocimiento; Más bien, este conocimiento de Dios está destinado a conducirnos a la adoración. Contrariamente a las caricaturas populares, la doctrina siempre debe conducir a la doxología, y en ningún lugar es más cierto que cuando estudiamos la *doctrina de Dios*. Como dice Paul Helm: "La metafísica en la tradición teológica cristiana"—el estudio del ser o esencia de Dios—"no es más que un preludio de la adoración".[10] Nuestro objetivo, en última instancia, es conocer las perfecciones de Dios y, al hacerlo, aprender lo que significa conocer realmente a Dios de una manera salvífica. Solo entonces se encenderá nuestro afecto por Dios, como dice Agustín.

Pero debo advertirte desde el principio: No me interesará hacerles perder el tiempo con un Dios manso y domesticado, un Dios cuya divinidad está humanizada. Ese puede ser el Dios de la cultura popular, pero no es el Dios de la Biblia. El Dios de la revelación bíblica es el Dios que vio Isaías, el que está en un trono alto y sublime (Is. 6:1), que posee toda la autoridad en el cielo y

---

[9] Augustine, *Confessions* 1.1 (1) (p. 3).
[10] Helm, *Eternal God*, 195.

en la tierra (Mt. 28:18), y que al mismo tiempo está con nosotros y para nosotros como nuestro Salvador (Mt. 1:21-23).

Que comience la peregrinación.

1

¿Podemos conocer la esencia de Dios?

Incomprensibilidad

La cual manifestará a su debido tiempo el bienaventurado y único Soberano, el Rey de reyes y Señor de señores; el único que tiene inmortalidad y habita en luz inaccesible, a quien ningún hombre ha visto ni puede ver. A Él *sea* la honra y el dominio eterno. Amén.

1 Timoteo 6:15-16

En verdad, Señor, esta es la luz inaccesible en la que habitas. Pues verdaderamente no hay nada que pueda atravesarla para que pueda descubrirte allí. En verdad yo no veo esta luz, pues es demasiado para mí; y, sin embargo, todo lo que veo, lo veo a través de ella, como un ojo que es débil ve lo que ve por la luz del sol que no puede mirar al sol mismo... Oh luz suprema e inaccesible.

Anselmo, *Proslogion*

Debe haber estado petrificado.

Probablemente en posición fetal, se acurrucó detrás de una roca. Con las rodillas temblando, las palmas sudorosas y la garganta seca, se preparó para ver lo que nadie se había atrevido a ver antes.

Debió preguntarse si viviría para contarlo a los demás sobre ello. Tal vez no. Nadie le creería, aunque lo hiciera.

El hombre que se escondía detrás de la roca era Moisés. Y estaba a punto de ver la espalda de Dios.

¿Cómo puede ser esto? Porque como Moisés sabía muy bien, Dios es incomprensible; nadie puede conocer—o ver—la esencia misma de Dios y vivir.

Cara a cara con el Todopoderoso

Si había alguien que tuviera los oídos de Dios, que podía sentarse en el consejo íntimo de Dios, que podía pedir a Dios en nombre de su pueblo, alguien que podía atreverse a entrar en el consejo más íntimo del Dios Trino, era Moisés, el líder y mediador elegido por Dios. Pocos profetas, reyes y sacerdotes tenían la atención de Dios como Moisés.

Después de liberar a Israel de Egipto, Moisés lleva al pueblo al Monte Sinaí. Es allí donde Dios se reunirá con Moisés uno a uno para entregarle las tablas de piedra, la ley por la que Israel va a vivir. Trágicamente, Israel comete el más horrible de los pecados: la idolatría. El pueblo crea un becerro de oro y se inclina en adoración, diciendo que este es el dios que los ha liberado de Egipto (Éx. 32). Moisés tiene que interceder por ellos: "Ustedes han cometido un gran pecado, y ahora yo voy a subir al Señor. Quizá pueda hacer expiación por su pecado" (32:30).

Cuando se le dice a Moisés que vaya y lleve al pueblo a la tierra que Dios juró a Abraham, Isaac y Jacob, Dios sigue prometiendo expulsar a los enemigos de Israel en la tierra. Pero hay un problema: Dios ya no irá con Israel, debido a su pecado. "*Sube* a una tierra que mana leche y miel. Pues Yo no subiré en medio de ti, *oh Israel*, no sea que te destruya en el camino, porque eres un pueblo terco" (33:3). Cuando el pueblo oyó "esta mala noticia," hicieron duelo (33:4), pero Moisés intercede una vez más. A solas con Moisés, el Señor habla "cara a cara, como habla un hombre con su amigo" (33:11). Estas conversaciones "cara a cara" tienen lugar en la tienda de reunión mientras la columna de nube—que representa la presencia de Dios—desciende sobre la tienda.

Por favor, muéstrame tu gloria

En un encuentro, Moisés expresa su reserva al entrar en la tierra sin el Señor. Entonces Moisés le dijo: "Si Tu presencia no va *con nosotros*, no nos hagas salir de aquí. ¿Pues en qué se conocerá que he hallado gracia ante Tus ojos, yo y Tu pueblo? ¿No es acaso en que Tú vayas con nosotros, para que nosotros, yo y Tu pueblo, "¿nos distingamos de todos los *demás* pueblos que están sobre la superficie de la tierra?" (Éx. 33:15-16). Después de escuchar a Moisés, el Señor acepta ir con el pueblo, pero deja muy claro que es porque Moisés ha "hallado gracia" ante sus "ojos" (33:17). Moisés es el único a quien el Señor conoce "por su nombre" (33:17). La relación de Moisés con el Señor es más personal e íntima que la de cualquier otro israelita. Si alguien conoce al Señor, ése es Moisés.

Y, sin embargo, ni siquiera Moisés puede experimentar la esencia misma de Dios. Tal vez sea porque Moisés habla "cara a cara" con el Señor tan a menudo que luego se siente tan osado como para pedir lo inimaginable: "Te ruego que me muestres Tu gloria" (33:18). ¿La gloria de Dios? ¿En serio? ¿Cómo puede Moisés ser tan osado? ¿Cómo puede pensar que ver la gloria de Dios es humanamente posible? ¿No sabe a quién se dirige?

A su favor, Moisés es el mediador en el pacto con Israel. A la luz de la catástrofe del capítulo 32 (es decir, la idolatría de Israel), Moisés está desesperado por ver que la presencia de Dios continúe con su pueblo dentro de la tierra, no sea que sean destruidos. Tal vez Moisés también desea confirmación.[1] Previamente, Dios había

---

[1] Cf. los comentarios de Kenneth L. Harris en la *ESV Study Bible* sobre estos versículos.

confirmado su pacto manifestando su presencia con Moisés: "La gloria del Señor reposó sobre el monte Sinaí" por medio de una nube, y el Señor habló a Moisés "en medio de la nube" (24:16). La gloria del Señor también apareció en forma de "fuego consumidor sobre la cumbre del monte" para que todo Israel lo viera (24:17). Se podría pensar que Moisés simplemente pide que se repita la experiencia. Sin embargo, Moisés parece estar pidiendo algo que va mucho más allá de lo que ha experimentado antes.

La respuesta que Moisés recibe es notable. Por un lado, es imposible que Moisés vea la gloria misma de Dios. "No puedes ver Mi rostro; porque nadie me puede ver, y vivir" (33:20). De esta afirmación se puede deducir que nadie puede conocer ni ver la esencia misma de Dios. Es tan glorioso, y su gloria tan infinita, que nos consumiría. Es como el sol. Si miramos al sol de frente, se nos quemarán los ojos y perderemos la vista. Si nos atreviéramos a acercarnos al sol, nos desintegraríamos antes de poner un pie en su superficie. La forma correcta de conocer el sol es a través de sus efectos. Sus rayos nos calientan, y nos dan luz donde hay oscuridad. ¿Pero ver el sol? De ninguna manera. Imposible.

Por otro lado, Dios ha prometido ir con su pueblo, en vez de simplemente enviar a su ángel. Por eso es fundamental que la presencia de Dios se manifieste a Moisés, el mediador de Israel, aunque no sea directamente. Entonces el Señor anuncia su plan: "Yo haré pasar toda Mi bondad delante de ti, y proclamaré el nombre del **Señor** delante de ti. Tendré misericordia del que tendré misericordia, y tendré compasión de quien tendré compasión" (33:19). Moisés no puede ver el "rostro" del Señor y vivir, así que el Señor esconderá a Moisés detrás de una roca al pasar. "Hay un lugar junto a Mí, y tú estarás sobre la peña; y sucederá que al pasar Mi gloria, te pondré en una hendidura de la peña y te cubriré con Mi mano hasta que Yo haya pasado. Después apartaré Mi mano y verás Mis espaldas; pero Mi rostro no se verá" (33:21–23).

Sabemos por otras partes de la Escritura que Dios no tiene cuerpo, sino que es espíritu (Dt. 4:12, 15–16; Jn. 4:24). El lenguaje es antropomórfico, utilizando rasgos humanos (manos, espalda, rostro) para describir el modo en que la presencia y la gloria del

Inmortal se experimentarán a los ojos de un mortal, como Moisés. El lenguaje es protector, guardando a Moisés de la gloria de Dios y la gloria de Dios de Moisés. Que a Moisés se le permita incluso esconderse en una roca cercana es un privilegio. Sin embargo, a Moisés se le da más. Puede que no se le permita ver el rostro del Señor, pero puede ver su espalda. A Moisés se le permite esconderse en la roca, pero es Dios quien se esconde de Moisés. Solo verá la espalda del Señor. El Señor pondrá su mano sobre la cara de Moisés, impidiendo que Moisés vea su rostro, solo para retirar su mano y permitir que Moisés vea la espalda al pasar. Seguramente "Moisés debió darse cuenta rápidamente de que, al conocer a Dios más plenamente, Dios se había convertido en un misterio (problema) aún mayor de lo que era antes".[2]

Si algo nos enseña el encuentro de Moisés es lo siguiente: La esencia de Dios está más allá del alcance de los mortales finitos como tú y yo. Ni Moisés pudo ver la esencia divina y vivir. Los muertos no hablan, especialmente los que han visto la esencia misma de Dios. Es incomprensible en toda su gloria, perfección y resplandor.

"¿A quién me compararás?"

Moisés aprendió ese día que Dios es tan grande que desafía lo comprensible. Esa realidad llevará a Moisés a arrodillarse muchas veces, temeroso de aquel que es fuego consumidor, que habita en luz inaccesible.

Sin embargo, Israel no teme al Señor como Moisés. La incomprensibilidad divina no los deja asombrados de que el Infinito se rebaje a establecer un pacto con un pueblo tan finito y pecador. Saben que no pueden pisar el Monte Sinaí, no sea que mueran, pero en lugar de inclinarse en señal de adoración, esperando las palabras de vida, se apartan, contentándose con dioses que pueden ver y tocar, que pueden fabricar con sus propias manos, que pueden controlar y domesticar.

---

[2] Weinandy, *Does God Suffer?*, 33.

Pero a Dios no se le puede domesticar. Como dice por medio del profeta Isaías: "¿A quién me asemejarán, Me igualarán o me compararán para que seamos semejantes?" (Is. 46:5) La respuesta es obvia: ¡nadie! Dios está pensando específicamente en los falsos ídolos de Babilonia que Israel está tentado a adorar. Son hechos por manos humanas. Los artesanos funden y moldean el oro, creando una imagen; luego elevan esa imagen de oro, se postran ante ella en el suelo y la veneran como a un dios.

El cuadro pintado por Isaías es intencionadamente irónico: ¿el creador adorando a la criatura? Pero la escena es aún más humillante. El objeto adorado es, pues, un *objeto* y nada más. Puede verse, puede tocarse. Se limita a un lugar, pues es inmóvil; de hecho, no puede moverse. Dios se ríe burlonamente: "Lo levantan en hombros *y* lo llevan; lo colocan en su lugar y *allí* está. No se mueve de su lugar". (46:7a). ¿Podría haber un objeto más impotente? Dios piensa que no.

Pero sigamos el juego, ¿de acuerdo? Quizá este nuevo ídolo pueda al menos escuchar las palabras de sus adoradores y luego responder en consecuencia. No, tampoco puede hacerlo. "Aunque alguien clame a él, no responde". y si no responde, entonces no puede salvar a la persona de su problema (46:7b). Este es un dios que se puede domesticar.

¿Cuán diferente es el Dios de Israel? Escucha cómo responde: "Yo soy Dios, y no hay otro; *Yo soy* Dios, y no hay ninguno como Yo" (46:9). Anteriormente en Isaías, Dios dice:

> ¿Quién midió las aguas en el hueco de Su mano,
> Y con *Su* palmo tomó la medida de los cielos,
> O con un tercio de medida calculó el polvo de la tierra?
> ¿*Quién* pesó los montes con la báscula,
> Y las colinas con la balanza?
> ¿Quién guió al Espíritu del Señor,
> O como consejero suyo le enseñó?
> ¿A quién pidió consejo y *quién* le dio entendimiento?
> ¿*Quién* lo instruyó en la senda de la justicia, le enseñó conocimiento,

Y le mostró el camino de la inteligencia?
Las naciones *le* son como gota en un cubo,
Y son estimadas como grano de polvo en la balanza.
Él levanta las islas como al polvo fino.
(40:12–15)

Y luego viene una de las afirmaciones más serias de todas:

Todas las naciones ante Él son como nada,
Menos que nada e insignificantes son consideradas por Él.
¿A quién, pues, asemejarán a Dios,
O con qué semejanza lo compararán?
(40:17–18)

¿Un ídolo tal vez?

El artífice funde el ídolo,
El orfebre lo recubre de oro
Y el platero *le hace* cadenas de plata.
El que es muy pobre para *tal* ofrenda
Escoge un árbol que no se pudra;
Se busca un hábil artífice
Para erigir un ídolo que no se tambalee. (40:19–20)

No ocurre lo mismo con el Creador.

Él es el que está sentado sobre la redondez de la tierra,
Cuyos habitantes son como langostas.
Él es el que extiende los cielos como una cortina
Y los despliega como una tienda para morar.
Él es el que reduce a la nada a los gobernantes,
Y hace insignificantes a los jueces de la tierra.
(40:22–23)

A diferencia de su creación, "El Dios eterno, el Señor, el creador de los confines de la tierra no se fatiga ni se cansa. Su entendimiento es inescrutable" (40:28).

Lo que se evidencia abundantemente en Isaías 40 es que este Dios no solo es un ser más grande que nosotros, como si fuera simplemente diferente en *grado*, una especie de superhombre. No, este Dios es diferente en *clase*. Es un ser totalmente distinto. Él es el Creador, no la criatura. De esta diferencia fundamental—que los teólogos han llamado la distinción Creador-criatura—se derivan todas las demás diferencias. No se pone en manos de la criatura, sino que sostiene a toda persona—¡incluso a naciones enteras!—en la palma de su mano. No está limitado a un lugar concreto, para ser colocado sobre un pedestal, como los ídolos de oro, sino que trasciende cualquier lugar y está en todas partes a la vez con todo su ser. Incluso cuando "está sentado," por así decirlo, está sentado en su trono celestial juzgando a las naciones. No es un dios con orejas de piedra fundida, sino un Dios que escucha las oraciones de su pueblo, conoce todas sus necesidades y, por tanto, puede salvarlos de sus enemigos, y así lo hará.

No hay nadie como este Dios. Él es, como dice Isaías 40:28, "inescrutable". Esa palabra "inescrutable" es la clave. No solo es cierto que Dios es incomparable, sino que también es incomprensible. Su poder, conocimiento, presencia y sabiduría son inagotables e insondables. Nadie ha conocido jamás, y nadie conocerá jamás, la profundidad de su esencia, el alcance de su poder o la altura de su gloria. Es, en una palabra, *infinito*. Eso no lo podemos decir de nadie mas. "*Yo soy* Dios, y no hay ninguno como Yo," (Is. 46:9). "Porque Mis pensamientos no son los pensamientos de ustedes, Ni sus caminos son Mis caminos, declara el Señor. Porque *como* los cielos son más altos que la tierra, Así Mis caminos son más altos que sus caminos, y Mis pensamientos más que sus pensamientos" (55:8–9).

Tierra de nadie

Si Dios no fuera incomprensible, ¿habría algo que estuviera comprometido? ¿Y qué tendría que ser cierto para que Dios fuera comprensible? La respuesta corta es que, si no fuera incomprensible, Dios mismo cambiaría negativamente por diversas razones.

Para empezar, nosotros, las criaturas, tendríamos que ser Dios para comprender a Dios en toda su gloria.³ Pero está claro, que, si nos volviéramos divinos para comprender al único ser que es divinidad, entonces Dios mismo dejaría de ser divino. Escucha la sabiduría de Agustín: "Estamos hablando de Dios. ¿Es de extrañar que no lo comprendas? *Porque si lo comprendes, no es a Dios a quien comprendes.* Que sea una piadosa confesión de ignorancia más que una precipitada profesión de conocimiento. Alcanzar un ligero conocimiento de Dios es una gran bendición; comprenderlo, sin embargo, es totalmente imposible".⁴

Tomás de Aquino dice algo parecido: "Ninguna mente creada puede alcanzar el modo perfecto de comprensión de la esencia de Dios que es intrínsecamente posible". A continuación, Aquino hace una afirmación de la que se harán eco todos los teólogos posteriores a él: "Lo infinito no puede ser contenido en lo finito. Dios existe infinitamente y nada finito puede comprenderlo infinitamente". Aquino concluye: "Es imposible para una mente creada comprender a Dios infinitamente; es imposible, por tanto, comprenderlo".⁵

Ni siquiera los nombres de Dios que aparecen en las Escrituras—Elohim, El Shaddai, Sabaoth, Yahvé—pretenden revelar la esencia divina en *toda su plenitud*.⁶ Ciertamente revelan a Dios *de verdad*, pero nunca *exhaustivamente*. Nunca fue ésta la intención de Dios. "Él no puede impartirse plenamente a sus criaturas".⁷ Hacerlo sería comprometer su propia existencia.

En el pasado, se ha hablado de la esencia de Dios como de su "quididad".⁸ La quididad constituye "la naturaleza esencial de

---

³ Bavinck, *Reformed Dogmatics*, 2:36.
⁴ Agustín, *Lectures on the Gospel of John*, tratado 38; citado en Bavinck, *Reformed Dogmatics*, 2:48.
⁵ Aquino, *Summa Theologiae* 1a.12.7.
⁶ Bavinck, *Reformed Dogmatics*, 2:36.
⁷ Bavinck, *Reformed Dogmatics*, 2:36.
⁸ Bavinck, *Reformed Dogmatics*, 2:39.

algo".⁹ La quididad de Dios no es como la nuestra. Infinito como es, su quididad es inefable.¹⁰ "Inefable" significa que algo es "incapaz de expresarse con palabras".¹¹ Decir que la quididad de Dios es inefable es decir que la esencia de Dios es indescriptible. Es tan infinita, suprema y gloriosa que su majestad, belleza y perfección trascienden nuestras débiles palabras humanas. Como Dios le dijo a Moisés, si nos encontráramos directamente con Dios en su propia esencia, seguramente moriríamos. Puesto que la quididad de Dios es inefable, tendríamos razón al decir que es tierra de nadie.

El papel de la humildad en la búsqueda de la majestad

Vivir dos décadas en el siglo XXI tiene sus ventajas. Nos ofrece un punto de vista a vuelo de pájaro, sobrevolando siglos pasados, utilizando los ojos de un águila para ver los pasos en falso de las generaciones pasadas. Durante la época de la Ilustración, por ejemplo, muchos pensadores, cristianos incluidos, tenían una visión extremadamente optimista de la humanidad. Solo con la razón, los seres humanos pueden escalar las mayores alturas que ofrecen las artes y las ciencias. La religión tampoco quedó exenta. Aunque se adoptaron diferentes enfoques, algunos creían que podían determinar quién es Dios simplemente utilizando su capacidad de razonamiento. La Biblia podía dejarse de lado para siempre; bastaba con la razón.

Con el paso del tiempo, se hizo evidente que el experimento de la Ilustración había fracasado. La guerra, por ejemplo, puso de manifiesto que la humanidad no es moralmente neutra, sino corrupta. El mal uso de la razón demostró que después de todo, la humanidad necesitaba urgentemente una revelación especial. La razón autónoma no era tan autónoma. De hecho, era idólatra, pues

---

⁹ *Merriam-Webster*, s.v. "quidditativo (adj.)," consultado el 20 de agosto, 2018, https://www.merriam-webster.com/dictionary/quidditative.

¹⁰ Anselmo utiliza la palabra "inefable" a lo largo de su *Monologion* y *Proslogion* Por ejemplo, Anselmo, *Proslogion* 17 (*Major Works*, 97).

¹¹ *Merriam-Webster*, s.v. "inefable (adj.)," consultado el 20 de agosto de 2018, https://www.merriam-webster.com/dictionary/ineffable.

pretendía desplazar a Dios de su trono y sustituir la autoridad del Creador por el intelecto de la criatura. Las locuras de la Ilustración deberían recordarnos siempre que tratar de subir la escalera del cielo para derribar a Dios es el colmo de la arrogancia humana. Otra vez la torre de Babel.

Un enfoque mucho mejor combina la búsqueda del conocimiento con la humildad, una humildad que busca la comprensión en la revelación que Dios hace de sí mismo. Es el enfoque de la fe que busca la comprensión. Como ora Anselmo: "Porque no busco comprender para creer, sino que creo para comprender".[12] La Palabra de Dios, la Sagrada Escritura, nos abre la puerta para tener un verdadero conocimiento de Dios. Sin embargo, cuanto más sabemos, más nos damos cuenta de que no sabemos. "Cuanto más Dios revela quién es y cuanto más llegamos a un conocimiento verdadero y auténtico de quién es, más misterioso se vuelve".[13] Es como pasar incontables horas mirando al microscopio a una criatura acuática, para luego descubrir que se trata de una ballena jorobada.

Dos tentaciones

La incomprensibilidad de Dios es un recordatorio útil de que siempre que hablamos del Dios infinito, el misterio tiene un papel bíblico adecuado. No para el agnosticismo—*misterio*. El agnóstico niega que podamos conocer a Dios o que siquiera exista. En el corazón del agnosticismo hay una desconfianza inamovible, un escepticismo agudo ante lo divino.[14] Está a un paso del ateísmo, y algunos dirían que el ateísmo es su conclusión lógica.[15] Por algo se le ha llamado "la muerte de la teología".[16]

---

[12] Anselmo, *Proslogion* 1 (*Major Works*, 87).
[13] Weinandy, *Does God Suffer?*, 33.
[14] Bavinck, *Reformed Dogmatics*, 2:44.
[15] Bavinck, *Reformed Dogmatics*, 2:51.
[16] Bavinck, *Reformed Dogmatics*, 2:44.

Pero las Escrituras nunca aceptan tal incertidumbre. Por el contrario, los autores bíblicos declaran con confianza, desde Génesis hasta Apocalipsis, que Dios existe y que la razón por la que sabemos que existe es que no guarda silencio. Este Dios que nos habla ha revelado quién es y cuál es su voluntad para su pueblo. A los ojos del mundo el escéptico es considerado el sabio; a los ojos de Dios el escéptico es llamado el tonto (Sal. 14:1). Dios puede ser incomprensible, pero no es incognoscible. Cualquier duda queda disipada en el momento en que Dios habla.

Otros no van tan lejos como el agnosticismo secular. Se mantienen inquebrantablemente religiosos (Dios ciertamente existe) pero religiosamente místicos (no podemos conocerle) en su visión de Dios. Dios es tan alto que el Misterio carece de toda definición; Solo queda un vacío total. Estos individuos se enorgullecen de conocer a Dios sin saber nada de Dios, por irónico que parezca. Intentan "trascender todas las limitaciones del espacio y el tiempo, despojan nuestra idea de Dios de toda semejanza con una criatura finita, y acaban con una idea vacía y abstracta carente de valor para la religión... El Absoluto ha quedado reducido a la nada".[17]

Herman Bavinck llama a esta tendencia una "antinomia insoluble".[18] Una "antinomia" es un "conflicto o contradicción fundamental y aparentemente insoluble".[19] La palabra "insoluble" se refiere a algo que "no tiene solución ni explicación". En ciencia, algo es insoluble si es "incapaz de disolverse en un líquido y especialmente en agua".[20] Piensa en tus días de escuela en el laboratorio cuando tu profesor te pedía que mezclaras aceite con agua. ¿El resultado? No se mezclan. El aceite no se disuelve con el agua.

---

[17] Bavinck, *Reformed Dogmatics*, 2:47.

[18] Bavinck, *Reformed Dogmatics*, 2:47.

[19] *Merriam-Webster*, s.v. "antinomia (n.)," consultado el 20 de agosto de 2018, https://www.merriam-webster.com/dictionary/antinomy.

[20] *Merriam-Webster*, s.v. "insoluble (adj.)," consultado el 20 de agosto de 2018, https://www.merriam-webster.com/dictionary/insoluble.

Pero ¿por qué llama Bavinck a esta segunda tentación una antinomia insoluble? Porque hemos renunciado a toda reconciliación entre la trascendencia y la inmanencia de Dios. "Absolutidad y personalidad, infinitud y causalidad, inmutabilidad y comunicabilidad, trascendencia absoluta y semejanza con la criatura—todos estos pares parecen irreconciliables en el concepto de Dios".[21] Es creer que solo puede haber una "contradicción insoluble".[22] Sin embargo, ¿podría ser esta "contradicción insoluble" en realidad un "misterio adorable," nos podríamos preguntar?[23]

Nótese, afirmar que Dios es incomprensible, un misterio adorable, ya es mucho decir sobre él, como descubrimos en Isaías 40. La incomprensibilidad no alienta, sino que menoscaba el agnosticismo y el misticismo.

Al mismo tiempo, la incomprensibilidad impide al cristiano pensar que un simple mortal pueda conocer la esencia misma de Dios—conocer a Dios *per essentiam*, "en términos de su esencia".[24] Nos aparta a los individuos finitos del racionalismo teísta de la Ilustración,—es decir, de la creencia agresiva de que los mortales podemos, por nuestra propia razón humana sin ayuda, alcanzar un conocimiento exhaustivo de lo divino.

La manera más perfecta de buscar a Dios: Conocer a Dios por sus obras

Agustín escribió una vez que cada vez que pensamos en Dios, "somos conscientes de que nuestros pensamientos son bastante inadecuados para su objeto, e incapaces de comprenderlo tal como es". Sin embargo, la Escritura nos ordena "pensar siempre en el Señor, nuestro Dios," aunque "nunca podamos pensar en Él como se merece". ¿Cómo debemos dirigirnos a Él? "Puesto que en todo

---

[21] Bavinck, *Reformed Dogmatics*, 2:47.
[22] Bavinck, *Reformed Dogmatics*, 2:49.
[23] Bavinck, *Reformed Dogmatics*, 2:49.
[24] Bavinck, *Reformed Dogmatics*, 2:39.

momento deberíamos alabarle y bendecirle, y sin embargo ninguna de nuestras palabras es capaz de expresar lo que es, empiezo por pedirle que me ayude a entender y explicar lo que tengo en mente y que perdone los errores que pueda cometer; Porque soy tan consciente de mi debilidad como de mi voluntad".[25]

Este puede ser uno de mis pasajes favoritos de Agustín. Cada vez que se sentaba a escribir sobre Dios, dejaba la pluma, se arrodillaba y oraba. Sabía que no podría alcanzar el misterio de Aquel que es incomprensible. Agustín también sabía que su intento finito de describir al incomprensible estaba contaminado por su propia debilidad. Para describir a Dios, Agustín necesitaba desesperadamente la ayuda del propio Dios.

Respetar este misterio exige un cierto grado de modestia, un reconocimiento de nuestra perspectiva terrenal. Supone reconocer que *somos* los receptores y beneficiarios, no los originadores y creadores, de la revelación divina. Si *sabemos* algo de Dios es porque Él ha querido darlo a conocer; la revelación es un don. Desde ese punto de vista, nuestra tarea no puede ser la especulación. Nuestra respuesta a su revelación sobre sí mismo no es exigir el conocimiento de lo que ha decidido ocultar.

En cambio, la humildad cristiana nos exige recibir con gratitud lo que ha dicho y limitarnos a lo que ha dicho y hecho, en lugar de anhelar lo que no ha dicho y las obras que ha dejado sin realizar. "Sabemos," señala Juan Calvino, "que el modo más perfecto de buscar a Dios, y el orden más adecuado, no es que intentemos con atrevida curiosidad penetrar hasta la investigación de su esencia, que debemos adorar más que escudriñar meticulosamente, sino que lo contemplemos en sus obras por las que se nos hace cercano y familiar, y en cierto modo se comunica a sí mismo". Haciéndose eco de Agustín, Calvino concluye: "Porque, descorazonados por su grandeza, no podemos comprenderlo, debemos contemplar sus obras, para ser restaurados por su bondad".[26]

---

[25] Agustín, *Trinity* 5.1 (trans. Hill, p. 189).
[26] Calvino, *Institutes* 1.5.9.

Nuestra atención se centra en las obras de Dios, no en su esencia. Podemos indagar en las primeras, pero nos limitamos a maravillarnos de las segundas. Por eso, podemos decir con Bavinck que nuestro Dios "es el único objeto de todo nuestro amor, precisamente porque es el Único infinito e incomprensible".[27] Por eso podemos cantar,

Inmortal, invisible, único sabio Dios, en luz inaccesible oculto a nuestros ojos, bendito, glorioso, el Anciano de Días, Todopoderoso, victorioso, alabamos tu gran nombre.[28]

---

[27] Bavinck, *Reformed Dogmatics*, 2:48.
[28] Primera estrofa de Smith, "Inmortal, Invisible".

2

¿Podemos pensar como Dios?

*Cómo debe (y no debe)
la criatura hablar del Creador*

¡Cuán preciosos también son para mí, oh Dios,
Tus pensamientos! ¡Cuán inmensa es la suma de ellos!
Si los contara, serían más que la arena.
SALMO 139:17-18a

Tartamudeando, nos hacemos eco de las excelencias de Dios lo mejor que podemos.
GREGORIO EL GRANDE, *Magna Moralia*

Las perfecciones infinitas [de Dios] están veladas bajo símbolos finitos. Solo la sombra de ellas cae sobre el entendimiento humano.
JAMES HENLEY THORNWELL, "THE NATURE AND LIMITS OF OUR KNOWLEDGE OF GOD"

El todo y la nada

Hay ciertas maravillas en este mundo que simplemente debes verlas por ti mismo. El Gran Cañón es una de ellas. Con paredes más altas que los rascacielos y valles que parecen tan anchos como el fondo del océano, su magnitud supera cualquier descripción. Un verano, en un viaje por carretera, tuve la oportunidad de ver el Gran Cañón. El sol se estaba poniendo, cubriendo de naranja un cañón que se disponía a dormir por la noche, y me quedé allí, en el precipicio de este colosal gigante, asombrado por su grandeza. Mirar a través del cañón era como intentar ver el otro lado de la Vía Láctea. Su trascendencia era desoladora en el mejor de los casos.

Desde aquel día se me ocurrió que la distancia entre un lado y el otro del Gran Cañón no es más que una imagen muy pequeña de la grieta entre lo finito y lo infinito, entre la criatura y el Creador. Nosotros estamos limitados por el tiempo, pero Él es el Dios eterno, fuera del tiempo. Estamos limitados por el espacio, pero ningún espacio puede contener su ser incorpóreo. Siempre cambiamos y nos convertimos, pero él siempre es el mismo; su perfección nunca fluctúa. La brecha que describimos es la que existe entre el "Todo y la nada". "Por poco que sepamos de Dios," escribe Herman Bavinck, "incluso la más leve noción implica que es un ser infinitamente exaltado por encima de toda criatura".[1] Como canta el salmista: "Grande es el SEÑOR, y digno de ser alabado en gran manera, y Su grandeza es inescrutable" (Sal. 145:3). Si el salmista tiene razón, entonces necesitamos que este Dios inescrutable se nos dé a conocer; necesitamos que el Infinito se acomode a nuestro entendimiento tan finito. Y que el Dios incomprensible nos diga cómo debemos y cómo no debemos hablar de quién es y de lo que ha hecho.

Lenguaje infantil

El Todo y la nada hace que los primeros capítulos de la Biblia sean impactantes. El Infinito ha cruzado el cañón, ha recogido

---
[1] Bavinck, *Reformed Dogmatics*, 2:30.

y ha formado al hombre y a la mujer a su imagen y semejanza. Por increíble que parezca, el infinito, el incomprensible Dios nos ha hecho con el claro propósito de que le conozcamos, incluso disfrutemos de Él, y reflejemos su imagen al mundo que nos rodea. Pero espera, se hace mejor, mucho mejor. Después de formar a la humanidad a su imagen, Dios habló. El Dios infinito, trascendente e incomprensible utilizó palabras, y estas palabras revelaron no solo quién es, sino también qué deber exige Dios a los humanos. Sus palabras establecieron una relación de pacto entre Dios y su pueblo.

JUAN CALVINO

Juan Calvino (1509-64) fue un reformador de la segunda generación del siglo XVI en Ginebra. Como pastor, Calvino hizo que la Iglesia volviera a la Palabra de Dios, no solo predicando las Escrituras de forma expositiva, sino también escribiendo comentarios sobre los libros de la Biblia. Calvino es hoy más conocido por sus *Instituciones de la Religión Cristiana,* que no solo instruye a los cristianos en las doctrinas de la fe, sino que lo hace con la mirada puesta en la aplicación de la doctrina a la vida cristiana. Aunque muchos piensan en la defensa de Calvino de la soberanía divina y la predestinación, las *Instituciones* de Calvino también presentan una interpretación protestante de la autoridad bíblica *(sola scriptura)* y la justificación *(sola fide).* Sus *Instituciones* han demostrado ser uno de los mayores clásicos del cristianismo y un texto fundamental para la teología reformada.

Los teólogos tienen una palabra para esto: "acomodación". Al padre de la Iglesia, Orígenes, por ejemplo, le gustaba comparar a Dios con un padre que habla con su hijo de dos años, hablando "inarticuladamente a causa del niño," ya que es imposible que el padre sea entendido por el niño si no es "condescendiendo a su modo de hablar".[2] Juan Calvino comparó a Dios con una

---

[2] Orígenes, *Homilies on Jeremiah* 18.6.4 (pp. 198–99). Para una visión general de los

enfermera que cuida de un bebé. La enfermera se agacha para hablar un lenguaje que el bebé pueda entender. Calvino llamaba a esto "ceceo".[3] Si son los padres orgullosos de un recién nacido, saben lo que quiere decir Calvino. He estado en hospitales y he visto a hombres del tamaño de un defensa, con manos tan duras como un mazo, acunar a su recién nacido y hablaran con lenguaje infantil.

El momento es algo inolvidable, como esa cabeza rizada de seis libras mira hacia arriba y llora para que lo abracen. Si hasta ese punto nos adaptamos a nuestros propios hijos, ¿cuánto más nuestro Padre celestial? Tal ceceo "no expresa claramente cómo es Dios, sino que acomoda su conocimiento a nuestra escasa capacidad".[4]

Pero esto plantea una pregunta: ¿Cómo es exactamente este lenguaje infantil?

A es de analógico

En el último capítulo descubrimos que podemos conocer a Dios verdaderamente, aunque no de forma exhaustiva. Puede que sea imposible comprender a Dios *en su esencia,* en toda su gloria y resplandor, pero esto no impide que conozcamos a Dios *tal como se nos ha dado a conocer.* Dios "no puede ser comprendido," pero "puede ser aprehendido".[5] Puede que no tengamos un "conocimiento absoluto" de Dios, que ninguna criatura finita puede tener de un ser infinito, pero podemos tener un "conocimiento relativo" de un "Ser absoluto," es decir, un conocimiento que conoce en parte alguna verdad sobre un ser infinito.[6]

También hemos aprendido que el conocimiento de Dios es un don que Dios mismo concede. La razón por la que conocemos a Dios de alguna manera es únicamente porque nuestro Creador se

---

padres sobre la acomodación, véase Sheridan, *Language for God.*
[3] Calvino, *Institutes* 1.13.1.
[4] Calvino, *Institutes* 1.13.1.
[5] Bavinck, *Reformed Dogmatics,* 2:49.
[6] Bavinck, *Reformed Dogmatics,* 2:51.

comunica por medio de sus *palabras* y *obras*.⁷⁷ Se podría objetar: "Sí, pero si tenemos conocimiento de Dios, entonces Dios debe ser de alguna manera menos de lo que es, incluso limitado y restringido, porque ahora es conocido hasta cierto punto". Hay varias razones por las que nuestro conocimiento no limita a Dios.

1. Nuestro conocimiento de Dios está "fundado en Dios mismo".
2. Nuestro conocimiento de Dios "solo puede existir a través de Él".
3. Nuestro conocimiento de Dios "tiene como objetivo y contenido a Dios como infinito".⁸⁸

En resumen, es absurdo decir que "conocer" limita a Dios cuando nuestro conocimiento depende completamente de aquél que se conoce.

Pero ahora llegamos a un tema de mayor urgencia: ¿Qué *tipo* de conocimiento poseemos? Mientras seamos criaturas y Él es el Creador, mientras seamos finitos y Él infinito, tiene que haber una distinción básica entre nuestro conocimiento y el suyo. Puesto que es el Creador, su conocimiento *original* es *arquetípico*. Nuestro conocimiento, por el contrario, es *ectípico*, lo que significa que es derivativo y copia, solo un parecido con el original. Es una imitación de su conocimiento, que es lo que se esperaría, ya que estamos hechos a su imagen.

¿Qué significa esta distinción arquetipo-ectipo para el lenguaje? Para empezar, no podemos hablar *unívocamente*. "Unívoco" se refiere a algo que tiene el mismo significado que otra cosa. En relación con Dios, conoceríamos alguna cosa exactamente como Dios la conoce. En relación con su ser, significaría que conocemos a Dios exactamente como es, en su misma esencia. El conocimiento unívoco es el camino hacia el racionalismo. El racionalista afirma que su razón puede conocer por sí mismo quién es Dios.

---

[7] Para un análisis completo de la revelación divina, específicamente de cómo Dios nos ha hablado a través de las Escrituras, véase M. Barrett, *God's Word Alone*.

[8] Bavinck, *Reformed Dogmatics*, 2:159.

En el otro extremo del espectro está el conocimiento *equívoco*. Si el conocimiento unívoco conduce al racionalismo, el equívoco desemboca en el irracionalismo. Su defensor concluye que nada puede conocerse verdaderamente. Todo conocimiento es subjetivo, inconcluso e indefinido. Para las criaturas finitas que creen que Dios ha hablado clara y verdaderamente, el conocimiento equívoco no es una opción.[9]

¿Queda alguna otra categoría? Sí la hay: el conocimiento *analógico*. "Analógico" significa que algo comparte similitudes con algo pero no es idéntico. No es totalmente igual, ni totalmente diferente. Puede haber discontinuidad, pero hay continuidad con lo que se parece.[10] Por ejemplo, si me acompañas a comer un helado, podrías decir con una sonrisa: "He muerto y he ido al cielo". Por supuesto, no lo dice en el sentido más literal. Eso sería un insulto a la gloria celestial de Dios, que supera con creces al helado más delicioso. Lo que quiere decir, en cambio, es que el helado es tan delicioso que debe ser una pequeña muestra (sin juego de palabras) de la alegría y el placer que caracterizan al cielo.

Aplicado bíblicamente, el conocimiento analógico tiene pleno sentido. No somos el Creador, sino la criatura finita, y sin embargo hemos sido creados a *imagen* o *semejanza* de Dios. Nuestra identidad, y nuestra composición, es analógica por definición. Somos imagen del Creador, aunque no seamos el Creador. Reflejamos su gloria, aunque nunca debemos confundirnos con su gloria. En relación con nuestro conocimiento, es inconsistente con nuestra identidad conocer a Dios exhaustivamente; pero es perfectamente acertado, ya que somos portadores de su imagen, que nuestro conocimiento se parezca a su conocimiento, por imperfecto que sea. Así pues, aunque no lo podamos conocer tal como es *en sí mismo,* en su esencia (conocimiento unívoco), podemos conocerlo tal como se nos ha hecho conocer por *revelación* (conocimiento analógico).[11]

---

[9] Para un análisis exhaustivo de estas categorías, véase Aquino, *Summa Theologiae* 1a.13.5–7.

[10] Aquino, *Summa Theologiae* 1a.13.10.

[11] Es la diferencia entre *theologia* y *oikonomia*, siendo lo primero Dios es en sí mismo, y el segundo es lo que Dios hace, específicamente en la realización de su plan

El conocimiento analógico es por lo que volvemos una y otra vez a la auto-revelación de Dios en las Escrituras; nos esforzamos por tener los pensamientos de Dios conforme a él. Invertir este orden es un delito a los ojos de Dios.

El perro que conoció a Dios

El lenguaje latino tiene una hermosa manera de enfatizar la naturaleza analógica de nuestro conocimiento y lenguaje. Si algo es *res significata* significa que el objeto que se identifica está a la vista. En relación con Dios, *res significata* se refiere al "atributo significado".[12] El *modus significandi*, sin embargo, se refiere al "modo en que el término puede aplicarse al tipo particular de cosas en cuestión".[13] Tomás de Aquino sostenía que la *res significata* no cambia de ninguna manera, pero el *modus significandi* puede cambiar.[14]

Por ejemplo, piense cómo sería si un perro conociera a Dios. No sé qué tipo de perro tienes tú, pero el mío es un pastor australiano miniatura. Lo adoptamos como cachorro en 2017, el año en que se celebraba el quinto centenario de la Reforma. Naturalmente, le pusimos Calvino, en honor al reformador ginebrino.

Ahora supongamos que miro a mi perro Calvino y le digo que se siente, cosa que hace (recibiendo el aplauso de toda la familia), y entonces respondo: "Este perro es bueno".[15] Al día siguiente es domingo. Calvino se mete en su perrera y nos vamos a la iglesia, donde el pastor saluda a la congregación y les recuerda que "Dios es bueno". Mientras manejamos a casa desde la iglesia, nuestro hijo de cinco años pregunta: "Papá, mamá, ¿Dios es bueno de la misma manera que el perro?" (Desde luego, es un genio filosófico

---

redentor. Cf. Sheridan, *Language for God*, 27.
[12] Rogers, *Perfect Being Theology*, 17.
[13] Rogers, *Perfect Being Theology*, 17.
[14] Rogers, *Perfect Being Theology*, 17.
[15] Esta ilustración de un perro procede de Rogers, *Perfect Being Theology*, 17. Sin embargo, estoy trabajando con ella y la estoy desarrollando de varias maneras.

en formación). Naturalmente, nos reímos. "¡Claro que no!" "¿Pero por qué?" preguntó con cierta perplejidad.

TOMÁS DE AQUINO

Junto a Anselmo, otro teólogo de origen italiano en el que nos fijaremos es Tomás de Aquino (1224/5-74), o el "buey mudo," como le llamaban sus compañeros. Sin embargo, no había nada de mudo en este buey, una fuerza teológica que el mundo no ha visto desde entonces. El hombre escribía como respiraba, escribiendo alrededor de nueve millones de palabras antes de su muerte. Tampoco había razón para cuestionar la devoción espiritual de Aquino. Cuando Aquino decidió unirse a la orden de los dominicos, su familia se puso furiosa. Para disuadirlo, su familia lo encerró en su habitación con una prostituta desnuda. Tomás se enfureció y ahuyentó a la prostituta con una marca al rojo vivo que arrancó del fuego. Al golpear la puerta con la marca, Tomás dejó la señal de la cruz grabada para siempre en la madera. Tomás es respetado no solo por su inquebrantable compromiso con la santidad, al estilo de Josefo, sino también por su brillante mente teológica. En su *Summa Theologiae* (1266-73), por ejemplo, Tomás comienza cada sección planteando una cuestión teológica y entreteniéndose en cómo sus oponentes podrían responderla, para luego rebatir como un láser con precisión bíblica, teológica y filosófica, desmontando todas las objeciones. En ninguna parte este estilo es más agudo que en su exposición de los atributos divinos. Aquino nos dice no solo qué creer, sino por qué creerlo, extrayendo la lógica que subyace a nuestras conclusiones. Los tratados modernos suelen desechar los atributos clásicos (simplicidad, inmutabilidad, eternidad, etc.), pero Aquino demuestra que tales atributos son esenciales para un ser perfecto e infinito. Por eso será uno de nuestros mejores aliados en este libro.

Como padres, a menudo tropezamos con nuestras palabras en aquellos momentos, preguntándonos por qué nuestros hijos son tan perceptivos. Pero si lo pensamos bien, la respuesta es obvia: Dios es infinito, el perro no. *Modus significandi* es la frase clave aquí, porque no nos atreveríamos a decir que el perro es bueno como lo es Dios. No, la bondad de Dios es infinita en medida, incluso en formas que nunca conoceremos. Las profundidades de su bondad son insondables, sin fondo e infinitas. ¡No así el perro!

Como ha explicado la pensadora cristiana Katherin Rogers, "Puesto que Dios es infinito y unificado, el *modus significandi* de un término aplicado a Dios y a las criaturas es diferente. No podemos comprender cómo Dios es bueno, y por eso, aunque tengamos una comprensión de la bondad, hay inevitablemente una vaguedad e insuficiencia cuando utilizamos el término del ser perfecto".[16] Solo añadiría que la insuficiencia que sentimos es mayor en la adoración. Cuando cantamos a nuestro Dios, alabándole por lo que es y por lo que ha hecho, sabemos en el fondo, en ese momento, cuán diferente, cuán inescrutable es su bondad comparada con la de nuestro perro. Pensar de otro modo es idolatría.

El Dios supereminente

La teología tiene una palabra que nos aleja de tal idolatría. Es la palabra "supereminente".[17] Así es, supereminente. Si algo en Dios es supereminente, entonces debe ser "más eminente" que lo que hay en nosotros: "En él [Dios] todo lo que somos está poseído de una manera más elevada, plena, pura e ilimitada". Dios es quien "nos otorga todo lo que somos a partir de su infinita plenitud de ser, de conciencia y de bienaventuranza".[18]

Tomemos el atributo de la sabiduría, por ejemplo. Podemos ser sabios, incluso reflejar la sabiduría de Dios. Existe una correlación

---

[16] Rogers, *Perfect Being Theology*, 17.
[17] Bavinck, *Reformed Dogmatics*, 2:130.
[18] Hart, *Experience of God*, 132. "Supereminente" es un término de la teología escolástica.

entre la sabiduría divina y la humana (véase Proverbios). Esa continuidad es lo que clasifica a la sabiduría como un atributo *comunicable* de Dios (que se refleja en nosotros de algún modo), frente a un atributo *incomunicable* de Dios (que no está en nosotros en ningún sentido). Sin embargo, nos equivocaríamos si pensáramos que somos sabios de la misma manera que Dios es sabio. Aplicar a Dios la palabra "sabiduría" tal como la conocemos es hacerlo solo de forma supereminente, no sea que cerremos la distancia entre la criatura y el Creador y confundamos a ambos. Lo mismo ocurre con otros atributos comunicables. La belleza, bondad, amor y santidad en la criatura pueden reflejar al Creador. Sin embargo, aclara Agustín, en "comparación contigo [Dios] son deficientes en belleza y bondad y ser".[19]

La infinita diferencia entre la bondad del perro y la bondad de Dios, o nuestra sabiduría y la sabiduría de Dios no debe empujarnos al agnosticismo, como si no pudiéramos saber nada con certeza; Debe haber cierto grado de continuidad.[20] Ser imagen de Dios, como dice Génesis 1-2, debe implicar cierto grado de conformidad; de lo contrario, el espejo es inútil y se rompe. Aquino nos empuja en esta dirección: "En esta vida no podemos comprender la esencia de Dios tal como es en sí misma. Pero podemos hacerlo en la medida en que las perfecciones de sus criaturas la representan".[21]

En la historia del discurso sobre Dios, existen las llamadas teología catafática y teología apofática. *La teología catafática* es afirmativa por diseño, y tiene lugar siempre que afirmamos lo que Dios *es*. No obstante, mientras el discurso sobre Dios siga siendo analógico, nuestra emocion catafática debe ser domada por la sabiduría de su hermana mayor, *la teología apofática*, que describe a Dios por lo que no es (Dios no es x, y, o z). Este enfoque se denomina a veces *vía negativa o via negationis*, la vía de la negación, porque consiste en afirmar algo verdadero sobre Dios negando algo

---

[19] Agustín, *Confessions* 11.4 (6) (p. 224).
[20] Rogers, *Perfect Being Theology*, 17, utiliza la palabra "igualdad," pero me preocupa que pueda causar confusión, al sonar unívoca.
[21] Aquino, *Summa Theologiae* 1a.13.2.

falso sobre Él.²² Por eso, cuando queremos decir que Dios *no* es mutable o que *no* cambia, decimos simplemente que es inmutable. En el fondo, estamos identificando todo aquello que es criatura y que, por tanto, no puede estar en Dios.

En resumen, hay que encontrar un equilibrio. Debemos equilibrar cuidadosamente la continuidad con la discontinuidad, no sea que despojemos a Dios de su infinitud y pensemos que la imagen es lo mismo que aquello a lo que representa.²³ De ahí la importancia de reconocer cuán analógico es y debe ser nuestro conocimiento de Dios.

¿Dios tiene ojos, oídos... y alas?

Si el conocimiento del Dios infinito es analógico, el lenguaje utilizado para describir a Dios también lo es. Al igual que el conocimiento, el lenguaje humano es dependiente e indirecto, y no original y directo.²⁴ No podemos comprender a Dios en toda su plenitud o en su esencia invisible con una sola palabra o concepto.²⁵ Por eso, las metáforas, los símiles y otras figuras retóricas son totalmente apropiadas, incluso necesarias. Necesitamos palabras que nos pinten un retrato, porque no podemos ver la esencia de Dios. Mientras pintamos, nuestra imaginación solo puede llegar hasta cierto punto, por lo que describimos a Dios según las imágenes de nuestro mundo finito.

C. S. Lewis escribió una vez que, antes de conocer Oxford, tenía una imagen mental de la universidad en su imaginación. Por supuesto, era, "muy diferente de la realidad en detalles físicos". ¿Significa esto que su imagen mental era un "delirio," se pregunta? En absoluto. La imagen "había acompañado inevitablemente mi pensamiento," pero "nunca había sido lo que más me interesaba, y

---

[22] Para más información sobre esta distinción, véase Hart, *Experience of God*, 142.

[23] Rogers, *Perfect Being Theology*, 17.

[24] Bavinck, *Reformed Dogmatics*, 2:130.

[25] Calvino, (*Institutes* 1.13.1) dice que incluso deberíamos tener temor de hacerlo: "Sin duda, su infinitud debería hacernos temer intentar medirlo con nuestros propios sentidos".

gran parte de mi pensamiento había sido correcto a pesar de [mis imágenes mentales]". Lewis concluye: "Una cosa es lo que piensas y otra lo que imaginas mientras piensas"[26]

Del mismo modo, los autores bíblicos utilizan imágenes mentales para describir al que es indescriptible. Por ejemplo, en toda la Escritura utilizan un lenguaje *antropomórfico,* que ocurre siempre que se describe a Dios con características humanas. En efecto, dice Lewis, "todo lenguaje sobre cosas que no sean objetos físicos es necesariamente metafórico," y Dios no es un objeto físico.[27] Por eso la Escritura está saturada de descripciones antropomórficas de Dios.[28] Consideremos, por ejemplo, la forma en que las Escrituras hablan de la omnipotencia, omnisciencia y omnipresencia de Dios. Los autores bíblicos hablan de Dios como de alguien que tiene ojos; el Salmo 11:4 incluso dice que tiene párpados. Sin embargo, sabemos, teniendo en cuenta toda la Escritura, que Dios no tiene un cuerpo sino que es espíritu (Dt. 4:12, 15–16; Jn. 4:24). Entonces, ¿por qué los autores bíblicos describen a Dios como alguien que ve? Hay varias razones.

Atribuir "ojos" a Dios es una forma humana de transmitir que Dios lo sabe todo, porque lo ve todo, y porque lo ve todo, los malvados no escaparán a su juicio. Estas imágenes antropomórficas afirman no solo su omnisciencia, sino también su omnipotencia en la ejecución de su justicia. En otros pasajes, los "ojos" de Dios pueden transmitir el amor, la misericordia y la protección de su pacto. "Guárdame como a la niña de Tus ojos," ora el rey David. "Escóndeme a la sombra de Tus alas" (Sal. 17:8). A Dios se le atribuyen no solo ojos, sino también alas, pues es como un ave madre que revolotea sobre sus polluelos. En otros lugares, David atribuye a Dios no solo ojos, sino también oídos, para destacar la benevolencia y la seguridad del pacto. "Los ojos del Señor están sobre los justos y Sus oídos *atentos* a su clamor" (Sal. 34:15). Esta

---

[26] Lewis, *Weight of Glory,* 134.

[27] Lewis, *Weight of Glory,* 134.

[28] "La Escritura no contiene algunos antropomorfismos dispersos, sino que es antropomórfica de principio a fin" (Bavinck, *Reformed Dogmatics,* 2:99).

metáfora, explica Aquino, revela el "poder de Dios de ver las cosas de un modo inteligible y no sensorial".[29]

Consideremos otro ejemplo: La Escritura dice a menudo que Dios está sentado y de pie. Sentado visualiza su autoridad inmutable; de pie representa su poder, su gobierno y reinado sobre sus enemigos.[30] La Escritura también se refiere a Dios acercándose y alejándose, como si fuera un cuerpo que entra y sale de una habitación. Pero, como veremos en el capítulo 9, Dios no puede estar limitado por el espacio, pues es omnipresente. Ese lenguaje es antropomórfico y está cargado de significado. Imaginar a Dios entrando y saliendo de una escena revela o bien su bendición del pacto (la presencia de Dios descendiendo sobre el tabernáculo en Éxodo 40:34, o sobre los apóstoles en Pentecostés en Hechos 2:3-4) o su juicio (por ejemplo, el Espíritu apartándose de Saúl en 1 Samuel 16:14)[31] Seguro que has escuchado alguna vez que una imagen vale más que mil palabras. Y es verdad. Pero también es cierto que una palabra puede representar a Dios de mil maneras. ¿Por qué? Porque es infinito.

Como quienes leemos con ojos modernos nos cuesta entender cómo puede ser apropiado cualquier cosa que no sea absolutamente literal. Esperamos que la Biblia se lea como un libro de texto de automotivación. Sin embargo, lo metafórico comunica la verdad tanto como lo literal, a veces más. La cuestión es que "atribuimos a Dios en un sentido absoluto todas las perfecciones que observamos en las criaturas".[32] Al hacerlo, sin embargo, debemos tener presente que no puede haber perfección en la criatura de la misma manera exacta en que la hay en Dios.[33] Es "palpablemente absurdo por su

---

[29] Aquino, *Summa Theologiae* 1a.3.1.

[30] Aquino, *Summa Theologiae* 1a.3.1.

[31] Aquino (*Summa Theologiae* 1a.3.1) tiene otro propósito en mente: "Uno se acerca a Dios, y se aleja de Él, no por el movimiento del cuerpo, ya que Él está en todas partes, sino por el movimiento del corazón. En este contexto, "acercarse" y "alejarse" son metáforas que describen el movimiento del espíritu como si fuera un movimiento en el espacio".

[32] Bavinck, *Reformed Dogmatics*, 2:130.

[33] Bavinck, *Reformed Dogmatics*, 2:130.

parte," dice Tertuliano, el padre de la Iglesia, "poner características humanas en Dios en lugar de divinas en el hombre, y vestir a Dios a semejanza del hombre, en lugar de al hombre a imagen de Dios".[34]

Dios es más de lo que sabemos

En la introducción cité a A. W. Tozer: "Lo que nos viene a la mente cuando pensamos en Dios es lo más importante acerca de nosotros".[35] Por más razón que tenga Tozer, es peligroso suponer que la concepción que tenemos de Dios nos muestra a Dios *tal y como es* en toda su infinita incomprensibilidad. A esta afirmación de Tozer hay que añadir la de Stephen Charnock, quien nos aconseja que, si pensamos acerca de Dios, nos digamos a nosotros mismos: "Esto no es Dios; Dios es más que esto: si yo pudiera concebirlo, no sería Dios; porque Dios está incomprensiblemente por encima de lo que yo pueda decir, pensar y concebir de Él".[36] Solo entonces, con esa humildad, empezaremos a conocer de verdad a Dios tal como se nos ha revelado.

---

[34] Tertuliano, *Against Marcion* 2.16 (p. 310); citado en Weinandy, *Does God Suffer?*, 102.

[35] Tozer, *Knowledge of the Holy*, 9.

[36] Charnock, *Existence and Attributes of God*, 1:201.

3

¿Es Dios el Ser Perfecto?

Por qué un Dios infinito no tiene limitaciones

¡Oh, profundidad de las riquezas y de la sabiduría y del conocimiento de Dios! ¡Cuán insondables son Sus juicios e inescrutables Sus caminos!
ROMANOS 11:33

[Él es la] perfección tanto en belleza como en fuerza.
AGUSTÍN, *The Confessions*

No más Narnia

A los ojos de un niño, el mundo es un lugar mágico: un copo de nieve que cae del cielo sobre la nariz, un polluelo que rompe el cascarón para abrazar el sol por primera vez, la insaciable alegría de saborear un arándano fresco en un caluroso día de julio. Hay una razón por la que los niños Pevensie podían ver el mundo que C. S. Lewis llamaba Narnia, mientras que los adultos del mundo que les rodeaba no podían. No es porque fueran ingenuos; es porque creían que había maravillas en el universo. Por mucho que los niños pregunten por qué, cuando se trata de las maravillas del mundo que les rodea, no lo hacen porque sean escépticos, sino porque creen y tienen sed de conocer los secretos del mundo. Lo milagroso está en todas partes, y los niños lo aceptan.

Hay algo en envejecer que nos aleja de las maravillas, haciendo que nuestras visitas a Narnia sean cada vez menos habituales. David Bentley Hart contrasta la forma de ser de los niños con la de los adultos: "Sin embargo, a medida que envejecemos, perdemos el sentido de la alteridad íntima de las cosas; permitimos que la costumbre desplace al asombro, que la inevitabilidad destierre el deleite; crecemos hacia la edad adulta y dejamos de lado las cosas infantiles". Qué triste, qué trágico. Cada vez más, los momentos de asombro desaparecen hasta que solo aparecen de vez en cuando. "A partir de entonces, solo hay instantes fugaces a lo largo de nuestras vidas en los que, de pronto, con nuestras defensas momentáneamente relajadas, nos encontramos en una pausa por un repentino e inesperado sentido de la absoluta extrañeza de la realidad en la que habitamos, la sorprendente casualidad y extrañeza de todo lo familiar: lo extraño e incomprensible que es que algo exista; lo desconcertante que es que el mundo y la conciencia estén simplemente ahí, unidos en un único acontecimiento inefable".[1]

Si esto es verdad con el mundo que vemos, ¿cuánto más—desafortunadamente—lo es con el Dios que no podemos ver? Quizá por eso, aunque solo sea en parte, Jesús dijo que la fe que lleva al reino de su Padre debe ser una fe de niño. Es una fe llena de asombro y admiración al descubrir a Aquel que es infinito en belleza y firme en misericordia. Es una fe que rehúsa "desplazar el asombro" y "desterrar el deleite". Es una fe que se maravilla ante la "alteridad íntima" no solo de las cosas creadas, sino del propio Creador. De ello se deduce que este Creador es aquel a quien nada ni nadie puede concebir como superior. Como descubriremos en este capítulo, nuestro Dios es el ser perfecto. Y puesto que no hay nada más grande, es un ser sin límites, un ser que es sus perfecciones en medida infinita; es un océano ilimitado del ser, como les gustaba decir a los padres. De esta premisa se desprenden

---

[1] Hart, *Experience of God*, 88.

todos los atributos de Dios de los que hablaremos en los próximos capítulos.

Monoteísmo, secuoyas de California y el síndrome del superhéroe

En el siglo XIX surgió una imagen muy diferente de Dios, que sigue prevaleciendo en la actualidad. Aquellos en la cultura que aún creen en Dios han creado un Dios a su semejanza. La criatura no está hecha a imagen del Creador, sino Dios, el Creador, a imagen de la criatura. En lugar de buscar al Dios sobrenatural de la Biblia, que desafía el ámbito finito, prefieren lo que Brian Davies llama "personalismo teísta," o lo que David Bentley Hart califica de "monopoliteísmo". Monopoliteísmo suena como un oxímoron, "monoteísmo" se refiere a la creencia en un Dios y "politeísmo" a la creencia en muchos dioses. Pero ese es el punto; es oximorónico. Es esa creencia popular, aunque contradictoria, de que Dios no es "notablemente diferente de la imagen politeísta de los dioses como meras entidades discretas muy poderosas que poseen una variedad de atributos distintos que entidades menores también poseen, aunque en menor medida". Este punto de vista "difiere del politeísmo," opina Hart, "únicamente en que postula la existencia de un único ser".[2]

Soy natural de California, y uno de mis mejores recuerdos es nuestro viaje familiar por carretera para ver las secuoyas gigantes. *Sequoia sempervirens* es el nombre científico de la secuoya costera, el tipo de árbol más alto del mundo. La secuoya costera es tan ancha que podrías conducir un coche a través su tronco (¡o un autobús!). Tan alta es la secuoya que, por mucho que lo intentes, puedes mirar hacia arriba y no ver la cima. Las secuoyas costeras más altas alcanzan los 378 pies de altura. Cuando estás al lado de estos gigantes, te sientes como una hormiga. No cabe duda de que es una lección de humildad. También puede ser una experiencia de adoración, al reflexionar sobre lo grande que debe ser el Creador para hacer un árbol así.

---

[2] Hart, *Experience of God*, 127 (cf. 130).

Por muy cierto que sea decir que Dios es más grande incluso que la secuoya más alta, sería un error pensar que eso es todo lo que Dios es, simplemente más grande. Incluso si descubriésemos una secuoya mágica cuya cima nunca pudiésemos encontrar, interminable en su alcance estelar, seguiría siendo incomparable a Dios. A pesar de la magnífica altura de la secuoya, comparar a Dios con la secuoya es como comparar manzanas con naranjas.

Algo (o alguien) puede ser *ilimitado en su tamaño*, pero eso no es lo mismo que ser *ilimitado en su esencia*. No debemos cometer el error de pensar que la diferencia entre el Creador y la criatura es simplemente una diferencia de tamaño. Hacerlo es suponer que Dios se puede medir, como si fuera una versión más grande de nosotros mismos. Yo lo llamo el síndrome del superhéroe. A los cristianos les gusta pensar en Dios como su superhéroe, como nosotros, pero con superpoderes.

Pero esa es una representación terriblemente antibíblica de la naturaleza infinita de Dios. No es un Dios que simplemente posee nuestros poderes, pero en medida infinita. No, un Dios infinito trasciende por completo nuestras características.[3] Es otro tipo de ser, lo que algunos han llamado "más allá del ser" o el absoluto "Ser en sí".[4] La creación puede ser grande en *tamaño*, pero Dios es ilimitado en su propio *ser*. Su grandeza es de *esencia*. "Ser ilimitado en tamaño," aclara Tomás de Aquino, "no es lo mismo que ser ilimitado en esencia. Pues aunque existieran cosas corporales de tamaño ilimitado (por ejemplo, el fuego o el aire), éstas seguirían estando limitadas en su esencia: limitadas a una especie en particular por su forma, y a un individuo particular de esa especie por su materia".[5]

Debe concluirse, entonces, que solo Dios puede ser infinito en su esencia. La creación, por el contrario, puede ser grande, pero aunque tuviera un tamaño ilimitado, seguiría sin compararse con Dios, que desafía por completo el concepto de tamaño. Él es de

---

[3] Muller, *Divine Essence and Attributes*, 330; cf. Dolezal, *All That Is in God*, 48.
[4] Hart, *Experience of God*, 109.
[5] Aquino, *Summa Theologiae* 1a.7.3.

una especie completamente diferente. De todas maneras, no hay ninguna persona o cosa en el orden creado que sea ilimitada en tamaño, ya que todas las cosas creadas tienen algún tipo de cuerpo o forma.[6] Dios no tiene forma. ¿No podría ser más evidente que Dios no solo está por encima de nosotros, sino que es diferente de nosotros? Como Creador increado, es el único infinito, ilimitado e inconmensurable. Eso es lo que le convierte en el ser más grande, supremo y perfecto que se pueda imaginar.

Dios es "Algo-que-no-puede-haber-nada-mas-grandioso"

Que Dios es el ser más perfecto y supremo que existe no puede ser negado por nadie que proclame la fe cristiana. Es una afirmación axiomática del testimonio bíblico, por lo que este libro gira en torno a esa pregunta central: ¿Qué debe ser cierto de Dios si es el ser más perfecto? Dios es, como dijo célebremente Anselmo, "Algo-que-no-puede-haber-nada-mas-grandioso".[7] Esta declaración no significa, advierte Hart, que Dios sea meramente "un ser entre otros seres" o "mayor de los seres posibles," en el sentido de que no es más que una versión más perfecta de sus competidores, con ventaja sobre ellos por la razón que sea. Como ya hemos aprendido, Dios es una *clase* o *tipo* de ser totalmente diferente, no pertenece en absoluto a la misma clase. La frase de Anselmo transmite que Dios es "la plenitud del Ser mismo, la plenitud absoluta de la realidad de la que depende todo lo demás".[8]

Nuestra misión, en este libro, es determinar *qué* implica esa perfección. ¿Qué *debe* haber en Dios para que sea aquello en lo que no se pueda pensar nada más grande? Si Dios es el ser perfecto, debe tener propiedades grandiosas o perfectas. Ya hemos visto que una gran propiedad es la trascendencia divina, que hace que la esencia de Dios sea incomprensible y que la acomodación divina sea esencial. Pero también deben implicarse otras perfecciones grandiosas, perfecciones que guardan a Dios de las limitaciones

---

[6] Aquino, *Summa Theologiae* 1a.7.3.

[7] Anselmo, *Proslogion* 2 (*Major Works*, 87).

[8] Hart, *Experience of God*, 122.

finitas, perfecciones como la infinitud, la aseidad, la simplicidad, la inmutabilidad, la impasibilidad, la eternidad, la inmensidad, la omnipotencia, la omnisciencia, etc. Como explica Agustín, "El verdadero comienzo de la piedad es pensar lo más alto posible de Dios; y hacerlo significa que hay que creer que es omnipotente y que no cambia en lo más mínimo; que es el creador de todas las cosas buenas, pero que él mismo es más excelente que todas ellas; que él es el supremamente justo, soberano de todo lo que creó; y que no recibió ayuda de ningún otro ser para crear, como si no fuera suficientemente poderoso por sí mismo".[9] Cada grandioso atributo es esencial; si restamos uno, ya no tenemos un ser divino perfecto. Sin embargo, aunque cada perfección es clave, nunca se enfatizará lo suficiente en la naturaleza *infinita* de Dios. Sin ella, las demás perfecciones tendrían poco sentido. Pero lo más significativo es que, para que Dios sea algo distinto de lo que no se puede pensar, *debe* ser infinito. La infinitud es la esencia misma de un ser perfecto.

Una de las razones por las que pensamos que los niños son tiernos es que dicen cosas sin sentido. Cuando Susy o Johnny se sientan a aprender matemáticas y levantan orgullosos su hoja para decir: "mira, mamá, un cuadrado redondo," o "mira, papá, agua seca," nos reímos con naturalidad. Si un adulto dijera lo mismo, nos preguntaríamos si debería buscar ayuda psicológica. Las contradicciones suenan bien cuando las dice un niño de cuatro años, pero resultan insensatas cuando las dice una persona de cuarenta y cuatro. Cuando hablamos de Dios, se aplica la misma lógica. Los oxímoron no son bienvenidos cuando hablamos de Dios. Nunca diríamos, por ejemplo, "Dios es infinitamente finito" o "Dios es un ser infinito finito". Un ser finito es, por definición, limitado. Un ser infinito es, por definición, ilimitado. Ser infinito es ser libre, ilimitado e irrestricto. Dicho de otro modo, ser infinito significa que Dios es sus atributos en un sentido absoluto, ya que es la plenitud del ser.[10]

---

[9] Agustín, *On Free Choice of the Will* 1 (p. 4).

[10] Otros han utilizado el lenguaje de la "plenitud del ser". Véase Dolezal, *God without Parts*, 77.

Esta premisa básica tiene enormes consecuencias para todos los demás atributos de Dios. Si podemos pensar en algo que *limitaría* a Dios, entonces no puede ser verdad de Dios. Si esto es cierto para Dios, entonces ya no es infinito.[11] Veamos algunos ejemplos. Si Dios depende del orden creado, en lugar de ser independiente, entonces no puede ser infinito. ¿Por qué? Porque es un Dios necesitado, incompleto, que depende de los demás para existir o realizarse, o ambas cosas. Un Dios necesitado no es un Dios perfecto, porque un Dios necesitado no es infinito.

O considere la simplicidad de Dios. Si Dios está compuesto de partes, en lugar de ser simple, entonces no puede ser infinito. ¿Por qué? Un Dios compuesto de partes también puede estar dividido por sus partes; un Dios compuesto de partes depende de sus partes; un Dios compuesto de partes necesita que alguien o algo componga sus partes para formar su propio ser. Ambos comprometen la unidad y la independencia de Dios. Un Dios dividido no es un Dios perfecto, porque un Dios dividido no es infinito.[12]

Por último, considere la inmutabilidad de Dios. Si Dios cambia, a diferencia de ser inmutable, entonces no puede ser infinito. ¿Por qué? Un Dios que cambia es vulnerable a la imperfección, ya sea cambiando para mejor, lo que supone que era imperfecto de antemano, o peor. En cualquier caso, la perfección de Dios no es eterna, sino que siempre está sujeta a fluctuaciones.

Podríamos seguir, pero en cada caso Dios es imperfecto porque no es infinito. Una vez más, hay que destacar que un Dios perfecto es un Dios ilimitado, sin los límites que caracterizan nuestra existencia finita de criaturas.

Pero infinitud no significa simplemente rechazar cualquier cualidad que pudiera limitar a Dios; significa también que Dios es sus perfecciones en *medida infinita*. No solo debe "negarse de Dios cualquier cualidad que sea inherentemente limitante," dice la filósofa Katherin Rogers, sino que "cualquier perfección atribuida a

---

[11] Rogers, *Perfect Being Theology*, 11.
[12] À. Brakel, *Christian's Reasonable Service*, 1:96.

Dios" debe ser "atribuida en un grado ilimitado".[13] A eso se refería Anselmo cuando llamaba a Dios la "plenitud del Ser" y la "plenitud absoluta de la realidad".[14] Para que una perfección de Dios sea una perfección "grandiosa," tal perfección debe caracterizar a Dios "en grado máximo o infinitamente".[15] Por ejemplo, considere lo que el infinito implica para todo lo que está en Dios. El poder de Dios es un poder infinito, por eso lo llamamos omnipotente (todopoderoso). El conocimiento de Dios es un conocimiento infinito, lo que explica por qué lo llamamos omnisciente (que todo lo sabe). La sabiduría de Dios es una sabiduría infinita, lo que justifica alabarlo como omnisapiente (todo sabio). La presencia de Dios es una presencia infinita, lo que nos lleva a reconocer que es omnipresente (está en todas partes). Y si el infinito "aplicado al espacio es omnipresencia," el infinito "aplicado al tiempo es eternidad".[16]

El punto es, que la esencia de Dios es ilimitada, inconmensurable, insondable e inestimable en todos los sentidos. No pueden ser sus atributos más de lo que ya son. Él es absolutamente sus atributos. Eso es lo que significa ser perfecto. "No hay perfección que le falte a Dios," Stephen Charnock observa. Una "limitación es una imperfección," pero una "esencia ilimitada es una perfección".[17] Esto es crucial, entonces, decir que no importa qué perfección divina describamos, es verdad de Dios en medida infinita.[18]

Grande es nuestro Señor sin medida

¿Vemos este matrimonio entre la infinitud divina y todas las demás perfecciones divinas en la historia de la Escritura?

---

[13] Rogers, *Perfect Being Theology*, 11 (cf. 13).

[14] Rogers, *Perfect Being Theology*, 11.

[15] Rogers, *Perfect Being Theology*, 15. Helm, *Eternal God*, 11, hace una observación similar

[16] Bavinck, *Doctrine of God*, 154, 157.

[17] Charnock, *Existence and Attributes of God*, 1:383.

[18] Observen, incluso nuestro lenguaje aquí —"medida infinita"— se desafía a sí mismo, porque algo que es infinito no tiene medida. Incluso nuestros intentos de hablar de un Dios infinito se ven atrapados por la finitud de nuestra gramática.

El día de Año Nuevo, después de Navidad, es una de las fiestas más emocionantes del año. La bola cae en Nueva York y las copas de champán se alzan en el aire, brindando por los nuevos comienzos. Para un cristiano, el año nuevo es especialmente significativo. Es una oportunidad para reflexionar sobre las muchas evidencias de la gracia de Dios en nuestras vidas durante el año pasado. Pero también es una oportunidad para planificar el futuro. Mientras el mundo está ocupado haciendo propósitos para perder peso y empezar nuevos negocios (ninguno de los cuales es malo en sí mismo), el cristiano está resuelto a vivir el año siguiente solo para la gloria de Dios (*soli Deo gloria*). Es una tarea difícil, que requiere la disciplina diaria de la meditación de las Escrituras.

Personalmente, los Salmos son uno de mis libros favoritos para mi "pan de cada día". Captan los picos y valles de la vida, enseñándonos a orar y a confiar en el Señor en medio de grandes dificultades. Muchos cristianos ven los Salmos como teología práctica. Sin embargo, no hace falta leer más de dos o tres salmos para darse cuenta de que cada uno es una lección de teología con ricas descripciones del carácter de Dios. Repetidamente escuchamos al salmista alabar a Dios como "Clemente y compasivo es el Señor, lento para la ira y grande en misericordia" (Sal. 145:8). En los salmos no solo se hace referencia al amor y la gracia de Dios, sino también a su esencia infinita. Los salmistas conectan incluso su infinitud con sus otros atributos.

Uno de mis favoritos es el Salmo 147, un salmo de sanación para aquellos cuyo espíritu está quebrantado. "Sana a los quebrantados de corazón y venda sus heridas". (147:3). A los quebrantados de corazón se les da toda la confianza de que el Señor puede sanar, pues éste es el mismo Dios que "cuenta el número de las estrellas" y "a todas ellas les pone nombre" (147:4). Y así lo confiesa el salmista: "Grande es nuestro Señor, y muy poderoso; Su entendimiento es infinito". (147:5). El Señor, dice el salmista, es uno cuyo poder no conoce límites, cuyo conocimiento y sabiduría (es decir, entendimiento) no conocen límites.

Grandeza inconmensurable de su poder… Incluso sobre la Magia Negra

Si hubo alguna vez un apóstol que supiera orar como los salmistas, ése fue el apóstol Pablo. En su carta a los santos de Éfeso, Pablo comienza con una oración de acción de gracias. Está agradecido por los efesios porque su fe en el Señor y su amor mutuo son ejemplares, evidencia de que el Espíritu Santo actúa en ellos. Lleno de alegría, Pablo no cesa de dar gracias por estos hermanos y hermanas en Cristo. Pablo ora para que sus "corazones sean iluminados" a fin de que puedan conocer la "la extraordinaria grandeza de Su poder para con nosotros los que creemos" (Ef. 1:19).

Alto ahí. Pablo no solo dice que el poder de Dios es infinito, sino que asume, incluso ora, que el creyente pueda y quiera conocer, experimentar y vivir una vida definida por la naturaleza infinita de Dios. Puede parecer imposible. Después de todo, ¿cómo podemos conocer la inconmensurable grandeza del Todopoderoso? Pero Pablo confía en que podemos, aunque solo sea en parte, porque Cristo ha resucitado. La tumba vacía es la razón por la que podemos conocer al que es infinito. Pablo ora para que los cristianos conozcan la "extraordinaria grandeza de Su poder para con nosotros los que creemos, conforme a la eficacia de la fuerza de Su poder. Ese *poder* obró en Cristo cuando lo resucitó de entre los muertos y lo sentó a Su diestra en los *lugares* celestiales," (Ef. 1:19-20).

Notable.

El mismo poder infinito del Todopoderoso que resucitó a Jesús de la tumba actúa en nosotros que creemos.

¿Podría haber un poder mayor? Esa era una pregunta relevante para los cristianos en Éfeso. Éfeso era un punto caliente para los que practicaban la magia. Los Efesios buscaban constantemente el poder de las artes oscuras. El libro de los Hechos relata que Pablo pasó un tiempo en Éfeso y realizó "milagros extraordinarios" (19:11). Otros intentaron imitar a Pablo. Siete hijos de Esceva, un sumo sacerdote, intentaron expulsar a un espíritu maligno, por ejemplo. Para su sorpresa, el espíritu "se lanzó sobre ellos, y los dominó y pudo más que ellos, de manera que huyeron de aquella casa desnudos y heridos" (19:16). Supieron esto todos los habitantes de Éfeso, tanto judíos como griegos. El temor se apoderó de todos ellos, "y el nombre del Señor Jesús era exaltado". (19:17).

Luego leemos que los que se han convertido están "confesando y declarando las cosas que practicaban" y que un "muchos de los que practicaban la magia, juntando *sus* libros, los quemaban a la vista de todos". (19:18-19). Se trataba de libros costosos. Su valor era de 50.000 piezas de plata, es decir, según el valor monetario actual, seis millones de dólares.[19] Estos Efesios estaban dispuestos a arrojar millones de dólares al fuego porque creían que el poder de su magia negra no era rival para el poder infinito del Todopoderoso, el Dios de Abraham, Isaac y Jacob. Así concluye la historia, "así crecía poderosamente y prevalecía la palabra del Señor" (19:20). El poder infinito de Dios es invencible. Así que cuando Pablo oró más tarde para que los efesios conocieran la "extraordinaria grandeza" del poder de Dios (Ef. 1:19), estos efesios sabían que el mismo poder que resucitó a Cristo de entre los muertos estaba trabajando en ellos.

¿Quién puede expiar el pecado contra un Dios infinito?

La evangelización es dura. A veces, compartir a Cristo con un no cristiano es recibido con interés genuino, pero muchas veces es recibido con indiferencia o franca hostilidad. ¿Alguna vez has tratado de compartir el Evangelio solo para recibir una pregunta punzante, como "¿Infierno? En serio, ¿me estás diciendo que mi pecado merece una eternidad de castigo?"

Responder es difícil, entre otras cosas porque el incrédulo no comprende la pecaminosidad del pecado. Y lo que es más importante, no tiene categoría para saber contra *quién* ha pecado: un Dios *infinito*. Han escupido en la cara de un Dios cuya santidad

---
[19] Véase el comentario de John B. Polhill sobre Hechos 19:19 en la *ESV Study Bible*.

es inestimable, cuya gloria es insondable y cuya perfección es de medida infinita.

Cegados por el pecado, luchamos por entender la magnitud de nuestra ofensa, porque miramos nuestro pecado y pensamos que es de poca importancia. Le damos poca importancia a nuestro pecado, pero eso es porque lo juzgamos en comparación con otros pecadores, pensando: "Bueno, al menos yo no soy tan malo como ese tipo". Hasta que no estemos en la sala del tribunal celestial, como Isaías, contemplando la santidad infinita de Dios, no gritaremos: "¡Ay de mí!" Dios no contrapone nuestro pecado a los pecados de los demás, sino a la luz cegadora de su infinita perfección.

Comprender que hemos pecado contra aquel que es infinito en sus perfecciones no solo es aterrador, sino que puede llevarnos a la desesperación total. Porque es dolorosamente obvio que no hay nadie que pueda hacer expiación. Tal persona tendría que ser infinita para expiar un pecado contra un Dios infinito, para pagar los pecados que merecen una pena que no tiene fin. En nuestro mundo finito y caído, es evidente que no hay nadie así. Es en ese momento—un momento de desesperación absoluta—cuando el Evangelio brilla con todo su esplendor. Somos como esos pastores sentados en el campo, en la oscuridad de la noche, cuando de repente "la gloria del Señor brilló a su alrededor" y escucharon aquellas palabras y escucharon esas palabras demasiado buenas para ser verdad: "No teman, porque les traigo buenas nuevas de gran gozo que serán para todo el pueblo; porque les ha nacido hoy, en la ciudad de David, un Salvador, que es Cristo el Señor". (Lc. 2:9-11). Entonces todo el cielo estalló de alabanza:

¡Gloria a Dios en las alturas,
Y en la tierra paz entre los hombres en quienes Él se complace! (2:14)

¿Paz? ¿No hemos pecado contra un Dios infinito? Sí, pero el Infinito mismo ha bajado de los cielos para pagar por tu pecado, algo que solo Él puede hacer. El Hijo eterno de Dios tomó "forma de siervo" (Fil. 2:7); la "imagen del Dios invisible," por quien "fueron creadas todas las cosas" y en quien "agradó *al Padre* que en Él habitara toda la plenitud" ha reconciliado "todas las cosas consigo... habiendo hecho la paz por medio de la sangre de Su cruz" (Col. 1, 15-20).

El pecado contra un Dios infinito no puede ser expiado por un Salvador que se ha despojado de sus atributos divinos. No, son sus atributos divinos los que le cualifican para hacer expiación en primer lugar. El pecado contra un Dios infinito solo puede ser resuelto por un Salvador que es él mismo deidad—y todas las perfecciones idénticas a esa deidad—en medida infinita.

Riquezas inconmensurables de Su gracia... Incluso sobre cadáveres podridos

A la luz de nuestra necesidad de un Salvador infinito, Pablo pasa de la inconmensurable grandeza del poder de Dios en Efesios 1 a las inconmensurables riquezas de la gracia de Dios en Efesios 2. Ambas cosas están relacionadas. El poder infinito de Dios que se manifiesta en la resurrección de su Hijo de entre los muertos se manifiesta igualmente en la resurrección de nuestras almas espiritualmente muertas a una nueva vida. Aunque "estaban muertos en sus delitos y pecados, en los cuales anduvieron... conforme al príncipe de la potestad del aire... Dios, que es rico en misericordia... *nos* resucitó y con Él *nos* sentó en los *lugares* celestiales en Cristo Jesús" (Ef. 2:1-2,4,6).

Soy cristiano desde que puedo recordar, pero conozco a otros que recuerdan perfectamente cuándo fueron salvados. Si ese es tu caso, entonces realmente sientes el peso de lo que dice Pablo. Estabas esclavizado no solo al mundo sino a la "potestad del aire,"—Satanás mismo. Sin embargo, el poder de Satanás no es infinito. No es rival para el inconmensurable poder de Dios. A la orden de Dios, esas almas espiritualmente sin vida, a dos metros bajo tierra, de repente se ponen firmes y salen de sus tumbas—como hizo Lázaro. Aunque estábamos muertos, Dios "nos dio vida juntamente con Cristo" (Ef. 2:5). Lo que Pablo describe, los teólogos lo llaman "regeneración". Es una obra exclusiva de

Dios, pues solo Él tiene el poder infinito capaz de resucitar almas espiritualmente muertas.

Sin embargo, no solo hemos sido resucitados a una nueva vida, y no solo hemos sido resucitados y sentados con Cristo en los lugares celestiales, sino que Dios ha realizado tal milagro "a fin de poder mostrar en los siglos venideros las sobreabundantes riquezas de Su gracia por *Su* bondad para con nosotros en Cristo Jesús". (Ef. 2:7). Dios no solo es infinito en en poder, sino infinito en misericordia, en gracia y en bondad. Como exclama el salmista:

> Compasivo y clemente es el SEÑOR,
> Lento para la ira y grande en misericordia.
> No luchará *con nosotros* para siempre,
> Ni para siempre guardará *Su enojo*.
> No nos ha tratado según nuestros pecados,
> Ni nos ha pagado conforme a nuestras iniquidades.
> Porque como están de altos los cielos sobre la tierra,
> Así es de grande Su misericordia para los que le temen.
> Como está de lejos el oriente del occidente,
> Así alejó de nosotros nuestras transgresiones.
>
> (Sal. 103:8-12)

En hebreo no existe la palabra "infinito", pero el concepto está presente cuando el salmista anuncia que Dios ha removido nuestras transgresiones tan lejos como el oriente está del occidente y que su amor inquebrantable es tan alto como los cielos.[20] Lo que los salmos expresan mediante metáforas, Pablo lo dice más directamente: La gracia de Dios es infinita, y nuestra unión con el Cristo resucitado es la garantía de que un día gozaremos de su gracia infinita sin fin y en su forma más perfecta.

Solo un ser supremo es digno de adoración

Teniendo en cuenta Efesios 1 y 2, ¿es sorprendente que los cristianos a lo largo de los siglos hayan utilizado la palabra "supremo" para

---

[20] Harman, "Singing and Living Justification," próximamente.

referirse a Dios? "Supremacía" capta a la perfección la naturaleza infinita de Dios. Escucha a nuestro amigo Anselmo: "Y claramente cualquier cosa buena que la naturaleza suprema es, es esa cosa supremamente. Es, pues, esencia suprema, vida suprema, razón suprema, salud suprema, justicia suprema, sabiduría suprema, verdad suprema, bondad suprema, grandeza suprema, belleza suprema, inmortalidad suprema, incorruptibilidad suprema, inmutabilidad suprema, felicidad suprema, eternidad suprema, poder supremo, unidad suprema".[21] Todos y cada uno de los atributos merecen ser llamados "supremos;" por eso nuestro Dios es el único que merece nuestra adoración. Nuestra finitud nos recuerda constantemente que debemos nuestra vida a Aquel que es infinito. Él no tiene limitaciones. Él es sus atributos en medida infinita. Por tanto, es el ser más perfecto, "algo-que-no-se-puede-pensar-nada-más-grande". Él es, sin cualificación, sin reservas, el ser supremo, la plenitud del Ser mismo.

En la práctica, esto significa que "debemos definir a Dios como lo mejor posible, de lo contrario estamos imaginando un ser finito lamentablemente limitado por nuestras propias imperfecciones y, por tanto, indigno de nuestra adoración".[22] No imaginemos a Dios a nuestra imagen, sino inclinémonos hasta el suelo, como Moisés ante la zarza ardiente, como criaturas finitas ante la supremacía del Dios perfectamente infinito.

---

[21] Anselmo, *Monologion* 4 (*Major Works*, 15).
[22] Rogers, *Perfect Being Theology*, 2.

4

¿Dios depende de ti?

Aseidad

¿Quién me ha dado *algo* para que Yo *se lo* restituya?
Cuanto existe debajo de todo el cielo es Mío.
JOB. 41:11; CF. RO. 11:35

Dios tiene toda la vida, gloria, bondad, bienaventuranza, en y por Sí mismo; y es el solo en sí y para sí todo suficiente, no necesitando de ninguna criatura que haya hecho, ni obteniendo ninguna gloria en, por, para y sobre ellas.
LA CONFESIÓN DE FE DE WESTMINSTER

¿Qué hacía Dios antes de crear el mundo? Tal vez se sentía solo. Y estando solo, necesitaba llenar ese agujero vacío en su corazón. Así que decidió crear el mundo, de esa manera podría tener comunión con los demás. Ahora que el mundo está aquí, Dios ya no está tan solo. Gracias a nosotros, se siente realizado y completo.

Esta respuesta no es poco común. Se puede escuchar en muchas iglesias hoy en día por cristianos bien intencionados. Por favor, prepárate, porque tengo algo impactante que decir: Dios *no* te necesita. No te necesita a ti, no me necesita a mí, y no necesita a nadie ni a nada en este mundo. De hecho, no necesita al mundo en absoluto. Y punto.

Dios *no* es un Dios necesitado. No es como si estuviera aburrido, girando sus pulgares, desesperado antes de crear el mundo. Dios *no* depende del mundo para su existencia, ni depende del mundo para ser feliz y realizarse. Por el contrario, posee vida en sí mismo y por sí mismo. Más exactamente, Él es la plenitud de la vida en sí mismo y por sí mismo.

Lo que estamos describiendo es el atributo de la *aseidad—a se* en latín, significa "de sí mismo". Dependiendo de lo que te hayan enseñado en la iglesia, es probable que nunca hayas oído hablar de la aseidad de Dios. Pero descubriremos que este atributo es asumido y enseñado en todas partes en las Escrituras y demuestra ser la llave que abre los atributos de Dios.

Vida en y por sí mismo

Afirmar la aseidad de Dios es decir, en primer lugar, que es vida en sí mismo y por sí mismo, y sobre esa base debe ser autoexistente y autosuficiente.[1] Porque Dios es vida en sí mismo y por sí mismo que no puede haber ningún sentido en el que él sea causado por otro.[2] Por esta razón, podríamos referirnos tanto a la "*in*seidad" de Dios como a su "*as*eidad".[3]

---

[1] He redactado la definición de aseidad de esta manera para prestar atención a la advertencia de John Webster de que debemos definir la aseidad principalmente no en "términos negativos, como la mera ausencia de origen o dependencia de una causa externa". sino en términos positivos—es decir, "la vida de Dios" es "de y por tanto en sí mismo" (Webster, *God without Measure*, 19).

[2] Sería un error concluir que, si Dios no tiene causa externa, entonces debe causarse a sí mismo. La autocausación sería contraria a la simplicidad, eternidad e inmutabilidad divina, así como su propia perfección. Véase Webster, *God without Measure*, 23; Charnock, *Existence and Attributes of God* 1:187.

[3] Webster, *God without Measure*, 27.

Hay, fundamentalmente, una diferencia de naturaleza entre el Creador y la criatura; el primero tiene vida en sí mismo y por sí mismo, el segundo deriva la vida del que es la vida. Nacemos en este mundo totalmente dependientes, finitos en todos los sentidos. Nuestra existencia deriva de nuestro padre y de nuestra madre. Si queremos seguir viviendo, el Dios del universo debe sostenernos. No solo dependemos de nuestros padres terrenales, sino también de nuestro Padre celestial. Nuestra naturaleza, nuestra propia existencia, es contingente en todos los sentidos.

No ocurre lo mismo con Dios. Su naturaleza no se parece en nada a la nuestra. Es inconmensurable, incapaz de ser medido por los mismos estándares de nuestra existencia humana. A diferencia de todo lo que hay en este mundo, su existencia no está basada en, derivada de, o contingente en algo o alguien más. Nadie lo trajo a la existencia, ni depende de algo o de alguien para continuar existiendo. No deriva ni está condicionado por lo que es finito, contingente, limitado y cambiante. Así lo demuestra el modo en que creó el mundo. No dependió de una materia preexistente, sino que creó *ex nihilo*, de la nada. Además, solo quien no tiene principio ni causa para su propia existencia puede hacer que el mundo exista de la nada (un motor inmovil). Sin causa, su existencia se basa *únicamente en sí mismo*. Esto no significa que se haya creado a sí mismo o que se haya causado a sí mismo, sino que es el único, como dice Anselmo, "tiene de sí mismo todo lo que tiene, mientras que las demás cosas no tienen nada de sí mismas. Y las otras cosas, no teniendo nada de sí mismas, tienen su única realidad de Él".[4]

La frase "tiene de sí mismo todo lo que tiene" resume muy bien la aseidad. No puede decirse lo mismo de los objetos del orden creado. Colocados junto a Dios, observa Agustín, "son deficientes en belleza, bondad y ser".[5] Pero no hay tal deficiencia en el ser de Dios. La aseidad define a Dios como un ser *perfecto*.

---

[4] Anselmo, *On the Fall of the Devil* 1 (*Major Works*, 194).
[5] Agustín, *Confessions* 11.4 (6) (p. 224).

La vida feliz del Dios Trino

Si Dios "tiene de sí mismo todo lo que tiene," entonces la aseidad también debe significar que Dios está perfectamente *satisfecho* y *feliz* en y por sí mismo. "Dios es infinitamente feliz en el disfrute de sí mismo," dice Jonathan Edwards, "en la perfecta contemplación e infinito amor y regocijo en su propia esencia y perfecciones".[6] Observe lo que esto implica: si Dios nunca hubiera decidido crear el mundo—y es importante recordar que no *tuvo* que crear el mundo—habría permanecido perfectamente satisfecho y contento en y por sí mismo. Esto significa también que la elección de Dios de crear voluntariamente el mundo *no* fue porque sintiera un vacío en su interior, como si nos necesitara para llenar de alguna manera la alegría que de otro modo le faltaría o para dar sentido a su existencia, que de otra forma carecería de sentido. Era y sigue siendo autosuficiente como aquel que es la vida en el sentido más absoluto de esa palabra.

Hemos dicho antes que la aseidad de Dios se debe al hecho de que Dios es un *tipo de ser* diferente en comparación con nuestro ser, diferente no solo en cantidad sino en calidad. Para explicar, esa diferencia en el ser tiene todo que ver con Dios como Trinidad. Como han confesado los credos ortodoxos, Dios es uno en esencia, tres en personas. Estos tres han de ser identificados en la eternidad por ciertas *relaciones eternas de origen o modos personales de subsistir*: paternidad, filiación y espiración.[7] El Hijo es eternamente generado por el Padre (filiación), y el Espíritu Santo procede eternamente del Padre y del Hijo (espiración). Dios, aparte de la creación, existe

---

[6] Edwards, *Discourse on the Trinity*, 113.

[7] Para aclarar, esa frase "modos personales de subsistir" es una forma en que la iglesia ha hablado de las relaciones eternas de origen (generación y espiración eternas). No debe confundirse con la herejía trinitaria conocida como "modalismo," que niega que los modos de subsistencia sean personales—es decir, tres personas distintas. De ahí que la palabra "personal" sea clave. Para ver cómo la tradición reformada ha utilizado este lenguaje ("modo de subsistencia"), consulte Muller, *"modus subsistendi,"* en *Dictionary of Latin and Greek Theological Terms,*, 222. Además, en la frase "relaciones eternas de origen," la palabra "relaciones" no significa "relación" tal y como se utiliza hoy en día. Más bien, por "relaciones" tenemos en mente el origen eterno de las tres personas.

como Trinidad inmanente; la única esencia de Dios subsiste en estas tres personas eternamente, independientemente del orden creado. Volveremos sobre este misterio en el capítulo 5.

Relaciones eternas de origen en la Trinidad

Paternidad	El Padre es eternamente inengendrado.
Filiación	El Hijo es engendrado eternamente por el Padre.
Espiración	El Espíritu es eternamente espirado por el Padre y el Hijo.

Lo que esa verdad implica para la distinción Creador-criatura no debe pasarse por alto. Antes de que nuestro Dios Trino creara el universo, el Padre, el Hijo y el Espíritu estaban en perfecta comunión (por tomar prestada una antigua palabra puritana) entre sí como la única e indivisible Divinidad. Las tres personas de la Trinidad disfrutaban de una comunión impecable antes de que ninguna estrella o planeta se pusiera en órbita. De ahí que Jesús pueda apelar, justo antes de la cruz, a la gloria que experimentó con el Padre en la eternidad: "Y ahora, glorifícame Tú, Padre, junto a Ti, con la gloria que tenía contigo antes que el mundo existiera". (Jn. 17:5). Jesús sigue orando por sus discípulos: "quiero que... vean Mi gloria, la *gloria* que me has dado; porque me has amado desde antes de la fundación del mundo". (17,24). Las tres personas de la Trinidad expresaron su amor mutuo, en este caso el Padre amando al Hijo, incluso antes de que el mundo existiera. La gloria y el amor—caracterizan la comunión de nuestro Dios Trino desde toda la eternidad. Pero no solo la gloria y el amor caracterizan a los tres; también la *vida*. Como dice Jesús en Juan 5:26: "Porque como el Padre tiene vida en Él mismo, así también le dio al Hijo el tener vida en Él mismo".

No necesitamos entrar en todos los matices de lo que esa vida significa para cada persona de la Trinidad, pero debemos decir, como mínimo, que las implicaciones para la vida cristiana no son insignificantes.⁸ Si el Padre no fuera vida en sí mismo, y no concediera al Hijo tener vida en sí mismo, entonces el Hijo no tendría vida que dar a los que vino a redimir, lo cual es básico para toda su misión (Jn. 3:16,36; 4:14; 5:24; 6:40,47,54). Sin embargo, Jesús desmonta tal posibilidad cuando dice que "viene la hora, y ahora es, cuando los muertos oirán la voz del Hijo de Dios, y los que oigan vivirán". (5:25). Ciertamente, pues, la "vida que el Hijo recibe y tiene en sí mismo es la que a su vez otorga a las criaturas".⁹

El Señor que todo lo posee y todo lo da

En el Antiguo Testamento la aseidad de Dios es asumida y afirmada en todas partes. Para empezar, vemos la aseidad de Dios cuando reflexionamos en Dios como *Creador*. El Antiguo Testamento afirma repetidamente que Dios, como Creador, es el dueño de todas las cosas. Los primeros capítulos del Génesis ponen de manifiesto su propiedad, pues es el Dios que todo lo hizo, desde la medusa en el mar hasta el saltamontes en el árbol. Naturalmente, David puede exclamar:

> Del Señor es la tierra y todo lo que hay en ella,
> El mundo y los que en él habitan.
> Porque Él la fundó sobre los mares,
> Y la asentó sobre los ríos.
>
> (Sal. 24:1-2; cf. Neh. 9:6)

La aseidad de Dios está envuelta no solo en su identidad como Creador, sino también en su papel como *Señor y Salvador del pacto* de Israel. Cuando Dios entra en una relación de pacto con Abraham y más tarde con Israel, lo hace como el Dios que es independiente. Su independencia implica su posesión de todas las

---

⁸ Existe un antiguo debate sobre si la generación eterna del Hijo consiste en una *esencia* generada o en una *persona* generada. La patrística se alinea en cada bando, y Juan Calvino es polémico por su afirmación de este último, tratando de custodiar al Hijo como quien es *autotheos*. Sobre este debate, véase Ellis, *Calvin, Classical Trinitarianism & the Aseity of the Son;* M. Barrett, "Balancing *Sola Scriptura* and Catholic Trinitarianism".

⁹ Webster, *God without Measure*, 25.

cosas (y no su dependencia de ellas). Como Dios soberano sobre todas las cosas, puede dar a Abraham e Israel una tierra grande y próspera y hacer de ellos una nación que bendiga a todas las naciones.

Por ejemplo, consideremos el encuentro entre Melquisedec y Abraham en Génesis 14, un encuentro que tiene lugar poco después de que Dios se le aparece a Abraham y le ordena partir hacia una nueva tierra que Abraham aún no ha visto (Gn. 12:1-2). Melquisedec es un extraordinario y misterioso rey-sacerdote que bendice a Abraham justo después de que éste haya ganado una poderosa batalla contra sus enemigos. En su bendición, Melquisedec comienza dirigiéndose al "Dios Altísimo" como "Poseedor del cielo y de la tierra". Aquí vemos una sutil alusión a la aseidad de Dios. A continuación, Melquisedec alaba a Dios por haber entregado en sus manos a los enemigos de Abraham (14:19-20). Puesto que Dios es dueño de toda la tierra, puede entregar a los enemigos de Abraham, protegiendo su promesa original de dar un día a Abraham una tierra y hacer de él una gran nación (12:1-2). Las promesas del pacto de Dios a Abraham descansan sobre el sólido fundamento de la aseidad divina. Porque Dios es autosuficiente, no necesita de nada, es dueño de todas las cosas, que es capaz de bendecir a Abraham y a su descendencia con una herencia global, que se cumple en última instancia con la venida de Jesucristo, a quien Hebreos llama el "fiador de un mejor pacto". (He. 7:22).

O consideremos las relaciones de pacto de Dios con el rebelde Israel. El Salmo 50 comienza con el Señor, el "Poderoso," convocando a la tierra (50:1). Cuando el Señor habla y convoca, espera ser escuchado. Llama a toda la humanidad, y a Israel en particular, a que escuchen porque tiene algo importante que decir. El pueblo de Dios, Israel, es un pueblo en pacto con el Señor, y este pacto se ha establecido mediante "sacrificios" (50:5). Pero aquí está el problema, y es grande: Israel piensa que Dios *necesita* sus sacrificios y por lo tanto, ¡puede usar sus sacrificios para sobornar a Dios! Observen cómo el Creador del universo responde a su pueblo del pacto:

> No tomaré novillo de tu casa,
> Ni machos cabríos de tus corrales.
> Porque Mío es todo animal del bosque,
> Y el ganado sobre mil colinas.
> Conozco a todas las aves de los montes,
> Y Mío es todo lo que en el campo se mueve.
> Si Yo tuviera hambre, no te lo diría a ti;
> Porque Mío es el mundo y todo lo que en él hay.
>
> (Sal. 50:9-12; cf. 146:5-7)

El punto es claro: el Creador no necesita nada, pues es dueño de todo. Y es esta afirmación de la aseidad divina la que da el tono de la relación de Israel con Él. El pueblo no debe acercarse al Señor del pacto como lo harían con un dios creado por ellos, al que pueden manipular y sobornar con sus sacrificios. Por el contrario, Israel debe acercarse a su Creador y Señor del pacto ofreciendo un "sacrificio de acción de gracias" (50:14), invocándole en "el día de la angustia" (50:15). Él no es un Dios que necesita a Israel; Israel es un pueblo que necesita a Dios. Israel fue creado para glorificarlo, y este pueblo depende completamente de Él para su liberación (50:15).

No servido por manos humanas

La aseidad de Dios no solo se manifiesta en el lenguaje del Antiguo Testamento relativo a la creación y al pacto, sino que se traslada al Nuevo Testamento al cumplirse las promesas del pacto de Dios en la venida de Jesucristo. Como el Evangelio se proclama a todas las personas, es primordial que quienes escuchan esta buena nueva entiendan, para empezar, quién es exactamente este Dios salvador.

El apóstol Pablo acude a la aseidad de Dios como fundamento de su evangelización a los atenienses. En Hechos 17:16-34 Pablo se encuentra en Atenas—famosa por una tradición filosófica que incluye a pensadores como Sócrates, Platón y Aristóteles—y se encuentra con los filósofos de la ciudad en el mercado. Mientras Pablo pasea por la ciudad, su espíritu "se enardecía dentro de él".

¿A qué se debe esto? Mientras Pablo camina, ve que la ciudad está llena de ídolos (17:16). Tal idolatría motiva a Pablo a predicar a Jesús y su resurrección, una enseñanza que es nueva para sus oyentes atenienses. Curiosos por saber de qué se trata esta nueva enseñanza, estos filósofos invitan a Pablo, al que etiquetan de "predicador de divinidades extrañas" (17:18), al Areópago. El planteamiento de Pablo es sorprendente. Reconoce lo "religioso" que es su público, dados los muchos dioses que adoran (17:22). Pero Pablo es estratégico, convirtiendo ese momento en una oportunidad para comparar los dioses que adoran con el único, verdadero y Dios vivo. Señalando un altar dedicado al "dios desconocido," Pablo dice que lo que adoran como "sin conocer" ahora lo dará a conocer (17:23). "El Dios que hizo el mundo y todo lo que en él *hay*, puesto que es Señor del cielo y de la tierra, no mora en templos hechos por manos *de hombres*, ni es servido por manos humanas, como si necesitara de algo, puesto que Él da a todos vida y aliento y todas las cosas". (17:24-25).

Hay que tener en cuenta que entre los que escuchan se encuentran filósofos estoicos, filósofos que creen que la naturaleza es divina, que todo en la naturaleza (¡incluidos los humanos!) tiene una chispa de divinidad en su interior. Para los estoicos, lo divino depende absolutamente del orden creado, hasta el punto de que lo divino se identifica con el orden creado. En la actualidad, cosmovisiones como el panteísmo (Dios es el mundo, y el mundo es Dios) y el panenteísmo (el mundo está dentro de Dios) comparten similitudes con esta visión estoica. Dios y el mundo son mutuamente dependientes. Tales cosmovisiones, sin embargo, aprisionan la libertad de Dios, haciendo necesario el mundo, y comprometen su esencia, haciendo depender su existencia del mundo.[10]

Observa lo que dice Pablo en contraste. Dios es el *Creador*, lo que significa que el mundo entero le debe su existencia. Como Señor del cielo y de la tierra, no necesita de los humanos, ni le sirven manos humanas. Si así fuera, la creación sería Señor en lugar de Él. Como dador de vida y de todas las cosas, Dios no

---

[10] Bavinck, *Reformed Dogmatics*, 2:239.

necesita nada. No es como si viviera en un templo (como los dioses de Atenas), dependiendo de otros para que le alimenten y le sirvan. El Dios que predica Pablo es autosuficiente, autoexistente e independiente del mundo. Él no necesita a los humanos, ni debe ser confundido con el orden creado. No es uno con el orden creado, sino Señor del orden creado, pues es el Creador del universo. Aquí vemos nuestro atributo en el punto de mira: Dios es *por naturaleza* independiente, o *a se*.

Dejando las cosas claras

Pero un momento, ¿no es cierto que las Escrituras también dicen que *servimos* a Dios y *damos* a Dios? Sí, lo dice. Y sin embargo, le damos a Dios solo lo que Él nos ha dado primero.

En Lucas 16:1-13, la parábola del mayordomo infiel, Jesús nos enseña que somos administradores de Dios. Como administradores, cada uno de nosotros tendremos que rendir cuentas de lo que hemos hecho con todo lo que Él nos ha dado (cf. Lc. 12:42; Tit. 1:7). Del mismo modo, en Lucas 17 Jesús deja claro que incluso cuando obedecemos a Dios, haciendo lo que nos ha pedido, solo hemos hecho lo que se nos pedía. No debemos pensar que Dios está de algún modo obligado a devolvernos el favor, como si nos lo debiera. Nuestra respuesta debe ser simplemente: "Siervos inútiles somos; hemos hecho *solo* lo que debíamos haber hecho" (17:10).

Job aprende esta lección por las malas. A través de su intenso sufrimiento, del que aprendemos al principio del libro que ha sido ordenado por Dios, Job se ve tentado (no gracias a sus amigos y a su mujer) a maldecir a Dios. Al final del libro, tras un larguísimo silencio, Dios responde a Job, explicándole que no tiene que dar explicaciones, disculparse ni estar en deuda con nadie. Job no está en condiciones de ser consejero de Dios. "¿Quién me ha dado *algo* para que Yo *se lo* restituya? *Cuanto existe* debajo de todo el cielo es Mío". (Job. 41:11). Sin duda, Job encuentra estas palabras aleccionadoras. Y también el apóstol Pablo. En Romanos 11:34-36, Pablo cita Job 41:11 para exponer un argumento muy similar: "Pues, ¿QUIÉN HA CONOCIDO

LA MENTE DEL SEÑOR? ¿O QUIÉN LLEGO A SER SU CONSEJERO? ¿O QUIÉN LE HA DADO A ÉL PRIMERO PARA QUE SE LE TENGA QUE RECOMPENSAR? Porque de Él, por Él y para Él son todas las cosas. A Él *sea* la gloria para siempre".

Mi esposa y yo tenemos cuatro hijos. A veces uno de ellos empieza a pelearse con su hermano o hermana mayor, diciendo algo como, "Esta es *mi* habitación. Fuera". O cuando mamá le pide a uno de ellos que comparta el postre con un hermano pequeño, a veces recibe la respuesta: "Pero si es *mi* sándwich de helado". En esos momentos, les recordamos a nuestros hijos que, en realidad, no son dueños de nada. Todo lo que tienen les fue dado. Así que cuando los niños dan o comparten, están dando o compartiendo lo que se les dio o compartió con ellos.

Pocos clásicos pueden compararse a la dinámica familiar de los Huxtable en *El show de Cosby*. En un episodio, Vanessa llega a casa de la escuela disgustada, anunciando que se había peleado. Cliff naturalmente pregunta: "¿Ganaste?" Cuando Vanessa se sienta con Cliff y Claire, explica que dos chicas de la escuela la llamaron niña rica presumida. Vanessa se subió las mangas, y lo siguiente que sabes es que las chicas estaban rodando por el suelo. Cliff interrumpe: "¡Te las llevaste a las dos!". Vanessa explica cómo el Sr. Morris las separó e hizo que todos se disculparan. Una vez más, Cliff no puede contenerse: "Si el Sr. Morris no te hubiera detenido, ¿crees que les habrías ganado a las dos?"—comentario que provoca una mirada fulminante de Claire. Pero entonces Vanessa dice algo que provoca la mirada de Cliff y Claire: "Nada de esto habría pasado si no fuéramos tan ricos". Tras un silencio desconcertante, Cliff se sienta, cruza las manos y dice: "A ver si lo entiendo, ¿está bien? Tu madre y yo somos ricos. Tú no tienes *nada*. Puedes decírselo a tus amigos y a tus enemigos, ¿está bien?" Cliff sonríe.

Muy gracioso, pero tan cierto. Si esto es cierto con nuestros hijos, ¿cuánto más en relación con nuestro Creador? Sí, le servimos y le damos—ya sea nuestro tiempo o nuestras finanzas. Pero tenemos que recordar—como Vanessa—que como hijos de Adán e hijas de Eva, todo lo que tenemos viene del Señor en primer lugar. Ni un solo aliento, ni un minuto de tiempo, ni un solo dólar son realmente nuestros. Todo pertenece al Señor, y Él puede quitárnoslo en un instante (como aprendió Job por experiencia propia). Por eso, cuando servimos a Dios y le damos, debemos hacerlo en acción de gracias, recordando que todo esto es suyo desde el principio.

La llave que abre los atributos de Dios

Ahora que tenemos claro lo dependientes que somos y lo independiente que es Dios, es fundamental comprender cómo se relaciona la aseidad con los otros atributos de Dios. Si Dios es vida en y por sí mismo ¿qué otros grandes atributos deben seguirle?[11]

Para empezar, si Dios es autosuficiente, entonces también es *divino por sí mismo,* pues un Dios que es autoexistente no puede recibir su deidad de nada ni de nadie fuera de sí mismo. Si Dios es autosuficiente, entonces también es *sabio por sí mismo,* pues si otros pudieran informar a Dios de lo que es sabio o de las decisiones sabias que debería tomar, entonces sería menos que perfecto en su sabiduría, creciendo en la sabiduría que recibe de otros. Además, si Dios es autosuficiente, entonces debe ser *virtuoso por sí mismo,* porque si recibiera su virtud de otro, entonces no podría ser perfectamente moral; quien aumenta en virtud no puede ser la norma misma de la moralidad.

Del mismo modo, si Dios es autosuficiente, también debe ser *autoatribuido,* puesto que es el criterio mismo de la verdad, como lo es de la moral. Dios no solo posee la verdad, la conoce y la dice, sino que es la verdad. Para conocer la verdad, todos deben mirarle a Él, porque Él es el estándar mismo de la verdad. Él es la verdad por sí mismo, independientemente de cualquier otra. Lo mismo ocurre con su justicia; se *justifica a sí mismo.* Como pregunta retóricamente Isaías: "¿A quién pidió consejo y *quién* le

---

[11] En mi respuesta utilizo algunas de las frases (autodivino, autosabio, autovirtuoso, autoexcelente, etc.) que hace Bavinck y siguiendo su ejemplo, aunque a veces estoy elaborando e incorporando la aportación de otros, como Anselmo. Véase Bavinck, *Reformed Dogmatics,* 2:151.

dio entendimiento? ¿*Quién* lo instruyó en la senda de la justicia, le enseñó conocimiento"? (40:14). Haciéndonos eco de Anselmo, Dios no solo es justo, sino que lo es a través de sí mismo.[12]

Si Dios es autosuficiente, entonces Dios debe ser *autoempoderado;* de lo contrario es menos que todopoderoso, otros tienen que ayudarlo cuando su falla poder. Si Dios es autosuficiente, entonces debe ser *autoconocedor*, lo que significa que no depende de ninguna criatura para saber lo que ha sucedido o lo que sucederá. Eso implicaría que su conocimiento es incompleto y debe confiar en el conocimiento de otros para ayudarle a planificar el futuro.

Por último, si Dios es autosuficiente, debe ser *autoexcelente*, porque si hubiera otro ser más excelente, glorioso y majestuoso que Dios, entonces dependería de ese ser por la misma excelencia que caracteriza lo que es y lo que hace.

Autoexcelencia

Este último punto es sumamente importante y merece mayor atención. A lo largo de este libro hemos sostenido que Dios es el ser más perfecto, supremo e infinito. Y nos hemos preguntado qué atributos de grandeza deben seguir si tal afirmación es cierta. Aquí esa pregunta es igualmente relevante. Si Dios es el ser perfecto, entonces debe tener vida en sí mismo y por sí mismo. Si dependiera de alguien/algo más, perdería su perfección, dándosela a otro. Como nos recuerda Anselmo: "Porque todo lo que es grande por medio de otra cosa es menos que aquello por lo que es grande". La perfección de Dios debe ser una perfección *independiente*. Su excelencia debe ser *auto*excelente. Su naturaleza, observa Anselmo, debe ser "superior a las demás de tal modo que no sea inferior a ninguna". Solo aquello "que existe por sí mismo y a través del cual todas las demás cosas existen es el ser que es de todos los seres supremo".[13] Aparte de la aseidad, Dios no puede ser un ser *supremo*.

---

[12] Anselmo, *Monologion* 16 (*Major Works*, 29).

[13] Anselmo, *Monologion* 4 (*Major Works*, 15).

Los cristianos de generaciones pasadas, como Anselmo, han transmitido tal autoexcelencia con la palabra "absoluto". Dios es el "ser absoluto," pues nada ni nadie se le compara; nada ni nadie es como Él; nada ni nadie hace de Él lo que es. El Dios absoluto, pues, es el Dios del poder absoluto, del conocimiento absoluto, de la sabiduría absoluta, de la divinidad absoluta, de la gloria absoluta, de la excelencia absoluta, etcétera. En latín hay varias palabras que transmiten esta verdad:

esse	Dios es el supremo *ser*
verum	Dios es la verdad *suprema*.
pulchrum	Dios es la suprema *belleza*.

Fuente: Bavinck, *Reformed Dogmatics*, 2:151.

Si cada uno de los atributos de Dios se caracteriza por tal supremacía, entonces Anselmo tiene razón: Dios es algo que no puede concebirse como algo superior. Inevitablemente, "todo ser está contenido en Él". Él es "un océano ilimitado de ser".[14]

El bien sin el cual no hay bien

Si estamos en lo cierto, que Dios es el ser autoexcelente, perfecto, supremo, ser absoluto, entonces las implicaciones para el resto del mundo son masivas. La supremacía de Dios significa que todo lo demás depende para cualquier y todo bien de aquel que es el único independiente. Aplicando al Dios único, verdadero y vivo lo que el filósofo griego Epiménides de Creta decía de Zeus, Pablo escribe: "Porque en Él vivimos, nos movemos y existimos" (Hch. 17:28). Su naturaleza suprema, dice Anselmo, "es el bien sin el cual no hay bien".[15]

Si volvemos a la distinción entre los atributos incomunicables y comunicables de Dios, la aseidad de Dios significa que Él es la

---

[14] Bavinck, *Reformed Dogmatics*, 2:151.
[15] Anselmo, *Monologion* 6 (*Major Works*, 18).

fuente de cada cualidad comunicable en sus criaturas. No solo es el "bien sin el cual no hay bien," sino que es la belleza sin la cual no hay belleza, la sabiduría sin la cual no hay sabiduría, la justicia sin la cual no hay justicia, etc. Dicho esto, no solo es la fuente, sino la causa de toda buena cualidad que presenciamos en este mundo. "No solo sostiene este universo (tal como lo fundó una vez) por su poder ilimitado, la rige por su sabiduría, la preserva por su bondad, y especialmente gobierna a los hombres con su justicia y su juicio, los soporta con su misericordia, los guarda con su protección," observa Juan Calvino, si no que "no se encontrará gota alguna de sabiduría y de luz, ni de justicia, de poder o de rectitud, ni de verdad auténtica, que no proceda de Él y de la que Él no sea la causa".[16]

Al final, la aseidad es la llave que abre todos los demás atributos. Sin ella, todos los demás atributos no pueden ser lo que son. Con ella, vemos por qué Dios es quien es. Vemos por qué su perfección es, así, tan perfecta. Pero también es la razón por la que los atributos comunicables de Dios se manifiestan en el mundo. Al no depender de nadie, es la fuente suprema de lo que todo lo demás tiene su ser. "Con excepción de la esencia suprema misma," concluye Anselmo, "nada existe que no haya sido hecho por la esencia suprema".[17]

El Evangelio depende de un Dios que no depende de ti

En Isaías 40 y 44 aprendemos que Dios no es como los dioses paganos de las naciones vecinas. Estos dioses son creados por los humanos (40:19-20). Utilizando la sátira, Isaías explica que la madera que los seres humanos utilizan para calentarse y cocinar su comida junto al fuego es la misma madera que utilizan para formar un dios y poder inclinarse ante él en adoración, orando "¡Líbrame, pues tu eres mi dios!" (44:17). Fíjate en lo irracionales que son estas personas: creen que su dios puede salvar, pero este dios es algo hecho por manos humanas (y con cosas cotidianas). Este dios

---
[16] Calvino, *Institutes* 1.2.1.
[17] Anselmo, *Monologion* 7 (*Major* Works, 20).

no puede salvar. Como corresponde, Dios se burla de estos dioses hechos por el hombre, así como de quienes los adoran. No se trata de un dios que salva, sino de un dios al que hay que salvar.

Por el contrario, Pablo describe al Señor en Hechos 17:24-30 no como una criatura, sino como el Creador. Pablo es enfático: Dios no es adorado por nosotros "como si necesitara de algo". La adoración bíblica se debe a Dios no porque él nos necesite, sino porque nosotros le necesitamos a él. Cuando alzamos la voz, Dios recibe nuestra adoración; sin embargo, nunca debemos pensar que al hacerlo le damos a Dios lo que de otro modo le faltaría. como si nos necesitara para estar completo. Considera las palabras de los veinticuatro ancianos que se postran ante el trono de Dios, adorándole, arrojando sus coronas ante Él, diciendo, "Digno eres, Señor y Dios nuestro, de recibir la gloria y el honor y el poder, porque Tú creaste todas las cosas, y por Tu voluntad existen y fueron creadas" (Ap. 4, 11).

Si Dios no fuera vida en sí mismo, si no fuera independiente de nosotros, entonces no sería digno, cualificado o capaz de salvarnos, y mucho menos digno de recibir adoración y alabanza. Si Dios no fuera *a se*, entonces sería débil y patético, porque estaría necesitado y dependiente. Necesitaría ser salvado, igual que nosotros. Sería un Dios como nosotros, pero no un Dios distinto de nosotros. Sería un Dios en nuestro mundo, pero no un Dios distinto de nuestro mundo. "Podríamos orar *por* este Dios, pero definitivamente no *a* él".[18]

---

[18] Horton, *Christian Faith*, 235.

5

¿Dios está compuesto por partes?

Simplicidad

Escucha, oh Israel, el **Señor** es nuestro Dios, el **Señor** uno es.
Deuteronomio 6:4

La naturaleza de Dios es simple, inmutable e imperturbable, él mismo no es una cosa y lo que es y tiene es otra cosa.
Agustín, *On the Trinity*

Dios… siendo luz, no está compuesto de cosas que son oscuridad.
Hilario de Poitiers, *On the Trinity*

La negación de la simplicidad divina equivale al ateísmo.
David Bentley Hart, *The Experience of God*

Pastel holandés de manzana y caramelo

Cuando era seminarista, nuestra familia vivía en Louisville, Kentucky. Una de las ventajas de vivir en Louisville era ir de vez en cuando a Homemade Pie and Ice Cream, que tenía las tartas más deliciosas de la ciudad. Cada año, personas de todo el país, e incluso del mundo, viajan a Louisville para asistir al famoso Derby de Kentucky. Antes de la carrera, los festejos no solo se caracterizan por los sombreros extravagantes y los julepes de menta, sino que la mayoría de las pastelerías agotan su tarta Derby, una deliciosa tarta de chocolate y nueces a la que nadie puede resistirse. A mí me gusta la clásica tarta Derby, pero hay una tarta que me gusta aún más: la galardonada tarta holandesa de manzana y caramelo. Como puede deducirse, me gustan los holandeses; en este libro no faltarán citas del teólogo reformado holandés Herman Bavinck. No sé si Bavinck comió una tarta holandesa de manzana y caramelo en su día, pero (sígueme la corriente) no se me ocurre nada mejor que sentarme junto a un jardín de tulipanes, con la *Dogmática Reformada* de Bavinck en una mano y un trozo de tarta holandesa de manzana y caramelo en la otra. Lo sé, lo sé—cosas con las que sueñan los teólogos.

A decir verdad, el caramelo de la tarta es tan espeso (demasiado para las papilas gustativas de algunos) que se necesita un cuchillo de carnicero para cortarlo. Pero digamos que has encontrado tu cuchillo y empiezas a dividir la tarta: un trozo bastante grande para mí, gracias, y quizá trozos más pequeños para los demás. Me cuesta admitirlo, porque un teólogo siempre busca una ilustración perspicaz dondequiera que pueda encontrarla, pero la tarta holandesa de manzana y caramelo es una mala ilustración de cómo es Dios. Así es, una muy mala. Y, sin embargo, es lo que mucha gente piensa de los atributos de Dios. De hecho, es lo que me pone nervioso de escribir un capítulo tras otro sobre diferentes atributos de Dios, como si estuviéramos cortando el pastel llamado "Dios".

Las perfecciones de Dios no son como un pastel, como si cortáramos la tarta en diferentes trozos, siendo el amor el 10%, la santidad el 15%, omnipotencia 7%, etc. Desafortunadamente, así es como muchos cristianos hablan de Dios hoy en día, como si el amor, la santidad y la omnipotencia fueran partes diferentes de Dios, estando Dios dividido uniformemente entre sus diversos atributos. Algunos incluso van más allá y creen que algunos atributos son más importantes que otros. Esto ocurre sobre todo con el amor divino, que algunos dicen que es el atributo más importante (el trozo más grande del pastel).

HERMAN BAVINCK

Fue durante mi primer año en el seminario cuando recibí el juego completo de la *Dogmática Reformada* de Herman Bavinck (1854-1921). Ya había leído a este pensador gigantesco, pero entonces era demasiado pobre para permitirme su *magnum opus*. Hasta el día de hoy, es uno de los mejores regalos de Navidad que he recibido. Nadie sintetiza tan bien todas las disciplinas—estudios bíblicos, teología histórica, filosofía, psicología, ciencia—en una única presentación de la teología cristiana. Bavinck es, dice J. I. Packer, "sólido pero lúcido, exigente pero satisfactorio, amplio, profundo, agudo y estabilizador".[a] Bavinck fue el sucesor del estadista holandés Abraham Kuyper en la Universidad Libre de Ámsterdam. En una época en la que Bavinck fue testigo del fuerte impulso del liberalismo en su propia denominación, el teólogo holandés fue venerado por su firme fidelidad a las Escrituras. Su tratamiento de la doctrina de Dios se ha consolidado como uno de los mejores, al mantener la línea contra las muchas tendencias de su época moderna que habían abandonado la imagen bíblica de Dios.

[a] Endoso a Bavinck, *Reformed Dogmatics*, contraportada.

Tal enfoque es profundamente problemático, pues convierte a Dios en una colección de atributos. Incluso suena como si Dios fuera una cosa y sus atributos otra, algo añadido a él, unido a lo que él es. Este planteamiento no solo divide la esencia de Dios, sino que también corre el riesgo potencial de oponer una parte de Dios a otra (por ejemplo, ¿podría oponerse su amor a su justicia?). A veces este error es comprensible; se introduce involuntariamente en nuestro discurso sobre Dios. Podríamos decir: "Dios tiene amor" o "Dios posee todo el poder". Todos entendemos lo que se está comunicando, pero el lenguaje puede ser engañoso. Sería mucho mejor decir: "Dios *es* amor" o "Dios *es* todopoderoso". Al ajustar nuestro lenguaje, estamos protegiendo la unidad de la esencia de Dios. Hacerlo es proteger la "simplicidad" de Dios.

Un bar, un bronceado y el equipo A

La simplicidad puede ser un concepto nuevo en su vocabulario teológico, pero es uno que ha sido afirmado por la mayoría de nuestros antepasados cristianos en los últimos dos mil años de historia de la iglesia, incluso por algunos de los primeros padres de la iglesia. Y con razón, también. Consultemos de nuevo a nuestro equipo A.

Por lo visto, no soy el único que ha recurrido a una ilustración para demostrar cómo *no* es Dios. En el siglo V, el padre de la iglesia Agustín hizo lo mismo, aunque no era tarta holandesa de manzana y caramelo. En su lugar, Agustín apeló al licor, al cuerpo humano y a la luz del sol. La naturaleza de la Trinidad se llama simple, porque "no puede perder ningún atributo que posea" y porque "no hay diferencia entre lo que *es* y lo que *tiene*, como la hay, por ejemplo, entre un vaso [copa] y el líquido que contiene, un cuerpo y su color, la atmósfera y su luz o calor, el alma y su sabiduría". Agustín concluye: "Nada de esto es lo que contiene".[1] Un vaso y su líquido, un cuerpo y su color, la atmósfera y su luz o calor, el alma y su sabiduría—¿qué tienen en común? Respuesta: la división.

Nací en Los Ángeles, la Ciudad de los Ángeles. Los habitantes del sur de California son conocidos por sus bronceados. Ya sea en Huntington Beach, Newport Beach o Laguna Beach (que, por cierto, tiene los mejores batidos), todos tienen algo en común: tomar el sol. En ropa de baño, los bañistas se pasan el día acostados

---

[1] Agustín, *City of God* 11.10. Véase también Agustín, *Trinity* 7.10.

en la playa, tomando el sol hasta que su piel parece de bronce. Pero no querrás ver a los bañistas bajo techo en uno de esos raros días lluviosos de So Cal. Tienen un aspecto horrible. Claramente, su color bronce no es natural, y cuando se desvanece, parecen una calabaza dos semanas después de Halloween.

Según nuestra experiencia, parece que el color de la piel cambia y se transforma en diferentes tonos dependiendo de la cantidad de sol que recibe. Un cuerpo y su color en la playa, una copa y su licor en la taberna—aunque están relacionados, son entidades totalmente separadas entre sí. No solo son distintos, sino que uno (el color, el licor) añade al otro (el cuerpo, la copa) algo que antes no existía. Son accidentales, no esenciales y opcionales.

Sin embargo, no ocurre lo mismo con Dios y sus atributos.

Los atributos de Dios no son externos a su esencia, como si le añadieran una cualidad que de otro modo no poseería. No es como si hubiera atributos que fueran accidentales para Dios, capaces de ser añadidos o sustraídos, perdidos y luego encontrados, como si ni siquiera tuvieran que existir en primer lugar. Más bien, Dios es sus atributos. En lugar de suma y división, hay unidad absoluta. Su esencia son sus atributos, y sus atributos, su esencia. O como dice Agustín: "Dios no tiene propiedades, sino que es pura esencia... Ni difieren de su esencia ni difieren materialmente entre sí".[2]

Agustín no está solo. Si recurrimos a la sabiduría del equipo A (Agustín, Anselmo, Aquino), descubrimos un consenso. Tomemos a Anselmo, por ejemplo. Si algo está "compuesto de partes" observa, no puede ser "uno solo". Siempre que haya pluralidad de partes, lo que se compone de esas partes es vulnerable a ser disuelto. ¡Qué desastroso sería esto para Dios! En cambio, Dios es "verdaderamente un ser unitario," que es "idéntico con" él mismo e "indivisible". "La vida y la sabiduría y los otros [atributos] no son partes de Ti, sino que todos son uno y cada uno de ellos es totalmente lo que Tú eres y lo que todos los demás son".[3]

---

[2] Agustín, *Trinity* 6.7 (trans. McKenna) citado en Bavinck, *Reformed Dogmatics*, 2:118. Véase también Turretin, *Institutes*, 1:187–89.

[3] Anselmo, *Proslogion* 18 (*Major Works*, 98).

O pensemos en Tomás de Aquino. Puesto que Dios no tiene cuerpo (como nosotros), "no está compuesto de partes extendidas," como si estuviera compuesto de "forma y materia". No es como si Dios fuera algo distinto de "su propia naturaleza". Tampoco es que su naturaleza sea una cosa y su existencia otra. No debemos suponer, tampoco, que Dios sea algún tipo de sustancia, que tenga accidentes, rasgos de los que se puede disponer o que pueden dejar de existir. "Dios no es de ningún modo compuesto. Al contrario, es completamente simple".[4]

Mientras que Aquino utiliza las palabras "compuesto" y "composición" para explicar lo que Dios *no* es, el padre de la iglesia Ireneo utiliza la palabra "combinado" para explicar lo que Dios *no* es. Si algo es compuesto, significa que tiene más de una parte, cada una de las cuales está separada de la otra. Por el contrario, Dios, siendo simple, es un "Ser no combinado," que no tiene diferentes "miembros". Es totalmente "igual a sí mismo". Tal vez sea apropiado, entonces, poner la palabra "totalmente" delante de cada uno de sus atributos para enfatizar este mismo punto. "Dios no es como son los hombres," explica Ireneo. "Porque el Padre de todos está a una distancia enorme de esos afectos y pasiones que operan entre los hombres. Él es un Ser *simple, no compuesto*, sin miembros diversos, y totalmente semejante e igual a Sí mismo, ya que es *totalmente* entendimiento, *totalmente* espíritu, *totalmente* pensamiento, *totalmente* inteligencia, *totalmente* razón… *totalmente* luz y *totalmente* la fuente de todo lo bueno".[5]

Con el equipo A a nuestro lado, conviene concluir que simplicidad no es solo una afirmación negativa—Dios no tiene partes—sino también positiva: Dios es idéntico a todo lo que es en sí mismo y por sí mismo.[6] En el sentido más puro, Dios es uno; es singular perfección. En la Escritura, esto no puede decirse de los

---

[4] Aquino, *Summa Theologiae* 1a.3.7 (cf. 1a.3.1, donde Aquino explica por qué no hay accidentes en Dios. su razón principal es que los accidentes suponen potencialidad). Para aclarar, Dios no solo está libre de toda y cualquier composición, él es totalmente incapaz de cualquier composición. Véase Turretin, *Institutes*, 1:191.

[5] Ireneo, *Against Heresies* 2.13.3 (p. 374); énfasis añadido.

[6] Cf. Duby, *Divine Simplicity*, 88.

dioses hechos por humanos, dioses compuestos de partes. Así pues, dado lo único que es Dios, es justo que el pueblo de Dios confiese unido, como Israel, que "el Señor es nuestro Dios, el Señor uno es" (Dt. 6:4).

La única sinfonía cuyo compositor carece de composición

Pero ¿realmente es tan importante la simplicidad? Después de todo, ¿qué tendría tan malo un Dios "compuesto,"—es decir, un Dios que posee diferentes partes?

Uno de los edificios más artísticos del país es el Centro Kauffman de Artes Escénicas de Kansas City (Misuri). Su arquitectura adopta la forma de dos olas gigantes, pero con capas como una cebolla o una alcachofa. En el lado descendente de estas olas hay una entrada totalmente acristalada a lo largo de todo el edificio. Al pasar por la autopista, se puede ver directamente el interior de esta obra maestra de la arquitectura.

El interior del edificio es igual de impresionante. Los asientos se curvan alrededor de la sinfónica, cuya música rebota en las vigas de madera que cuelgan por encima. Escuchar la música que interpreta la sinfónica da lugar a la frase "música para mis oídos" un significado totalmente nuevo. Uno sale inspirado por el bramido del violonchelo y seducido por la imponente presencia del contrabajo. Qué extraño sería, debo admitirlo, marcharse preguntándose si hay un compositor. Por supuesto que lo hay. El violín, la trompa y la tuba interpretan diferentes partes que componen la sinfonía, y el compositor debe unir estas partes para construir una pieza musical. Las partes—y la calidad de su interpretación—pueden hacer o deshacer compositor. Un compositor es tan bueno como las partes musicales que constituyen una pieza musical, y por ello el compositor depende de ellas para recibir una ovación de pie al final de la hora.

Pero esto es lo que hace único a Dios: Él es *sin partes*. Y como Dios sin partes, no tiene compositor. El mundo, por otro lado, tiene partes y debe ser compuesto. No es ni autoexistente ni autosuficiente. No tiene vida en sí mismo. Solo el que es vida en sí mismo, el único que no tiene composición, tiene la capacidad de actuar como su compositor. En resumen, es porque Dios no tiene compositor que puede ser el compositor de la sinfonía natural que vemos a nuestro alrededor. Es, por milagroso que parezca, la única sinfonía cuyo compositor carece de composición.

El matrimonio de la aseidad y la simplicidad en un ser perfecto e infinito

Si Dios tuviera un compositor, se producirían consecuencias peligrosas. Para empezar, su *perfección* y *supremacía* quedarían cuestionadas. Si Aquino tiene razón en que "toda composición" realmente "necesita algún compositor,"[7] entonces Anselmo, también, debe estar en lo cierto cuando dice que quien es compuesto "simplemente no es supremo".[8] Piénsalo así: ¿Quién es más grande, un Dios que depende de alguien o de algo para ser lo que es, o un Dios que no está compuesto, sino que simplemente es?

Ciertamente, debe ser lo segundo. Si fuera lo primero, ¿no estaría entonces la perfección de Dios en duda?[9] ¿Qué impediría que una de sus partes fuera más avanzada que otra? Qué situación más extraña para Dios. Estaría en desacuerdo consigo mismo, una parte totalmente desarrollada pero otra parte aun esperando su pleno potencial. Sin embargo, esa es la naturaleza de todo lo que tiene partes que forman un todo. Y así sería con Dios.[10]

Esta lógica es una razón de peso para hablar de la simplicidad después de un capítulo sobre la aseidad.[11] Si Dios es compuesto, hecho de partes, entonces no solo está comprometida su perfección y supremacía, sino también su *aseidad*. Si Dios es vida en y por sí mismo, siendo autoexistente y autosuficiente, entonces se deduce

---

[7] Aquino, *Summa contra Gentiles* 1.18.3–5 (p. 103).
[8] Anselmo, *Monologion* 17 (*Major Works*, 30).
[9] Bavinck, *Reformed Dogmatics*, 2:173.
[10] Aquino, *Summa Theologiae* 1a.3.7.
[11] Rogers, *Perfect Being Theology*, 25.

que no es un Dios compuesto de varias partes, porque si lo fuera, entonces *dependería* de esas partes, lo que violaría su aseidad. Por si fuera poco, no solo dependería de esas partes, sino que esas partes le *precederían*. "Todo lo compuesto," observa Aquino, "es posterior a sus componentes y dependiente de ellos". Un Dios compuesto de partes no puede ser "el primero de todos los seres".[12]

En una de las más grandes definiciones de la simplicidad, Stephen Charnock subraya este mismo punto: "Dios es el ser más simple; porque lo que es primero en la naturaleza, no teniendo nada más allá de él, no puede de ninguna manera ser pensado como compuesto". Charnock nos explica por qué: "Porque todo lo que es así, depende de las partes de las que está compuesto, y por lo tanto no es el primer ser". Pero recuerda, el ser de Dios es "infinitamente simple, no tiene nada en sí mismo que no sea él mismo, y por lo tanto no puede desear ningún cambio en sí mismo, siendo él su propia esencia y existencia".[13]

La diferencia, pues, entre un ser simple (Dios) y un ser compuesto (todo lo demás) se reduce a la aseidad. En el mundo físico, dice David Bentley Hart, "nada tiene su actualidad enteramente en sí mismo, plenamente disfrutado en algún instante presente impregnable, sino que siempre debe recibirse a sí mismo desde más allá de sí mismo, y entonces solo perdiéndose al mismo tiempo. Nada dentro del cosmos contiene el fundamento de su propio ser". Eso es lo que hace a Dios tan asombroso e increíblemente único: contiene el fundamento de su propio ser en sí mismo y por sí mismo. Nosotros somos una cosa hoy y otra mañana, "vacilantes entre la existencia y la inexistencia".[14] Pero Dios no vacila. Como aquel que es vida en y por sí mismo, permanece eternamente indivisible y, por tanto, constantemente fiable, aquel en "el cual no hay cambio ni sombra de variación" (Stg. 1:17).

---

[12] Aquino, *Summa Theologiae* 1a.3.7 (cf. 1a.3.8 sobre Dios como primera causa eficiente de las cosas).

[13] Charnock, *Existence and Attributes of God*, 1:333.

[14] Hart, *Experience of God*, 92.

STEPHEN CHARNOCK

Stephen Charnock (1628-80) ejerció su ministerio en lo que J. I. Packer llama la "Gran Bretaña nominalmente cristiana" del siglo XVII.[a] No solo estaba dotado en el púlpito, como demuestra su carrera como predicador en Irlanda, sino que además tenía la capacidad comunicar las doctrinas más complicadas con claridad y profundidad, como se evidencia en su obra *La cruz de Cristo*. Intentó escribir una teología sistemático-práctica, pero murió antes de poder terminarla. No obstante, poseemos el comienzo de la misma, que consta de seiscientas mil palabras sobre la existencia y los atributos de Dios. Charnock es útil para nuestros propósitos porque no solo expone cada atributo con una profundidad sin igual, sino que siempre está dispuesto a mostrarnos la relevancia de tales atributos para la vida cristiana.

[a] J. I. Packer, *Puritan Portraits*, 47

Un pensamiento oscuro: Destructibilidad, corruptibilidad y voluntad de Dios

Da miedo pensar siquiera en un Dios sin simplicidad, sobre todo porque un Dios así, por decirlo claramente, se *autodestruiría*. Como aprendimos en el capítulo 3, un ser perfecto es un ser infinito. Si Dios es aquel ser que no puede concebirse más grande, entonces debe ser un ser ilimitado. Sin embargo, si Dios estuviera hecho de partes—un ser compuesto, complejo y combinado—entonces sería un ser limitado, por la única razón de que las partes hacen a Dios divisible.[15]

Pero aquí es donde todo se pone bastante oscuro: *Si Dios es divisible, entonces también es destructible*.[16] Así es, destructible. Recuerda, todo lo que es físico en este universo está compuesto

---

[15] Rogers, *Perfect Being Theology*, 25.
[16] Rogers, *Perfect Being Theology*, 25.

y por lo tanto debe ser transitorio, no permanente, reducible, mutable, frágil, incompleto y, por tanto, disoluble.[17] Además, si algo es divisible, entonces también es capaz de *corromperse*. Si algo puede desmontarse, separarse, ya sea física o intelectualmente, entonces esas partes deben poder descomponerse.[18] La descomposición se produce porque la propia unidad divina se ha desintegrado. Al final, la simplicidad es esencial para un Dios inmune a la división y la corrupción.

Esa corruptibilidad adopta muchas formas, pero la más sorprendente es la forma en que se ve afectada la buena voluntad de un Dios divisible y corruptible. Hazte esa pregunta que a menudo entretenía a las mentes más brillantes de finales de la época medieval: ¿Algo es bueno porque Dios quiere que sea bueno, o Dios quiere algo porque es bueno? Este famoso enigma es el rompecabezas definitivo, que sitúa a Dios entre la espada y la pared. Si decimos que algo es bueno porque Dios quiere que sea bueno, entonces Dios parece arbitrario. Nada es intrínsecamente bueno, sino que Dios simplemente decide lo que quiere que sea bueno. Por otro lado, si Dios quiere algo porque es bueno, ¿no está Dios subordinado a lo que sea bueno? Existe una norma de bondad externa a Dios.

La paradoja es mucho menos problemática si tenemos en cuenta la simplicidad divina. ¿Por qué? "Dios ni obedece al orden moral, ni lo inventa," dice Katherin Rogers. "Él es la Bondad misma, y todo lo demás que es bueno lo es por imitación de la naturaleza de Dios".[19] Lo mismo se aplica a otras perfecciones. ¿Es cierto algo porque Dios dice que es cierto, o declara Dios que algo es cierto porque es cierto? La pregunta revela la simplicidad de Dios. Dios no se somete a ninguna norma externa para la verdad, ni inventa la verdad *ex nihilo*. Dios *es* la verdad misma. Toda verdad es verdad porque imita la naturaleza de Dios, quien es la verdad.

---

[17] Hart, *Experience of God*, 92.
[18] Rogers, *Perfect Being Theology*, 25.
[19] Rogers, *Perfect Being Theology*, 26.

Cada ejemplo debe servir de buffet a cualquier inversión de la distinción Creador-criatura. Si Dios es un Dios simple, entonces es sus perfecciones eternamente. Cualquier señal de sus perfecciones en el orden creado encuentra su origen en Dios. Como "fuente absoluta Dios es, en efecto, Sabiduría, Justicia y Bondad *per se*, y las demás cosas poseen estas cualidades por participación en lo divino".[20]

Simplicidad, refracción y béisbol

Hay que admitir que la simplicidad puede ser un concepto difícil de asimilar. Puede que te sientas inclinado a objetar: "Si afirmamos la simplicidad, entonces todos los atributos de Dios son iguales. No podemos distinguir correctamente entre ninguno de ellos".

Lo que más me gusta de viajar es ver iglesias antiguas. Las iglesias centenarias suelen tener vidrieras. En aquel entonces, las iglesias contrataban a un artesano para que creara escenas bíblicas con las vidrieras de colores. Al alejarse del cristal, se podía ver representada toda la historia de la Biblia. La belleza de las vidrieras se aprecia sobre todo cuando un rayo de sol golpea el cristal y se refractan diferentes colores en el interior del vidrio: amarillo, rojo, azul, etc. Esta imagen representa en cierto modo la simplicidad. Dios es uno, y sus atributos son idénticos entre sí. Sin embargo, cuando la esencia indivisa de Dios se revela a la humanidad, brilla de diversas maneras. Sin embargo, es el mismo y único rayo de luz que irradia. Los atributos de Dios, dice el puritano George Swinnock, "son todos uno y el mismo; como cuando los rayos del sol brillan a través de un vidrio amarillo, son amarillos; en un vidrio verde, son verdes; en un vidrio rojo, son rojos, y sin embargo los rayos son los mismos".[21] Mucho antes que Swinnock, Agustín llamó a esto la "simple multiplicidad" y la "simplicidad múltiple".[22]

---

[20] Rogers, *Perfect Being Theology*, 27.
[21] Swinnock, *Incomparableness of God*, 4:423–24.
[22] Agustín, *Trinity* 6.4 (trans. McKenna); Agustín, *City of God* 12.18; citado en Bavinck, *Reformed Dogmatics*, 2:127.

"Aunque esta luz es de un solo tipo, sin embargo, inunda los objetos con un brillo que varía según sus diferentes cualidades".[23]

O considere cómo funciona la luz cuando entra en un prisma. Un "rayo de luz solar se compone de muchas longitudes de onda que en combinación parecen incoloras". ¿Qué ocurre si ese rayo entra en un prisma de cristal? "Las diferentes refracciones de las distintas longitudes de onda las separan como en un arco iris".[24] En física, esto se llama refracción. Aunque toda ilustración es imperfecta, la refracción ilustra la simplicidad.[25]

También podríamos decir que el prisma simboliza la revelación de Dios, no en su esencia sino según sus obras. Así como el Dios único y simple se manifiesta a sus criaturas a través de palabras humanas y actos poderosos, esa esencia única e indivisa se muestra de diversas maneras. O como ha dicho James Dolezal: "En los efectos de Dios, la perfección de su esencia indivisa se manifiesta en una amplia gama de perfecciones de las criaturas. En consecuencia, lo que es una simple unidad en Dios se presenta al conocedor humano bajo la forma de la multiplicidad de las criaturas".[26] Tal refracción no elimina la posibilidad de que la criatura conozca al Creador, pero elimina la posibilidad de conocerlo en su infinita simplicidad. "Esta refracción de Su gloria simple en tantos rayos de perfección finita no significa que los rayos multifarios no digan la verdad sobre Su naturaleza simple. Solo que no dicen esa verdad bajo la incomprensible forma simple de esa naturaleza".[27]

En el capítulo 3 se dijo que ningún nombre puede describir la plenitud de un Dios infinito. La razón es que Dios es infinito, mientras que nosotros somos finitos. Como criaturas finitas

---

[23] Agustín, *Homily* 341 §8; citado en Bavinck, *Reformed Dogmatics*, 2:126.

[24] *Encyclopaedia Britannica*, "refracción," consultado el 20 de agosto, 2018, https://www.britannica.com/science/refraction.

[25] Se trata de una ilustración o metáfora imperfecta. "Los prismas existen aparte de la luz mientras que las esencias finitas son siempre dependientes del ser que reciben y, por así decirlo, modulan" (Hart, *Experience of God*, 133).

[26] Dolezal, *All That Is in God*, 76.

[27] Dolezal, *All That Is in God*, 76.

con mentes finitas, nunca podremos comprender la plenitud de su majestad infinita ni el esplendor inestimable de su gloria. La única forma de que pudiéramos comprender la esencia de Dios de una sola vez, en toda su inmensurable perfección, sería que nosotros también fuéramos infinitos. Al no ser así, la pluralidad de nombres es esencial.[28] Dada nuestra finitud, cada nombre sirve a un propósito único, permitiéndonos comprender otro aspecto de la esencia única e indivisa de Dios. Dios no es un compuesto, hecho de muchas cosas buenas, sino que es "una cosa buena" que está "representada por muchos nombres," dice Anselmo.[29] Ya sea que la Escritura se refiera a su misericordia o justicia, a sus celos o amor, tal nomenclatura es una forma de dirigirse al Dios que es uno, la "única realidad divina indiferenciada".[30]

Compárelo con las entradas de temporada para ver a su equipo de béisbol favorito. Tanto si te sientas en las gradas como detrás del home plate, estás viendo el mismo partido de béisbol, el mismo campo de béisbol. Pero como te diría cualquiera que se haya sentado detrás de un home plate, saldrás del juego con un punto de vista totalmente distinto. Aquino nunca jugó béisbol (no tengo ni idea de qué deportes entretenían a los monjes medievales del siglo XII), pero comprendió que era verdad: "Los diferentes y complejos conceptos que tenemos en mente corresponden a algo totalmente simple que nos permiten comprender imperfectamente. Así las palabras que usamos para las perfecciones que atribuimos a Dios, aunque significan lo que es uno, no son sinónimos, porque significan lo mismo desde muchos puntos de vista diferentes".[31]

El niño que intentó comprar mil dólares con cincuenta céntimos

Los inviernos pueden ser brutalmente fríos si vives en el Medio Oeste o en la Costa Este de Estados Unidos. A nuestra familia

---

[28] Bavinck, *Reformed Dogmatics*, 2:127.

[29] Anselmo, *Monologion* 17 (*Major Works*, 30). Cf. Bavinck, *Reformed Dogmatics*, 2:128.

[30] Hart, *Experience of God*, 126.

[31] Aquino, *Summa Theologiae* 1a.13.4.

le gusta salir de excursión por la ciudad cuando hace demasiado frío. Tenemos la suerte de tener uno de los doce únicos bancos de la Reserva Federal en nuestro patio trasero. Así que cuando la temperatura cae por debajo de cero, saltamos en la furgoneta y disfrutamos de un día mirando, literalmente, miles de millones de dólares. Supongamos que usted también hizo un viaje a un Banco de la Reserva Federal y escuchar una conversación como la siguiente entre un padre y un hijo.[32]

"Papá," dice Tommy, de cinco años, "quiero comprar esa moneda de oro de la vitrina". Tommy vacía rápidamente el cambio de sus bolsillos.

Empezando a reírse, papá dice: "Tommy, no creo que tengas suficientes monedas para comprarlo".

Perplejo, Tommy responde: "Pero, ¿por qué no? Tengo diez monedas en el bolsillo. ¿No es más que suficiente para comprar solo esa moneda?". Tommy mira lo que parece un puñado de riquezas, sin darse cuenta de que sus muchas monedas solo suman cincuenta céntimos, ni de lejos lo suficiente para comprar una moneda que vale mil dólares.

Mientras Tommy recibe un aburrido sermón de papá sobre el valor monetario, no puedes evitar darte cuenta de lo aplicable que es este escenario a la simplicidad divina. Al volver a casa, a la cálida chimenea y a la biblioteca, recuerdas un pasaje de Bavinck: "Al igual que un niño no puede imaginarse el precio de una moneda de gran valor, sino que solo adquiere cierto sentido cuando se cuenta en varias monedas más pequeñas, de modo que tampoco nosotros podemos formarnos una imagen de la plenitud infinita de la esencia de Dios, a menos que se nos muestre ahora en una relación, luego en otra, y ahora desde un ángulo, luego desde otro".[33]

Ya sea un prisma, el béisbol o la Reserva Federal, debemos tener siempre presente cómo funciona el lenguaje humano cuando

---

[32] La ilustración de un niño y las monedas procede de Bavinck, aunque yo le he dado vida (e historia) propia. Véase Bavinck, *Reformed Dogmatics*, 2:176. Bavinck toma estas ilustraciones de Agustín, Moisés Maimónides y Basilio.

[33] Bavinck, *Reformed Dogmatics*, 2:127.

habla de quien está por encima y más allá de nosotros. Intentamos describir al que no tiene composición, pero como criaturas finitas solo podemos hacerlo utilizando objetos compuestos del mundo físico para retratar de algún modo al que es incomprensible.[34]

Simplicidad y Trinidad: ¿Amigos o enemigos?

Con todo lo que hemos hablado de simplicidad, aún no hemos abordado el problema principal. ¿Cómo puede Dios ser simple, sin partes, sin composición, si es trino? ¿No hay tres en Dios? ¿Padre, Hijo y Espíritu? ¿Y no distinguimos entre ellos? Parece que la Trinidad excluye la simplicidad y que tenemos una contradicción en nuestras manos.[35]

En realidad, la simplicidad no solo es compatible con la Trinidad, sino que es esencial para la Trinidad, habiendo incluso ayudado a los cristianos del pasado a evitar ciertas herejías trinitarias. Por ejemplo, cuando a un no cristiano (un musulmán, por ejemplo) se le presenta la Trinidad, es probable que objete: "Si Dios es Padre, Hijo y Espíritu, ¿no adoran los cristianos a tres dioses en lugar de a uno?" El triteísmo es una acusación grave, que la Iglesia ha negado por muchas razones. Una de ellas es la siguiente: si hay triteísmo, entonces la divinidad de Dios está dividida entre tres dioses.

Históricamente, la simplicidad ha sido la respuesta a este dilema, asegurando a los cristianos que el triteísmo es insostenible, una concepción errónea del Dios cristiano. La Trinidad no se compone de tres partes llamadas Padre, Hijo y Espíritu, sino que la Trinidad son tres personas. Cada persona no posee parte de la divinidad (un tercio cada una), ni cada persona constituye una parte de Dios, como si hubiera que sumar las personas para llegar a la esencia total de Dios. Por el contrario, cada persona comparte por igual y plenamente la esencia única e indivisa y la esencia divina

---

[34] Aquino, *Summa Theologiae* 1a.3.3. Para un tratamiento útil de este punto, véase Dolezal, *All That Is in God*, 77.

[35] Por ejemplo, Craig, "Toward a Tenable Social Trinitarianism," 95-99; Moreland y Craig, *Philosophical Foundations*, 580-94.

subsiste íntegramente en cada una de las tres personas.[36] Y puesto que la esencia y los atributos de Dios son idénticos (Dios es sus atributos), cada persona comparte totalmente cada atributo.[37]

En otras palabras, el hecho de que cada persona sea *totalmente* Dios, y no *parcialmente* Dios, significa que Dios sigue siendo indivisible en su esencia. La esencia única no se divide en tres cosas (es decir, el triteísmo) sino que subsiste entera y personalmente en tres personas distinguibles pero inseparables.[38] Como vimos en el capítulo 4, estas personas se distinguen entre sí por lo que los credos y confesiones de la Iglesia a lo largo de los siglos han llamado *relaciones eternas de origen o modos personales de subsistencia:* paternidad, filiación y espiración. El Padre genera eternamente al Hijo (paternidad y filiación), y el Espíritu procede eternamente del Padre y del Hijo (espiración). Estas tres relaciones de origen han permitido a la Iglesia distinguir entre los tres sin abrogar la unidad de los tres como uno en esencia.[39] "Simplicidad respecto a la esencia, pero Trinidad con respecto a las personas," dice Francis Turretin.[40]

Esta unidad en el propio ser o esencia del Dios Trino (la Trinidad inmanente) se manifiesta además en la forma en que Dios actúa hacia el mundo (la Trinidad económica).[41] Por ejemplo, cuando nos referimos a las tres personas que llevan a cabo nuestra redención, siempre debemos tener cuidado de añadir que lo hacen de forma inseparables entre sí. Es lo que en teología se llama

---

[36] Turretin, *Institutes*, 1:193.

[37] Duby (*Divine Simplicity*, 214) añade un calificativo: "Sin embargo, cada uno tiene o es realmente la esencia divina (con sus atributos) *a su manera peculiar*".

[38] à Brakel, *Christian's Reasonable Service*, 1:141.

[39] Para profundizar en las relaciones eternas de origen, véase Sanders, *The Deep Things of God* y *The Triune God*.

[40] Turretin, *Institutes*, 1:193.

[41] Las relaciones eternas de origen son la base del modo de actuar de las tres personas en la historia de la salvación. Las misiones de las tres personas en la historia se derivan de sus modos eternos y personales de subsistencia en la eternidad. Sin embargo, no hay que suponer que la Trinidad inmanente se colapse en la Trinidad económica. Más bien la inmanencia es la base metafísica de la economía y sigue siendo distinta.

"operaciones inseparables", hecho conocido por padres como Gregorio de Nisa.[42] Una persona en particular de la Trinidad puede asumir un papel especial o central (por ejemplo, el Hijo se encarna; el Espíritu desciende en Pentecostés). Esto se denomina doctrina de las "apropiaciones" divinas, porque una obra o acción específica se apropia de una persona en particular de la Trinidad.[43] Sin embargo, toda obra externa de la Trinidad permanece indivisa (*opera Trinitatis ad extra sunt indivisa*), de modo que en toda obra de la creación, providencia y redención, las tres personas obran inseparablemente (es decir, operaciones inseparables).[44] Por ejemplo, es el Hijo de Dios quien se encarna y muere en la cruz; sin embargo, su misión procede del Padre (Jn. 3:31-36; 5:19-23), y va a la cruz por el Espíritu eterno (He. 9:14). En toda actividad redentora las tres personas actúan indivisiblemente.

Las obras externas de la Trinidad

Operaciones Inseparables	Las obras externas de la Trinidad son indivisas (*opera Trinitatis ad extra sunt indivisa*) de modo que en toda obra de creación providencia y redención, las tres personas trabajan inseparablemente. Esta unidad en sus misiones proviene de la unidad—simplicidad—de la esencia divina eternamente.
Apropiación divina	Una persona de la Trinidad asume un papel especial o central en cualquier obra externa de la Trinidad (ejemplos: el Hijo se encarna; el Espíritu desciende en Pentecostés). Tal apropiación refleja las distinciones entre las tres personas en la eternidad (es decir, relaciones eternas de origen).

---

[42] Gregorio de Nisa, *Quod Non Sint Tres Dii*, 45:125–28.

[43] Véase Muller, *The Triunity of God*, 267–74.

[44] John Owen destaca tanto la apropiación divina como las operaciones inseparables en la misma frase: "Considerando *que el orden de operación* entre las distintas personas depende del *orden de su subsistencia* en la Santísima Trinidad, en toda gran obra de Dios, los *actos que concluyen, completan y perfeccionan* se atribuyen al Espíritu Santo". Owen, *Works*, 3:94.

Las operaciones inseparables tienen mucho que ver con la simplicidad. Sí, hay tres personas, pero puesto que cada persona no es una *parte* de Dios sino *totalmente* Dios, solo puede haber una voluntad y un intelecto en Dios. La voluntad y el intelecto deben identificarse con la esencia divina única, indivisa y compartida (no con las tres personas). Del mismo modo que una sola esencia significa que en Dios hay una sola bondad, un solo amor, un solo poder, etc., también significa que hay una sola voluntad y un solo intelecto.[45] Si en Dios hubiera tres voluntades e intelectos, en lugar de una sola voluntad e intelecto, entonces la simplicidad se vería comprometida, y sería mucho más difícil evitar el triteísmo (ya que cada persona tendría una voluntad diferente a las otras dos). Tal punto de vista se llama trinitarismo social, y no preserva la naturaleza simple del Dios Trino.

También existe un peligro herético en el otro extremo del espectro del triteísmo: el modalismo (también llamado sabelianismo o monarquianismo modalista), la creencia de que el Dios único no son tres *personas distintas* sino simplemente tres *modos impersonales* o fases en la existencia de Dios. El único Dios es Padre, y luego decide convertirse en Hijo, y en otro momento Espíritu Santo. Se limita a llevar diferentes máscaras cuando es oportuno; no es tres personas, sino una persona manifestada de tres maneras.

La simplicidad también es clave para evitar esta herejía trinitaria. Si la esencia de Dios son sus atributos y sus atributos son su esencia, entonces cuando nos referimos al Padre, al Hijo y al Espíritu, no tenemos en mente tres "modos de subsistencia" *impersonales,* sino "modos de subsistencia *personales".*[46] La simplicidad protege a las tres personas de volverse totalmente impersonales. La única esencia divina no adopta formas diferentes o lleva máscaras distintas que llamamos Padre, Hijo y Espíritu. Más bien, la única e indivisa esencia divina (es decir, la simplicidad) subsiste enteramente en tres *personas* (Padre, Hijo y Espíritu Santo),

---

[45] Así lo afirma Juan de Damasco, *Expositio de Fide Orthodoxa*, 94:828–29. Cf. Duby, *Divine Simplicity,* 217.

[46] Duby, *Divine Simplicity,* 214–15.

cada una de las cuales es distinta de la otra debido a sus relaciones eternas de origen (paternidad, filiación y espiración).

El padre de la Iglesia Agustín es ejemplar en la forma en que articula la simplicidad y la Trinidad, evitando al mismo tiempo herejías como el modalismo (sabelianismo). En primer lugar, Agustín explica por qué la simplicidad no impide que haya personas distintas: "La Trinidad es un solo Dios; el hecho de que sea Trinidad no significa que no sea simple. Pues cuando hablamos de que [Dios] es por naturaleza simple, no queremos decir que consista solo en el Padre, o solo en el Hijo, o solo en el Espíritu Santo, o que realmente solo haya una Trinidad nominal, sin Personas subsistentes; esa es la noción de los herejes sabelianos". Sin embargo, Agustín demuestra simultáneamente cómo la única y simple esencia divina subsiste enteramente en las tres personas. "Lo que se entiende por 'simple' es que su ser es idéntico a sus atributos, aparte de la relación en la que se dice que cada uno se encuentra con el otro. Porque el Padre, por supuesto, tiene al Hijo; y, sin embargo, Él mismo no es el Hijo; y el Hijo tiene al Padre, y, sin embargo, Él mismo no es el Padre. Pero cuando cada uno es considerado en sí mismo, no en relación con el otro, su ser es idéntico a sus atributos. Así, cada uno en sí mismo se dice que vive, porque tiene vida; y al mismo tiempo Él mismo es vida".[47]

La simplicidad, por tanto, es fundamental para proteger al cristianismo de la acusación de modalismo, y es igualmente fundamental para proteger su compromiso con el monoteísmo (la creencia en un solo Dios) frente al triteísmo.[48] Por una parte, la esencia no se compone de partes, como si estas partes se sumaran luego, una sobre otra, para constituir cada persona de la Trinidad. Por otra parte, las personas tampoco actúan como partes, como si cada una de ellas fuera una porción del pastel divino que llamamos Dios.[49]

---

[47] Agustín, *City of God* 11.10.
[48] Irónicamente, el verdadero reto es para el individuo que niega la simplicidad. Tal negación deja a uno con la curiosidad de cómo se puede seguir manteniendo el monoteísmo. Véase Dolezal, *All That Is in God*, 105; Swain, "Divine Trinity," 102–3.
[49] Duby, *Divine Simplicity*, 233.

¿Hasta qué punto es grave negar la simplicidad?

La negación de la simplicidad es grave. Tan grave que Hart dice que es "equivalente al ateísmo".[50] Eso suena extremo. Sin embargo, Hart nos recuerda que hasta el siglo XIX, la mayoría habría estado de acuerdo. En el capítulo 3, discutimos el punto de vista conocido como monopoliteísmo (o personalismo teísta)—es decir, la creencia de que hay un Dios pero que se parece mucho a los dioses de la mitología, poseyendo atributos humanos, solo que en mayor medida. Sin embargo, si el monopoliteísmo fuera cierto, entonces Dios no solo estaría compuesto de varias partes o propiedades, sino que sería "lógicamente dependiente de una realidad más amplia que lo abarcaría tanto a Él como a otros seres".[51] Y si Dios dependiera de algo o de alguien más, entonces habría renunciado por completo a su deidad, porque aquello de lo que dependería tendría que ser algo que no pudiera concebirse como superior, algo más completo que Él mismo. Eso es serio.

---

[50] Hart, *Experience of God*, 128 (cf. 134).
[51] Hart, *Experience of God*, 128.

6

¿Dios cambia?
Inmutabilidad

Con el cual [Dios] no hay cambio ni sombra de variación.
Santiago 1:17

Es algo instintivo para toda criatura racional pensar que existe un Dios totalmente inmutable e incorruptible.
Agustín, *The Literal Meaning of Genesis*

Florecemos y florecemos como hojas en el árbol,
y nos marchitamos y perecemos, pero nada te cambia.
Walter Smith, "Immortal, Invisible"

Roca de las edades, hendida para mí

Una de las vacaciones más memorables de nuestra familia fue una estancia de dos semanas en Gales. Entre lo más destacado se encontraban los castillos medievales que le inyectaban a uno una repentina caballerosidad, las playas de arena justo debajo de los elevados acantilados de verdes pastos, y puentes suspendidos sobre versiones reales de los *nenúfares* de Monet.

Mi recuerdo favorito tiene que ver con un lugar muy alejado de los caminos trillados en Pembrokeshire. Intercalada entre dos rocas gigantes, a medio camino de un amenazador acantilado de piedra caliza, se encuentra una capilla construida en la hendidura de la roca. La capilla debe su nombre a San Govan, un monje del siglo VI que vivió en una cueva. Las leyendas que rodean a este santo hacen difícil descifrar la realidad de la ficción. Según cuenta una leyenda, el monje huía de unos piratas cuando el acantilado se lo tragó para ponerlo a salvo hasta que los piratas pasaran de largo. Govan permaneció en aquel acantilado el resto de su vida como ermitaño, ayudando a los que vivían cerca con su disposición a advertir a los demás de la presencia de los piratas si algún día volvían. Independientemente de que esta historia sea cierta, lo que sí sabemos es que en el siglo XI se construyó una capilla en el lugar de la cueva de Govan, y algunos dicen que sus huesos están enterrados bajo el altar.

Mientras descendía los cincuenta y dos escalones alojados entre los dos altísimos acantilados, intenté imaginar cómo debió de ser para San Govan escapar aquel día de aquellos mortíferos piratas. Mientras corría por su vida, esta hendidura en la roca actuaba como una fortaleza. No solo le ocultaba a simple vista, sino que le protegía de los vientos y las olas del mar, que habrían aplastado cualquier barco pirata que se hubiera atrevido a acercarse. Nunca San Govan se habría sentido tan asustado y a la vez tan seguro. Y aquí estaba yo, cientos de años después, mientras la misma roca aseguraba mi equilibrio.

Mientras estaba allí acurrucado en los brazos de la roca, la primera línea del himno de Augustus Toplady "Roca de las edades" zumbó en mi oído:

Roca de las edades, hendida para mí,
déjame esconderme en ti.

La imagen de una roca transmite muchas cosas, pero la más vívida de todas es su naturaleza inmutable. Las guerras van y vienen, los países y todo el mundo cambia de un siglo a otro. Pero no la roca. No se desbarata, no vacila. Es la misma ayer, hoy y siempre.

En cierto modo, esa roca es como Dios: no cambia. Pase lo que pase, este Dios sigue siendo el mismo. Es firme y seguro, siempre está ahí, nunca fluctúa, incapaz de ser derrotado, y siempre firme como una fortaleza para los que están en problemas.

¿Quién es la roca, sino nuestro Dios?

Mucho antes de que San Govan huyera de los piratas, David huyó del rey Saúl. Lleno de envidia, Saúl persiguió a David sin descanso, como un asesino en misión de eliminar a su objetivo. Huyendo para salvar su vida, David se refugiaba una y otra vez en cuevas, escondidas en lo más profundo de una roca, porque las encontraba impenetrables. En una ocasión, David alaba al Señor por haberle librado de sus enemigos, incluido Saúl, y canta:

> El S{\sc eñor} es mi roca, mi baluarte y mi libertador;
> Mi Dios, mi roca en quien me refugio;
> (2 S. 22:2–3)

> Pues ¿quién es Dios, fuera del S{\sc eñor}?
> ¿Y quién es roca, sino solo nuestro Dios? (22:32)[1]

Repetidamente en los Salmos, David se dirige a Dios como su roca, un título que identifica la fuente y la seguridad de su salvación:

> Solo Él es mi roca y mi salvación,
> Mi baluarte, nunca seré sacudido. (Sal. 62:2)

> En Dios *descansan* mi salvación y mi gloria;
> La roca de mi fortaleza, mi refugio, está en Dios. (62:7)

> Sean gratas las palabras de mi boca y la meditación de mi corazón delante de Ti,

---

[1] Estas palabras se repiten casi textualmente en el Salmo 18:2, 31 (cf. 30:3).

Oh Señor, roca mía y Redentor mío. (19:14).[2]

David ve una conexión inseparable entre el carácter de Dios y la vida real. La esencia o el ser inmutable de Dios es el fundamento mismo de la confianza de David en Dios para la salvación, tanto física como espiritual. Si Dios no es inmutable, como una roca, entonces no puede actuar como la fortaleza de David en tiempos de turbación. Pero si Dios es un Dios que no cambia, entonces David tiene toda la seguridad de que puede correr hacia Dios cuando toda la tierra haya cedido bajo sus pies.

"Porque yo el Señor no cambio"

David no es el único que conecta estos puntos teológicos entre la naturaleza inmutable de Dios y la vida cristiana. Consideremos el profeta Malaquías. Malaquías tiene una tarea difícil. A través de Malaquías (cuyo nombre significa "mensajero"), el Señor reprende severamente a su pueblo. Israel se lo merece por toda una serie de razones. Los sacerdotes, por ejemplo, profanan el culto, llevando ofrendas contaminadas ante el Señor. Llegan a la presencia de Dios ofreciendo animales que están ciegos, enfermos y minusválidos, en lugar de ofrecer a Dios lo mejor de ellos. Eso dice mucho de lo que piensan de Dios.

También se ha corrido la voz entre las naciones vecinas. Estos sacerdotes arrastraron el nombre de Dios por el barro para que todos lo vieran. Dios no tolerará esta maldad: "Mi nombre *será* grande entre las naciones" (Mal. 1:11). "Yo reprenderé a su descendencia, y les echaré estiércol a la cara" (2:3). ¡Eso sí que es un castigo!

A lo largo del libro de Malaquías, lo que destaca es el contraste entre Dios e Israel. Mientras Israel sigue cayendo en la infidelidad y el desinterés por el pacto, Dios permanece firme, sin titubear. Israel se ha vuelto complaciente, y Malaquías llama al pueblo a arrepentirse y renovar el pacto con Dios, a confiar de nuevo en las

---

[2] Véase también Dt. 32:4, 18, 30, 31, 37; 1 S. 2:2.

promesas de su pacto, en lugar de entregarse a la incredulidad, la indiferencia y el compromiso ético.

En vista de tal pecado, Israel sin duda merece ser extinguido. Una y otra vez Israel no ha confiado en Dios, no ha sido fiel a su pacto y no ha demostrado su amor a Dios mediante la obediencia. Parece como si no quedara esperanza. Pero entonces Dios dice algo extraordinario: "Porque Yo, el Señor, no cambio; por eso ustedes, oh hijos de Jacob, no han sido consumidos" (3:6). La fidelidad de Dios procede de su naturaleza. Es porque Él es inmutable en *esencia* que sus *obras* operan inmutables. No cambia en lo que es (su esencia); por eso no cambia en lo que dice y hace (su voluntad). Él no se retractará de sus promesas de pacto a Abraham, Isaac y Jacob. Sí, Israel ha sido infiel al pacto, pero el Señor ha sido y seguirá siendo fiel. Su inmutabilidad, que no podemos dejar de subrayar, se traduce en misericordia, invitando a su pueblo a volver a Él; y el Señor promete que cuando vuelvan a Él, renovará la pacto una vez más.

El Dios sin sombra

La inmutabilidad de Dios no era extraña a los seguidores de Jesús tampoco. Consideremos a Santiago, que escribe a los cristianos experimentando todo tipo de pruebas. Santiago les recuerda que, "la prueba de su fe produce paciencia, y que la paciencia tenga *su* perfecto resultado, para que sean perfectos y completos, sin que nada *les* falte". (Stg. 1:3-4). Santiago recuerda también a estos cristianos sufrientes la gran recompensa que les espera si no se rinden: "Bienaventurado el hombre que persevera bajo la prueba, porque una vez que ha sido aprobado, recibirá la corona de la vida que *el Señor* ha prometido a los que lo aman". (1:12). Dios ha ordenado tales pruebas, por dolorosas que puedan ser, para moldear a los lectores de Santiago (y a nosotros) cada vez más a la imagen de su Hijo; por eso Santiago puede decir con tanta valentía: "Tengan por sumo gozo... cuando *se* hallen en diversas pruebas," (1:2).

Sin embargo, nunca debemos llegar a la conclusión errónea de que Dios nos está tentando a pecar. "Dios no puede ser tentado por el mal y Él mismo no tienta a nadie". (1:13). Más bien, estamos siendo seducidos por nuestros propios deseos pecaminosos. Dios es bueno, y los dones que da son buenos. "Toda buena dádiva y todo don perfecto viene de lo alto, desciende del Padre de las luces" (1:17). Santiago lo llama "Padre de las luces" porque, según Génesis 1 y los Salmos 74 y 136, Dios es el Creador de las luces de los cielos (sol, luna, estrellas). Esas luces muestran lo bueno que es Dios con su creación.

Pero ¿cómo se puede estar seguro de que Dios seguirá siendo bueno? ¿Y si cambiara, y con ese cambio dejara de actuar de forma tan buena? La respuesta viene en lo que Santiago dice a continuación: Con el "Padre de las luces... no hay cambio ni sombra de variación". (1:17). Con el sol y la luna llegan las variaciones. Durante el día está soleado, pero luego cae la noche y, con ella, la oscuridad, porque los rayos del sol brillan directamente desde arriba. Luego, a medida que el sol se mueve hacia el horizonte, su sombra aumenta de tamaño. Si estuvieras junto a un edificio alto, su sombra podría ser tan alta como una pared de seis metros. Su sombra ha cambiado.

Dios, sin embargo, no tiene sombra; Ni es como una sombra, sujeto al cambio. Él siempre es el mismo. Sobre esa base, concluye Santiago, puedes confiar en que Dios seguirá siendo bueno, y puedes confiar en que este Dios siempre tiene en mente tu bien y siempre actuará de una manera que refleje su perfecta bondad, incluso en medio de las pruebas que ha ordenado para ti.

Un ser perfecto debe ser inmutable

¿Qué pasaría si Dios estuviera sujeto a cambios, como una sombra? La variación en Dios significaría la muerte de su propia perfección. Ya no sería alguien que no se puede concebir nada más grande.

Si cambiara para mejor, eso implicaría que no era perfecto de antemano. Había algún tipo de deficiencia e imperfección en su ser. Si cambiara a peor, eso implicaría que *era* perfecto pero ya no *es* perfecto. Se le ha añadido una imperfección o ha perdido una perfección. Por lo tanto, debe cambiar de mejor a peor o de peor a mejor. En cualquiera de las dos opciones Dios deja de ser *eternamente bueno*. Un Dios que no es eternamente bueno tampoco es eternamente perfecto. Y un Dios que no es eternamente perfecto no puede ser Dios en definitiva. La inmutabilidad, nos vemos impulsados a concluir, es esencial y necesaria para la identidad de Dios como el ser perfecto y supremo.[3]

Adicionalmente, si Dios cambió de bueno a mejor, tendríamos que preguntarnos qué perfección le faltaba.[4] ¿Su sabiduría? ¿Su poder? ¿Su conocimiento? ¿Su amor? También podríamos preguntarnos si Dios está a merced de tal cambio o si tal cambio es voluntario. Si estuviera a merced de tal cambio, entonces Dios sería impotente, vulnerable a la voluntad de otro, ya no sería el ser más soberano, ya no sería el ser más supremo.

Por otra parte, si tal cambio fuera voluntario, Dios estaría en contradicción consigo mismo. Porque habría querido el cambio en su ser aunque sus perfecciones desafían cualquier cambio, al menos mientras sigan siendo *perfecciones*. En otras palabras, habría querido que sus perfecciones fueran menos perfectas. Por ejemplo, si Dios es el ser más omnipotente pero luego quiere dejar de serlo, entonces Dios ha cambiado no solo su poder sino la perfección de su poder. Su poder ya no es supremo, y un poder que no es supremo en el ser divino no puede ser un poder perfecto, pues ahora es susceptible al poder y a la voluntad de otro.[5] Cualquiera que sea el atributo en cuestión debe caracterizarse por su inmutabilidad para seguir siendo lo que es y a la perfección.

En el capítulo 3 afirmé que un ser perfecto es un ser sin limitaciones. Dicho de otro modo, un ser perfecto es un ser *infinito*. Puesto que el cambio introduce algo nuevo en Dios (lo que implica que faltaba cierta perfección que ahora se ha conseguido),

---

[3] Charnock, *Existence and Attributes of God*, 1:318.

[4] Charnock, *Existence and Attributes of God*, 1:318.

[5] Aunque no introduce el concepto de perfección, Charnock apela también al poder (algo que aprendí después de escribir este libro). Cf. Charnock, *Existence and Attributes of God*, 1:334.

el cambio debe ser una limitación.[6] "Pero puesto que Dios es infinito," Tomás de Aquino responde "comprendiendo en sí mismo toda la plenitud de la perfección de todo ser, no puede adquirir nada nuevo".[7] Un ser infinito y perfecto no puede ser "el receptor de una nueva perfección," sino que debe ser siempre la "fuente de toda perfección".[8] Si Dios fuera el receptor, en lugar de la fuente, entonces dependería de algo exterior a Él para completarse y realizarse.

Acto puro: Sobre lo que es extraño pero muy útil

Si Dios no es un Dios que se está transformando, pero sigue siendo el mismo, entonces no es un Dios que tenga *potencial*. Potencial, por definición, supone que alguien aún no ha alcanzado un estado de plenitud. Potencial implica deficiencia en algún sentido.[9] Pero Dios no es un ser que necesite perfeccionarse. No es perfeccionable. Es eterna e inmutablemente el ser perfecto, y es el ser perfecto en medida infinita. Él es, como hemos aprendido de Anselmo, la plenitud del Ser. Como ser eterno, inmutablemente infinito y perfecto, no es alguien que tiene potencial. Potencial significaría que necesita crecer en su perfección, y un crecimiento así implicaría que aún no es perfecto pero que espera llegar a serlo; espera alcanzar algún día su potencial. Por el contrario, Dios es "perfecto no porque haya perfeccionado todo su potencial, sino... porque es la perfección misma".[10]

Con el fin de evitar la idea de que Dios tiene potencial, en lugar de perfección, a los teólogos más antiguos, como Aquino, les gustaba llamar a Dios "acto puro" (*actus purus* en latín) o "pura actualidad" (*purus actua*). "Dios es simplemente acto" o "Acto puro," decían.[11] La intención de estas frases es proteger a Dios de

---

[6] Rogers, *Perfect Being Theology*, 28.
[7] Aquino, *Summa Theologiae* 1a.9.1; citado en Rogers, *Perfect Being Theology*, 47.
[8] Rogers, *Perfect Being Theology*, 47.
[9] Rogers, *Perfect Being Theology*, 28.
[10] Weinandy, *Does God Suffer?*, 38, 123.
[11] Rogers, *Perfect Being Theology*, 28. En relación con Aquino, Rogers tiene en mente

cualquier tipo de "potencia pasiva".[12] La potencia pasiva significa que hay algo que necesita ser activado y realizado en Dios. Sin embargo, nada necesita ser activado en Dios, como si necesitara convertirse en algo más de lo que ya es. No, Él es puro acto en sí mismo, siendo vida en el sentido más absoluto, en y por sí mismo.

Negar la existencia de una "potencia pasiva" en Dios es también una manera de mantener al Creador distinto de la criatura. Él no es un Dios cuyas partes deban ser activadas, como si su pleno potencial estuviera aún por alcanzarse. Potencial implicaría no solo lo incompleto, sino la capacidad de verse afectado por algo externo.[13] En el caso de Dios, se vería afectado, cambiado, incluso herido por su creación. Pero el Dios de la Biblia no es un Dios débil y vulnerable del que haya que compadecerse. por lo que es prudente llamarlo "acto puro," una frase con la que se quiere dar a entender que *no se actúa sobre* Dios, sino que es Él quien *actúa sobre los demás*.[14]

Acto puro	Potencia pasiva
El Creador	La criatura
Dios tiene el poder de efectuar cambios en otros; Dios puede mover a otros a alcanzar su potencial y perfección. Sin embargo, Dios mismo no tiene potencial, no experimenta ningún cambio y no necesita perfeccionarse más de lo que ya es eternamente. Él es puro acto.	La criatura cambia y es movida por otros; la criatura tiene potencial debido a su imperfección. Es propio afirmar potencia pasiva a la criatura, pero nunca a Dios.

Summa Theologiae 1a.3.4; 1a.4.1.

[12] Véase Aquino, *Summa contra Gentiles* 1.16 (*Opera Omnia*, 13:44–45); Aquino, *Summa Theologiae* 1a.2.3 (*Opera Omnia*, 4:31); 1a.3.1 (*Opera Omnia*, 4:35–6); 1a.3.2, corp. (*Opera Omnia*, 4:37); 1a.3.3, corp. (*Opera Omnia*, 4:39–40). Cf. Duby, *Divine Simplicity*, 12. Véase también Turretin, *Institutes*, 1:188; Rennie, "Theology of the Doctrine of Divine Impassibility: (I)," 289; Rennie, "Analogy and the Doctrine of Divine Impassibility".

[13] Rennie, "Theology of the Doctrine of Divine Impassibility: (I)," 288.

[14] Sobre la "pura potencia activa," véase Feser, *Scholastic Metaphysics*, 39; Rennie, "Theology of the Doctrine of Divine Impassibility: (I)," 288.

Si no se actúa sobre Dios, entonces es correcto llamarle, como hace Aquino, primer y único *motor inmóvil*.[15] Todo en nuestro mundo es mutable, y por eso es movido por otra cosa. Si tuviéramos que rastrear en la medida de lo posible cada acción y acontecimiento de tu vida, descubriríamos que nunca hubo un momento en el que no te movieras por algo o alguien. La cuestión es que nuestro universo, en constante cambio, está lleno de personas que siempre se mueven y son movidas.

Pero ¿dónde empezó esa cadena de advenimientos? Mejor aún: ¿*cómo* empezó? La cadena no puede ser infinita, porque si lo fuera, entonces no podríamos explicar el movimiento en absoluto. "Tiene que haber un final para esta regresión de las causas," dice Aquino, "de lo contrario no habrá primera causa de cambio, y, como resultado, ninguna causa subsiguiente de cambio". Y concluye: "Así pues, estamos obligados a llegar a alguna causa primera del cambio que no sea ella misma cambiada por nada".[16] Fíjate, el primer motor debe ser inamovible. Debe ser inmutable, el único que no es puesto en movimiento por otro. Pero si Dios no es acto puro, entonces no puede ser ese primer motor inmóvil, y si no es el motor inmóvil, entonces el movimiento que define este mundo no tiene explicación última. Dios debe ser la "razón causal suficiente de todo movimiento".[17]

Llamar a Dios "acto puro" (o pura actualidad o pura potencia activa) puede sonar raro, excesivamente filosófico quizá. Lo entiendo. Pero no debemos tener miedo de tales frases; resultan muy útiles. Tales frases comunican, dice Aquino, que Dios "no puede adquirir nada nuevo".[18] Su perfección no aumenta ni disminuye. Nunca necesita ser más perfecto de lo que es.[19] Es un

---

[15] Aquino, *Summa Theologiae* 1a.3.1.
[16] Aquino, *Summa Theologiae* 1a.2.3.
[17] Dolezal, "Strong Impassibility," forthcoming.
[18] Aquino, *Summa Theologiae* 1a.9.1; citado en Weinandy, *Does God Suffer?*, 38, 123.
[19] Weinandy, *Does God Suffer?*, 38, 123.

"ser sin futuro".[20] El Dios que es acto puro tiene en sí mismo y por sí mismo "toda la plenitud de la perfección de todo ser".[21]

La gloria y el esmalte de todos los atributos

La inmutabilidad no solo es fundamental para comprender correctamente a un ser perfecto y supremo, sino que también es indispensable para todos los demás atributos. Stephen Charnock llama a la inmutabilidad la "gloria" que pertenece a "todos los atributos de Dios" porque es el "centro en el que todos se unen". O podríamos compararlo con el "esmalte," porque sin la inmutabilidad el resto se desharía.[22] Para ver por qué, considere siete vinculaciones de la inmutabilidad.

1. *Es porque Dios no cambia que es un Dios de aseidad*. Si Dios cambiara, entonces significaría que necesita algo, depende de algo, y se añade algo a sí mismo, todo lo cual desafía la aseidad de Dios e implica que no es totalmente perfecto. Un Dios necesitado no puede ser un Dios inmutable, pues tal Dios debe cambiar para ser completo. Un Dios así es como la materia; la materia cambia y está en movimiento, pero no tiene existencia en sí misma. Es incompleta. Dios, en cambio, tiene el poder de existir por sí mismo.[23]

La mención de la aseidad de Dios nos remite también a su identidad como Creador. Ser verdaderamente independiente es ser el Creador y no la criatura. Sin embargo, esa independencia como Creador se ve comprometida si este Creador puede cambiar y de hecho cambia. Un Dios que se está "transformando" es un Dios que ha perdido su "ser". Como explica Herman Bavinck, "Todo lo que es criatura está en proceso de transformación. Es cambiante, en constante esfuerzo, en busca de descanso y satisfacción, y solo encuentra este descanso en Aquel que es puro ser sin llegar a

---

[20] Bavinck, *Reformed s*, 2:156, 157, 211.
[21] Aquino, *Summa Theologiae* 1a.9.1; citado en Weinandy, *Does God Suffer?*, 38, 123.
[22] Charnock, *Existence and Attributes of God*, 1:318.
[23] Sproul, *Enjoying God*, 166.

serlo".[24] Si Dios cambia, entonces ahora está sujeto a una limitación creatural, descalificándose a sí mismo para ser el Creador.

2. *Es porque Dios no cambia por lo que sigue siendo simple.* Si Dios cambiara, entonces sería un Dios hecho por partes. Recuerde, las partes cambian por su propia naturaleza, y el cambio supone que hay partes implicadas. Una parte de Dios tendría que ajustarse o alterarse para adaptarse a otra parte de Dios, o peor, a algo o alguien fuera de Dios. La esencia misma de Dios estaría dividida. Por otra parte, un Dios que no cambia es un Dios cuya esencia está perfectamente unida, pues cada uno de sus atributos "es idéntico a su esencia".[25]

Además, cambio también significa que se ha producido una sustracción o una adición. El cambio en Dios resultaría en (a) "separar algo de" o (b) "añadirle algo". Si algo se ha separado de Dios, entonces Dios es ahora un ser compuesto, y lo que ahora está separado es "distinto de sí mismo". Pero si una parte del ser de Dios ha sido separada, entonces ¿cómo puede Dios ser todo lo que hay en Él, y cómo puede ser quien es en toda su gloria? Ya no es totalmente Dios, sino que se le ha sustraído una parte de Dios. Su ser ha experimentado una pérdida.[26] La situación no mejora si en lugar de eso se añade algo a Dios; también, significa que es capaz de ser compuesto, en este caso creciendo en cantidad y calidad. También nos hace preguntarnos si lo que se ha añadido es esencial para el ser de Dios o meramente accidental. Si es esencial, ¿cómo pudo Dios existir sin él?

Esta es la conclusión: si Dios no es simple, entonces está compuesto por partes, y estar compuesto por partes es ser divisible, por sustracción de esas partes o por adición de partes nuevas. De cualquier forma, el ser de Dios cambia en el proceso. La inmutabilidad es clave para preservar la simplicidad de Dios.

3. *Es porque Dios no cambia que es omnisciente y omnisapiente.* Si Dios fuera a cambiar en lo que sabe, entonces habría un tiempo

---

[24] Bavinck, *Reformed Dogmatics*, 2:156.
[25] Bavinck, *Reformed Dogmatics*, 2:173.
[26] Charnock, *Existence and Attributes of God*, 1:332.

en el que no lo sabría todo. Si hubo un tiempo en que no lo sabía todo, entonces su conocimiento es, o era defectuoso, inexacto o, como mínimo, parcial, mientras que ahora es exacto y completo.

La inmutabilidad

Si su inmutabilidad prohíbe la deficiencia en el conocimiento, también queda excluida cualquier alteración en su sabiduría. Para que Dios sea infinitamente sabio, no debe ignorar nada, ni puede equivocarse nunca en lo que sabe que es verdad.[27] Saber algo hoy que no sabía ayer implicaría no solo que su conocimiento ha mejorado, sino que también le faltaba sabiduría. La ignorancia, en otras palabras, es un indicio de que la sabiduría aún no ha alcanzado su plena madurez. Si Dios ha aprendido hoy algo que no sabía ayer, entonces tenemos pocas razones para pensar que su decisión de ayer era tan buena como su decisión de hoy. Un Dios así es susceptible de error, una característica que es antitética a un ser perfecto.

4. *Es porque Dios no cambia que no está restringido por el tiempo y el espacio*. Al ser seres creados, finitos y físicos, tú y yo estamos limitados por el tiempo y el espacio. Dios, nuestro Creador, es un ser infinito, incorpóreo (no físico), y por lo tanto no puede ser restringido por las limitaciones del tiempo y el espacio. Por ejemplo, es atemporal y eterno. Aunque consideraremos estos atributos en profundidad en los capítulos 8 y 9, exploremos brevemente aquí cómo se relacionan con la inmutabilidad.

En primer lugar, llegar a existir o verse constreñido por las limitaciones del tiempo implicaría un cambio por diversas razones. El tiempo, por definición, implica una sucesión de momentos. Por ejemplo, ahora son la 1:05 p.m., pero dentro de un minuto será la 1:06 p.m. Una vez que llegue la 1:06 p.m., la 1:05 p.m. ya no existirá. Con el paso del tiempo, envejecemos, y no hay nada que podamos hacer al respecto. A medida que experimentamos de un momento al siguiente, cambiamos con el tiempo, convirtiéndonos en algo más o menos de lo que éramos antes. El principio clave es el siguiente: una sucesión de momentos siempre implica un cambio.

---

[27] Charnock, *Existence and Attributes of God*, 1:332.

Pero Dios no es un ser temporal; es atemporal. Nunca tuvo principio, ni tendrá fin. Simplemente es. Dios trasciende por completo la noción de tiempo (Sal. 102:26; Is. 40:8).[28] Ser eterno, por tanto, es clave para que Dios sea inmutable. Sin embargo, también podríamos decir que ser inmutable es la clave para que Dios sea eterno. Porque es un ser sin cambio, no puede limitarse a una sucesión de momentos, porque eso cambiaría lo que es. No es como si en un minuto fuera una cosa y al minuto siguiente se convirtiera en algo que no era hace un minuto.

La inmutabilidad de Dios también debe significar que este Dios no está limitado en el espacio como nosotros. Ocupar un espacio a la vez, como hacemos nosotros, supone no solo que estamos limitados a ese espacio, sino que debemos cambiar para ocupar otro espacio en otro momento. Al no tener cuerpo, Dios no está limitado por el espacio, sino que es omnipresente, llenando todos los lugares con todo su ser simultáneamente. Dios trasciende el espacio como trasciende el tiempo, de modo que es inmutablemente omnipresente en todos los lugares simultáneamente.

5. *Porque Dios no cambia es omnipotente*. Nuestro Dios no es impotente, cambiante en su poder, como si debiera aumentar en fuerza para alcanzar la omnipotencia. Tampoco es un Dios que ha sido omnipotente pero que ahora se enfrenta al peligro de perder el control sobre el mundo. No es como Sansón, cuyo poder se vuelve ineficaz en cuanto le cortan el cabello. Dios no tiene un talón de Aquiles secreto. Nuestro Dios es eterna e inmutablemente poderoso, y nunca se vuelve más poderoso, pues siempre es lo más poderoso que puede ser. Tampoco disminuye su poder por haber caído presa del poder de otro. "¡Cuán débil sería su poder, si fuera capaz de ser enfermizo y languidecer!".[29] Su supremacía permanece constante, insensible a sus enemigos. Es "inmutable en su esencia, por tanto es irresistible en su poder".[30]

---

[28] Cf. He. 1:11–12, lo aplica a Cristo.
[29] Charnock, *Existence and Attributes of God*, 1:318.
[30] Charnock, *Existence and Attributes of God*, 1:326.

6. *Es porque Dios no cambia que permanece santo y justo*. Un Dios mutable en santidad puede ser la idea más aterradora de todas. La santidad es la línea divisoria entre Dios y el diablo. Si la santidad puede estar o no estar en Dios, ya no sabemos con certeza si el Dios que adoramos hará lo que es correcto.

Por ejemplo, considere lo horrible que sería si el carácter justo de Dios vacilara. Un Dios que cambia en su justicia es objeto de enjuiciamiento. En nuestro sistema judicial humano, un juez que no rige con justicia, de acuerdo con la ley, es considerado corrupto o negligente. Cualquiera de ellas puede dar lugar a que dicho juez sea puesto tras las rejas. Si esto es cierto de nuestro sistema judicial humano y falible, ¿cuánto más lo es de Dios? Si cambiara en su justicia, su propia santidad sería dudosa. Imagina que castigara a los malvados un día, solo para hacer la vista gorda ante sus acciones criminales y aprobar su maldad al día siguiente. Por el contrario, Moisés canta que Dios, nuestra "¡Roca! Su obra es perfecta, porque todos Sus caminos son justos; Dios de fidelidad y sin injusticia, justo y recto es Él" (Dt. 32:4).

Cabe destacar que cuando la inmutabilidad y la justicia colisionan, también lo hacen otros atributos.[31] Si la justicia de Dios es inmutable, también lo es su conocimiento, pues una justicia inmutable exige que Dios nunca olvide los pecados de los impíos (Os. 7:2).[32] De forma similar, una justicia inmutable requiere bondad y amor inmutables. "La bondad," dice Charnock, es siempre "objeto de su amor," y la maldad es siempre "objeto de su odio". Su "aversión al pecado" nunca cambia ni se debilita.[33]

7. *Porque Dios no cambia Él es amor*. Jonathan Edwards nos dice que como Dios es "un ser infinito" así como un "ser todo

---

[31] Estoy en deuda aquí con Charnock, *Existence and Attributes of God*, 1:353.

[32] En otros puntos de la Escritura se dice que Dios "olvida" los pecados de los que son perdonados. Eso no significa que literalmente no tenga conocimiento de esos pecados, lo que significaría que ya no es omnisciente. Se trata más bien de un lenguaje antropopático, familiar a nuestra experiencia humana, para decir que Dios no nos echará en cara nuestros pecados en el futuro; nos ha perdonado.

[33] Charnock, *Existence and Attributes of God*, 1:353.

suficiente," debe ser "una fuente infinita de amor". Pero es también porque es un ser inmutable y eterno que es una "fuente eterna de amor".[34]

Es fundamental aclarar, sin embargo, que Dios es una fuente eterna de amor, pero ese amor refleja el carácter de su propio amor por sí mismo.[35] Es porque Dios se ama a sí mismo sin cambio que su amor por nosotros es un amor que no cambia. Si su amor *por sí mismo* fluctuara, habría poca seguridad de que su amor por nosotros se mantuviera firme.

¿Te imaginas que el amor de Dios no fuera inmutable? La salvación sería la primera doctrina en desaparecer. ¿Qué seguridad tendríamos de que nos eligió con su gracia y benevolencia antes de la fundación del mundo (Ef. 1:4)? Solo porque el amor de Dios es un amor inmutable podemos estar seguros de que el Dios que nos eligió antes de la creación no solo nos convierte en criaturas nuevas, sino que nos protege del maligno para que un día disfrutemos de la nueva creación. Es porque su amor es eternamente inmutable por lo que cantamos: "Den gracias al Señor, porque *Él es* bueno; porque para siempre es Su misericordia" (1 Cr. 16:34), una frase cantada por los salmistas innumerables veces (por ejemplo, Sal. 107:1).

Sin duda vacilamos en nuestra experiencia del amor de Dios, un día no lo sentimos tanto como el día anterior. Afortunadamente, nuestra seguridad no se basa en nuestros sentimientos. Más bien, descansa en un amor que nunca cambia. El amor del Padre por nosotros es tan inmutable como su amor por su Hijo, Jesucristo.

En resumen, la inmutabilidad es el esmalte de todo lo que hay en Dios. "Aquellos que afirman cualquier cambio en Dios", advierte Bavinck, "ya sea con respecto a su esencia, conocimiento o voluntad, disminuyen todos sus atributos: independencia, simplicidad, eternidad, omnisciencia y omnipotencia. Esto despoja

---

[34] Edwards, *Charity and Its Fruits*, 215–16.
[35] Bavinck, *Reformed Dogmatics*, 2:211; Rennie, "Theology of the Doctrine of Divine Impassibility: (II)," 307–10.

a Dios de su naturaleza divina, y a la religión de su fundamento firme y su consuelo seguro".[36]

¿Es Dios rígidamente inmóvil?

A pesar de que hemos defendido la inmutabilidad, hay dos objeciones comunes. Primero, si Dios es inmutable, entonces debe ser inerte, estático, inmóvil y muerto. Esta suposición se hizo popular en el siglo XX.[37]

Tal objeción, sin embargo, se queda corta. Para empezar, se ha producido un malentendido que ha creado una caricatura. Los defensores de la inmutabilidad no quieren decir que Dios sea estático; nunca lo han hecho. Ellos reconocen que la metáfora de una roca solo puede llevarse hasta cierto punto. Además, inmutabilidad y ser vivo no son conceptos contradictorios. ¿Recuerdas la frase "acto puro"? Esa frase subraya que no hay nada que activar en Dios, como si tuviera que convertirse en algo que no es. Pero eso no significa que Dios no tenga vida. Por el contrario, negar que sea necesario activar algo en Dios es confesar simultáneamente que cualquier cambio en Dios comprometería su vida perfectamente activa. Él ya es vida en toda su plenitud. Thomas Weinandy capta este mismo punto: "Dios es inmutable no porque sea inerte o estático como una roca, sino justo por la razón contraria. Es tan dinámico, tan activo, que ningún cambio puede hacerlo más activo. Es acto puro y simple".[38]

La vitalidad, la vivacidad, el dinamismo—son características de Dios, pero solo pueden serlo si Dios no cambia.[39] Quizá parezca contradictorio, pero solo un Dios inmutable puede ser supremamente vivo, activo y vibrante. Si cambiara, no tendríamos ninguna garantía de que su vitalidad continuara ni de que su

---

[36] Bavinck, *Reformed Dogmatics*, 2:158.

[37] Véase Barth, *Church Dogmatics*, 2.1:494; según la referencia de Weinandy, *Does God Suffer?*, 123

[38] Weinandy, *Does God Change?*, 79.

[39] Weinandy, *Does God Change?*, 124.

vivacidad permaneciera pura y perfecta. La inmutabilidad "no debe confundirse con la monótona uniformidad o la rígida inmovilidad".[40]

Tal confusión traiciona incluso nuestra experiencia humana. Supongamos que eres un artista inspirado por los sonidos y olores de la ciudad. Un día observa atentamente un bullicioso mercado. Embelesado, escribes un poema que capta lo que ves. Al día siguiente, sin embargo, tu imaginación no se expresa a través de la producción de poesía, sino esta vez en los vivos colores de una pintura al pastel. (¡Eres un artista de muchos talentos!). Qué tonto sería suponer que porque eres la misma persona, el mismo artista, representando la misma ciudad, la forma en que te comunicas o retransmites tu arte debe ser estática y monótona.[41] El punto es, la inmutabilidad no excluye automáticamente la vitalidad y vivacidad.

¿Cambia Dios de opinión?

Una segunda objeción es que las Escrituras utilizan un lenguaje que parece comunicar que Dios sí cambia. Cuando la corrupción de la humanidad invade la tierra y Dios responde inundando toda la tierra, se dice que Dios lamenta haber creado a los humanos (Gn. 6:6). Después de que el rey Saúl desobedece continuamente al Señor, Dios dice que se arrepiente de haber hecho rey a Saúl (1 S. 15:11). También hay un montón de lugares donde el Señor dice que hará una cosa, pero luego cede, retractándose de lo que dijo que haría. Por ejemplo, después de que Israel crea un becerro de oro y lo adora, el Señor le dice a Moisés que se haga a un lado porque destruirá a ese pueblo. Después de que Moisés suplica y ruega, Dios cede ante el desastre con el que había amenazado (Éx. 32:10-14). O cuando Jonás (a regañadientes) llega a Nínive, dice que solo les quedan cuarenta días hasta que Nínive sea destruida. Pero pueblo se arrepiente, Dios cede y no los destruye (Jon. 3:4-10).[42]

---

[40] Bavinck, *Reformed Dogmatics*, 2:158.

[41] La idea de esta ilustración procede de Bavinck, *Reformed Dogmatics*, 2:159.

[42] Para otros ejemplos, véanse Sal. 106:44-45; Is. 38:1-6; Jer. 18:7-10; 26:3, 13, 19;

¿Qué debemos pensar de estos pasajes? Recuerdo mi primera clase de hermenéutica en la universidad. (La hermenéutica es el estudio de cómo interpretar la Biblia.) Aquel primer día mi profesor nos metió una cosa en la cabeza: "¡Contexto! ¡Contexto! ¡Contexto!". Sabía que, a menos que aprendiéramos a leer cualquier versículo dentro de su contexto más amplio, malinterpretaríamos su significado por descuido. Esto es más cierto que nunca cuando nos enfrentamos a pasajes como estos.

Cuando leemos que Dios "cede", debemos tener presente el contexto de cada pasaje. Aunque en ese momento parece como si Dios hubiera cambiado de opinión, si tenemos una vista de pájaro vemos que Dios está haciendo lo que había prometido o pretendido todo el tiempo. Por eso, por ejemplo, Jonás se siente tan frustrado con Dios. Cuando Nínive se arrepiente y Dios "cede," el texto dice que Jonás se enfada mucho. Agitando su puño a Dios, Jonás dice, "¡Ah Señor!... yo sabía que Tú eres un Dios clemente y compasivo, lento para la ira y rico en misericordia, y que te arrepientes del mal *anunciado*" (Jon. 4:2). ¿Podría haber sido este el plan de Dios desde el principio? Jonás está seguro de que sí. Dios lo envió a amenazar a Nínive con la aniquilación por su maldad, y Dios pretendía que tal amenaza fuera en sí misma el medio por el cual este pueblo recibiría la misericordia de Dios. Lo que en apariencia parecía una afirmación incondicional y absoluta ("dentro de cuarenta días Nínive será arrasada", 3:4) era una amenaza condicional, consistente con la declaración de Dios a lo largo de las Escrituras de que si los pecadores se arrepienten, será misericordioso, algo que Jonás sabe pero resiente, aparentemente. Dios no ha cambiado de opinión, sino que ha cumplido lo que quería inmutablemente desde la eternidad: ¡que Nínive se salvara! Algo muy parecido sucede cuando Dios "cede" del desastre que pronunció contra Israel después de que Moisés intercede en su favor.

O considere al rey Saúl. En 1 Samuel 15 Saúl falla en dar muerte al Rey Agag y dedicar el mejor botín de guerra a la destrucción como el Señor le ha mandado. Viendo esto, el Señor

---

Jl. 2:13-14; Am. 7:3-6

le dice a Samuel, "Me pesa haber hecho rey a Saúl, porque ha dejado de seguirme y no ha cumplido Mis mandamientos" (15:11). A primera vista, parece que Dios se ha dado cuenta de que ha cometido un error. Él pensó que Saúl era el hombre para el trabajo, pero ahora ha cambiado de opinión después de ver lo rebelde que puede ser Saúl. Tal interpretación no solo socavaría la perfección de Dios (es un Dios que comete errores), fiabilidad y sabiduría (¿podemos confiar en un Dios que comete errores?), e inmutabilidad (cambia de mente); pero no encaja con el contexto de la historia, que aborda y refuta directamente tal lectura del texto. Después de negarse a admitir que ha desobedecido al Señor, Saúl finalmente confiesa que ha pecado, pero solo después de que Samuel le dijera a Saúl que el Señor "también te ha desechado para que no seas rey" (15:23).

Pero ya es demasiado tarde. Aunque Saúl pide perdón y que Samuel vuelva con él, Samuel dice que no, reiterando una vez más que el Señor ha rechazado a Saúl como rey. Sabiendo que la bendición del Señor se le escapa, Saúl se apodera de la túnica de Samuel en el momento de marcharse, rasgándola, a lo que Samuel responde: "Hoy el Señor ha arrancado de ti el reino de Israel, y lo ha dado a un prójimo tuyo que es mejor que tú. También la Gloria de Israel no mentirá ni cambiará su propósito, porque Él no es hombre para que cambie de propósito" (15:28–29).[43] El mensaje es fuerte y claro: Dios ha rechazado a Saúl como rey y no se retractará de su sentencia, pues Dios no es un ser humano que cambie de opinión o se arrepienta de lo que ha hecho. He aquí la distinción entre Creador-criatura expuesta claramente y sin cualificación. Los humanos cambian, mienten y se arrepienten muchas veces en la vida. Dios no. Él no cambia, no miente y no se arrepiente de nada. Tanto en su naturaleza como en sus relaciones, sigue siendo el mismo.

Entonces, ¿qué quiere decir Dios cuando dice que "se arrepiente" de haber hecho rey a Saúl? Su intención es utilizar una experiencia con la que los humanos pueden identificarse para comunicar su desagrado por la pecaminosidad de las acciones de

---

[43] Un pasaje similar es Nm. 23:19.

Saúl, especialmente porque Saúl iba a guiar al pueblo de Dios en santidad. El lenguaje de "arrepentimiento" no se entiende *literalmente,* sino que sirve como señal, indicando al lector no solo que Dios ha juzgado a Saúl sino que el plan de Dios siempre ha sido levantar un rey según su propio corazón. Al declarar su "arrepentimiento", Dios está anunciando que este nuevo rey está en el horizonte ("El Señor ha arrancado de ti el reino de Israel, y lo ha dado a un prójimo tuyo"). Como revela el capítulo siguiente, ese prójimo es David, hijo de Isaí. En lugar de ser testigos de un cambio *en Dios*—y además emotivo—somos testigos de los efectos de la voluntad de Dios en sus criaturas.[44]

Como aprendimos al principio del libro, los autores bíblicos, y Dios mismo, utilizan a propósito términos y frases antropomórficos, comunicando algo verdadero de Dios pero a través de categorías e imágenes de nuestro mundo finito y humano, y de las emociones que definen nuestra experiencia humana. "Ceder" y "lamentarse" es nuestra forma humana de observar un cambio desde nuestra perspectiva, uno que se produce en el momento. Pero a vista de pájaro, ese lenguaje acomodado, interpretado en su contexto, nunca pretende socavar la inmutabilidad de Dios, sino poner de relieve cómo la voluntad eterna de un Dios inmutable es recibida por criaturas muy mutables y finitas, como tú y yo. La maravilla de nuestro Dios es que puede cambiar en nosotros, aunque Él mismo no cambie.[45] O, como dice Agustín, nuestro Dios es "sin ningún cambio en sí mismo", ya que está "haciendo cosas cambiantes", pero al mismo tiempo "sin sufrir nada".[46]

La inmutabilidad de las promesas de Dios en Cristo

En una tarde de domingo, nada me gusta más que perderme en una biografía. Mis biografías favoritas tratan de cristianos que soportaron mucho por la causa del Evangelio, no porque fueran confiadamente triunfalistas, sino exactamente por la

---

[44] Duby, *Divine Simplicity,* 137.

[45] Duby, *Divine Simplicity,* 137.

[46] Agustín, *Trinity* 5.2 (trans. Hill, p. 190).

razón contraria—ellos fueron transparentes sobre su absoluta dependencia de Dios en medio de casi darse por vencido. A menudo las biografías señalarán las pequeñas cosas que Dios usó para mantener al cristiano—las oraciones insistentes de un compañero de iglesia, la fidelidad silenciosa de un cónyuge, o la advertencia de un amigo cercano para evitar que uno resbale.

El autor de Hebreos sabía que medios como estos eran clave para la resistencia en la vida cristiana, por eso el libro de Hebreos está lleno de advertencias contra la apostasía. El libro no solo advierte, sino que consuela, señalando a los cristianos el carácter inmutable de un Dios santo para tener seguridad en tiempos de prueba.

Si quieres garantizar la veracidad y fiabilidad de una promesa que has hecho, probablemente jurarás sobre el objeto más personal, significativo y valioso que puedas concebir. Eso explica por qué tantos juran sobre la tumba de su madre. Los seres humanos son conocidos por mentir y cambiar de opinión, por lo que, si se quiere confiar en ellos, deben jurar por el carácter de algo o de otra persona para asegurar a la otra parte que cumplirán su palabra.

Pero Dios no. No tiene nada más grande por lo que jurar que por sí mismo. Nunca cambia en su santidad, Él es la norma misma de la justicia y la moralidad en el universo. En un tribunal de justicia solía ser el caso que había que colocar la mano sobre la Biblia, jurando decir "la verdad, toda la verdad y nada más que la verdad, con la ayuda de Dios". Pero si Dios subiera al estrado, no tendría otro lugar donde poner su mano que en su propio pecho.

Para asegurar a los lectores que son hijos de las promesas de Abraham, el autor de Hebreos se vuelve hacia la propia naturaleza y carácter de Dios. "Pues cuando Dios hizo la promesa a Abraham, no pudiendo jurar por uno mayor, juró por Él mismo, diciendo: 'Ciertamente te bendeciré y ciertamente te multiplicaré.'... Por lo cual Dios, deseando mostrar más plenamente a los herederos de la promesa la inmutabilidad de Su propósito, interpuso un juramento, a fin de que por dos cosas inmutables, en las cuales es imposible que Dios mienta, los que hemos buscado refugio seamos grandemente animados para asirnos de la esperanza puesta delante de nosotros. (6:13-14, 17-18). Si el juramento de Dios, del que depende nuestra salvación, es confiable o no depende enteramente de la naturaleza inmutable de su carácter santo. Que todas las promesas del pacto sean tuyas no solo depende de la fidelidad de Dios al pacto, sino de la naturaleza inmutable de Dios mismo.[47]

Sabiendo que Él es un Dios inmutablemente santo—uno que no cambia y por lo tanto no miente—el cristiano tiene todas las razones para acudir a Dios en busca de refugio en una hora de gran prueba. Y a este lado de la tumba vacía, el "ancla segura y firme" del alma no se encuentra en nadie más que en Jesús, el Cristo, el que es "el mismo ayer y hoy y por los siglos" (He. 13:8).[48] Entró en la presencia misma de Dios, a través "de la cortina al santuario interior" del templo (para usar imágenes del Antiguo Testamento; 6:19), ofreciendo un sacrificio eterno por nuestros pecados como nuestro sumo sacerdote eterno (6:20), como nuestro mediador inmutable (Sal. 110:4).

Al principio de este capítulo conté la historia de cómo el famoso himno "Roca de las edades" zumbaba en mi oído mientras estaba en la hendidura de la roca en aquellas costas galesas. Pero solo cité la primera línea. A la luz de Hebreos 6, ahora tiene sentido por qué el himno dirige nuestra atención a Jesús mismo como la Roca de las Edades:

> Roca de las edades, hendida para mí,
> déjame esconderme en ti;
> Deja que el agua y la sangre,
> De tu costado herido fluyan,
> Sean del pecado la doble cura;
> Salva de la ira y hazme puro.

---

[47] Dolezal (*All That Is in God*, 18) hace una cualificación clave: "Esto indica claramente que la inmutabilidad significa algo más que la simple fidelidad del pacto de Dios, ya que la seguridad de su fidelidad al pacto se basa en su ser inmutable".

[48] El espacio no me permitirá explorar cómo es que el Hijo puede ser inmutable y sin embargo encarnarse. No obstante, véase Muller, "Incarnation, Immutability, and the Case for Classical Theism," 22-40; Weinandy, *Does God Change?*

7

¿Dios tiene emociones?

Impasibilidad

La Gloria de Israel no mentirá ni cambiará su propósito, porque Él no es hombre para que cambie de propósito.
1 SAMUEL 15:29

[Tú] amas sin quemarte, eres celoso de una manera que está libre de ansiedad, te "arrepientes" ... sin el dolor del arrepentimiento, eres iracundo y permaneces tranquilo.
AGUSTÍN, *The Confessions*

Yo mismo, encuentro la idea de un Dios que es hecho para sufrir por nosotros, y que nos necesita para realizarse, una concepción deprimente de la divinidad.
KATHERIN ROGERS, *Perfect Being Theology*

Me encantan las grandes ciudades. Durante un tiempo viví en Londres, una ciudad hecha para la curiosidad cultural. Una tienda de libros raros escondida en un pequeño callejón, el olor de la comida china a la vuelta de la esquina, las brillantes luces del teatro a pocas manzanas, un tranquilo museo que exhibe arte de valor incalculable—todo está a un viaje en metro (la versión londinense del metro).

Cuando pude escaparme, adivinarán adónde me fui: la Galería Nacional. Aquí se exponen algunos de los cuadros más exquisitos de algunos de los artistas más famosos del mundo: *La Virgen y el Niño* de Rafael, *La Cabeza de Juan Bautista* de Caravaggio, *Ecce Homo* de Rembrandt. Nombro mis favoritos. Mi esposa también tiene sus favoritos: *Girasoles* de Van Gogh y *Whistlejacket* de George Stubbs.

Estos son los cuadros que atraen a las multitudes, pero hay otros cuadros que me atraen especialmente, cuadros que no siempre atraen a las multitudes. Son pinturas que cuentan las leyendas de los dioses griegos, historias impredecibles y a veces escandalosas. Robert Parker, experto en religión griega, explica cómo los dioses griegos "no comían comida humana" y "no envejecían ni morían". Sin embargo, los "dioses tenían forma humana; nacían y podían tener contactos sexuales".[1] Muchos creían que hubo un día, hace mucho tiempo, en que los dioses vivían entre los humanos. Algunos dioses incluso tenían romances con mujeres, creando niños a su semejanza (pequeños dioses). Aquel día llegó a su fin, y los dioses ya no habitan con la humanidad.[2]

Estos dioses tienen muchas características sorprendentes. Por ejemplo, suelen actuar de forma inmoral. "Su comportamiento en el poema era a menudo escandaloso," afirma Parker. Un mito antiguo lo transmite claramente:

Allí podrías ver a los dioses en diversas formas
Cometer disturbios embriagadores, incesto, violaciones.[3]

Por ejemplo, un inquietante cuadro de Paolo Veronese se titula *El rapto de Europa*.[4] El cuadro está basado en el relato de Ovidio

---

[1] Parker, "Greek Religion," 249.

[2] Parker, "Greek Religion," 250.

[3] Parker, "Greek Religion," 255.

[4] Para más información, véase *The Rape of Europa,* sitio web de The National Gallery,

Metamorfosis, un título que revela la historia. Se representa al dios Zeus, que se transforma en toro para que Europa, la princesa, se suba a su espalda y él pueda cabalgar para conquistarla. En la interpretación de Veronese de la historia, Europa está pintada con una mirada muy confusa, como si no estuviera segura de lo que está pasando. Mientras tanto, el toro ya ha empezado a lamerle el pie mientras Cupido decora sus cuernos con flores.

Es imposible no fijarse en la perversidad de Zeus, así como en su forma fluctuante. Al igual que Zeus, los dioses cambian de identidad. Pero no solo cambian su forma física, sino también su composición emocional. En un momento exhiben su poder (Zeus, dios del cielo, lanzará rayos contra sus enemigos), y al momento siguiente impotentes y patéticamente se revuelcan en la derrota y la agonía—no puedes evitar compadecerte de ellos (*la Ilíada* de Homero está llena de historias de este tipo). Tampoco se puede confiar en ellos. En un momento están de tu lado, pero al siguiente pierden los estribos, revelando lo caprichosos que pueden llegar a ser. No hay ninguna garantía, ni indicio alguno, de que estos dioses controlen sus emociones. Por el contrario, se parecen mucho a nosotros. A veces, incluso dependen de nosotros, nos necesitan para alcanzar su propia felicidad, satisfacer su descontento o saciar su propia lujuria.

Cada vez que miraba una de estas pinturas en la National Gallery, me acordaba de que el Dios al que adoro, el Dios de la Biblia, es completamente diferente de estos dioses y diosas. Comparando al Dios cristiano con estos dioses griegos, Michael Horton escribe, "Si estuviera determinado en su propio ser por lo que hacemos, entonces no tendríamos confianza en él, como Zeus, no podría destruirnos tan fácilmente en un arrebato de ira como llorar impotente por nuestra condición".[5] En teología, existe un término que describe adecuadamente a estos dioses y diosas: pasibles. Estos dioses son pasibles porque son propensos a sufrir,

---

consultado el 28 de septiembre de 2018, https://www.nationalgallery.org.uk/paintings/paolo-veronese-la-viola-de-europa.

[5] Horton, *Pilgrim Theology*, 80.

tienen pasiones que los mueven y emociones que los cambian. En otras palabras, están a merced de los cambios emocionales.

En contraste con estos dioses griegos, Dios ha sido descrito a lo largo de la historia de la Iglesia como *im*pasible, o como alguien que no tiene pasiones. Nuestro Dios es, por naturaleza, incapaz de sufrir e insensible a las fluctuaciones emocionales. Más bien, adoramos a un Dios que controla completamente quién es y lo que hace. Nunca hay ninguna acción de Dios que esté fuera de línea con su carácter inmutable. En lugar de estar dividido por diferentes estados emocionales o dominado por estados de ánimo repentinos e inesperados, estados de ánimo que revelan lo vulnerable y dependiente que es de lo que hacemos, el Dios de la Biblia es un Dios que nunca se vuelve angustiado, solitario o compulsivo.[6] Nunca está enfrentado consigo mismo, dividido por expresiones contradictorias de sus perfecciones. No, este Dios es el Dios impasible.

Qué es y qué no es la impasibilidad

Si queremos entender lo que significa que Dios sea impasible, lo mejor es comprender primero lo que significaría que Dios fuera *pasible*. Consideremos tres características del teólogo Thomas Weinandy:

1. Que Dios sea "pasible" significa que se puede actuar sobre Él desde el exterior y que esas acciones provocan cambios emocionales en su interior.

2. Además, que Dios sea pasible significa que es capaz de cambiar libremente su estado emocional interior en respuesta e interacción con la cambiante condición humana y el orden mundial.

3. Por último, la pasibilidad implica que los estados emocionales cambiantes de Dios involucran "sentimientos" que son análogos a los sentimientos humanos... Dios

---
[6] Weinandy, *Does God Suffer?*, 37–39.

experimenta cambios de estado emocionales internos, ya sea de comodidad o de incomodidad, ya sea libremente desde dentro o al ser accionado desde fuera.[7]

En cambio, ¿qué significa que Dios sea *impasible*? "Dios es impasible en el sentido de que no puede experimentar cambios emocionales de estado debidos a su relación e interacción con los seres humanos y el orden creado". O piénsalo de esta manera: "Dios es impasible en el sentido de que no experimenta estados emocionales sucesivos y fluctuantes; ni el orden creado puede alterarle de tal modo que le haga sufrir modificación o pérdida alguna".[8]

Esta última palabra—"pérdida"—merece ser destacada. Decir que Dios es impasible es protegerlo de la pérdida. Como vimos en nuestro capítulo sobre la simplicidad (cap. 5), la esencia de Dios no tiene partes, pues las partes pueden ganarse o perderse, añadirse o sustraerse. Pero "no hay partes en la vida de Dios, partes que ha vivido y que ahora solo son accesibles en su memoria; otras partes que le quedan por vivir, accesibles solo por anticipado".[9]

Por el contrario, aquello "que es inmutable e impasible es por naturaleza completo".[10] Así pues, si Dios es simple, entonces no solo debe ser inmutable, sino también impasible. Un Dios cuya naturaleza está compuesta de partes es vulnerable al cambio, incluido el cambio emocional. Pero un Dios cuya naturaleza carece de partes es un Dios incapaz de fluctuar de cualquier manera o forma. Para aclararlo, no es solo que Dios *elija* ser impasible; es que es *incapaz* de ser pasible. Es contrario a su *naturaleza inmutable*.[11]

---

[7] Weinandy, *Does God Suffer?*, 38–39 (números añadidos).

[8] Weinandy, *Does God Suffer?*, 38, 111.

[9] Helm, "Impossibility of Divine Passibility," 138.

[10] Helm, "Impossibility of Divine Passibility," 138.

[11] Este punto distingue mi punto de vista de otros que sostienen alguna versión de la impasibilidad, pero en formas muy modificadas, creyendo que Dios solo es impasible donde, cuando y si quiere. Además, una implicación que se desprende de mi punto de vista es que la soberanía de Dios se deriva de su naturaleza inmutable e impasible, y no viceversa. Véase Dolezal, "Still Impassible," 141.

La impasibilidad también significa que no es "víctima de las pasiones negativas y pecaminosas como los seres humanos, como el miedo, la ansiedad y el temor, o la codicia, la lujuria y la ira injusta". Decir que Dios no es pasible "es negar de Él todas las pasiones humanas y los efectos de tales pasiones que de algún modo le debilitarían o incapacitarían como Dios".[12]

La impasibilidad es el corolario natural, lógico y necesario de la inmutabilidad, punto sobre el que volveremos en breve. Si la naturaleza de Dios no cambia, entonces tampoco puede sufrir cambios emocionales. La impasibilidad también se deriva de la supremacía, la perfección y la infinitud de Dios, pues cualquier debilitamiento o mutilación de Dios significaría inevitablemente que ya no es aquello que no puede concebirse nada más grande.

¿Significa eso, entonces, que Dios es inerte, estoico y apático? En absoluto. Dios es, como vimos con la aseidad, la plenitud del Ser, vida absoluta en sí y por sí. Es "supremamente dichoso," acto puro.[13] Al igual que la inmutabilidad, la impasibilidad es un concepto "negativo," lo que significa que su propósito principal es describir lo que Dios *no* es. Como vimos en el capítulo 2, la "vía de la negación" nos ayuda a evitar pensar en Dios de formas que no deberíamos. Si se ignora este enfoque, se podría pensar que la impasibilidad está diciendo algo "positivo" sobre Dios: es distante e indiferente, inactivo y despreocupado, estático e inerte. Es apático.[14] Pero eso no es lo que significa la impasibilidad; es un desafortunado malentendido, aunque sea una caricatura popular.[15]

---

[12] Weinandy, *Does God Suffer?*, 38, 111. En otro lugar define "impasible" como "ese atributo divino por el que se dice que Dios no experimenta cambios emocionales internos, ya sean decretados libremente desde dentro o efectuados por su relación e interacción con los seres humanos y el orden creado" (Weinandy, "Impassibility of God," 7:357).

[13] Helm, "Impossibility of Divine Passibility," 123. En Dolezal ("Strong Impassibility," próximamente) dice: "Es tan dinámico, tan activo, que ningún cambio puede hacerlo más activo. Es acto puro y simple".

[14] Gavrilyuk ("God's Impassible Suffering in the Flesh," 139) atribuye el malentendido al hecho de que la mayoría asume que la impasibilidad no es un término metafísico, sino psicológico, que transmite apatía emocional.

[15] Todo el libro de Weinandy *Does God Suffer?* es, en cierto sentido, un esfuerzo por

Atribuir impasibilidad a Dios no es atribuirle algo positivo sino negar algo perjudicial para Dios—a saber, cambio y con ello el sufrimiento.

La impasibilidad tampoco significa que Dios no sea amoroso y compasivo.[16] Más bien, significa que tales virtudes no son verdaderas en Dios como resultado de haber sido obradas por alguien o algo más. Nada más ni nadie más causó que tales virtudes existieran en Dios.[17] Dios tampoco busca en nada ni en nadie tales virtudes ni la actualización de las mismas. Porque Dios es eterno e inmutable, sus virtudes no se ven afectadas ni impactadas por nadie. Si sus virtudes fueran pasiones, entonces ya no sería acto puro.[18] Aunque pueda resultar contraintuitivo, la impasibilidad en realidad protege otros atributos como el amor, porque garantiza que su amor no cambiará ni fluctuará. Para los Padres de la Iglesia, la impasibilidad pretendía "asegurar y acentuar su bondad perfecta y su amor inalterable".[19]

La impasibilidad también garantiza que su amor no necesita activación, ni tiene potencialidad, como si sus perfecciones necesitaran convertirse en algo más de lo que ya son. Como hemos visto, Dios es acto puro, nunca necesita que su amor, por ejemplo, se actualice. Como aprenderemos más adelante en este capítulo, Dios está *vivo al máximo*. La impasibilidad no significa que Dios sea inerte o estático, lo que le impediría amar. Más bien, como Dios máximo, su impasibilidad certifica que no podría ser más amoroso de lo que ya es. Él es amor en medida infinita.

Afirmar la impasibilidad tampoco es caer en una contradicción, como si Dios fuera compasivo, benévolo, misericordioso y bondadoso *a pesar* del hecho de que es impasible. Tal punto de vista supone que los atributos de Dios están reñidos entre sí y son incompatibles, socavando su unicidad y simplicidad. Más bien,

---

corregir tal caricatura.
[16] Weinandy, *Does God Suffer?*, 38.
[17] Dolezal, "Strong Impassibility," Próximamente.
[18] Dolezal, "Strong Impassibility," Próximamente.
[19] Weinandy, *Does God Suffer?*, 38, 111.

Dios es compasivo, amoroso, misericordioso y bondadoso porque, y solo porque, es impasible.[20] La impasibilidad garantiza que Dios pueda actuar de forma personal, involucrado e inmanente, evitando que se vuelva apático. En resumen, si Dios no es impasible, entonces no puede ser tan personal, amoroso, y compasivo como la Biblia dice que es. Punto.

¿Dios cuelga de la horca?

La impasibilidad es, sin duda, el atributo que más choca contra nuestros instintos naturales, contraintuitivo en todos los sentidos. Uno de los teólogos más famosos del siglo XX fue Jürgen Moltmann. Al observar los horrores causados por la Alemania nazi durante la Segunda Guerra Mundial, Moltmann puso su pluma sobre el papel para dar esperanza a las personas que sufrían en todo el mundo. Su teología de la esperanza resultó oportuna y todavía hoy muchos la abrazan.

Su teología de la esperanza iba acompañada de su respuesta al problema del mal. Mientras los judíos eran enviados a campos de concentración para ser torturados, hambrientos, deshumanizados y luego masacrados, estas víctimas, así como otros que miraban, se hacían la pregunta inquietante: ¿Dónde está Dios? Muchos se sintieron identificados con la respuesta de Moltmann: Dios está ahí sufriendo contigo. Él también sufre en el campo de concentración, en la cámara de gas y en la horca. Moltmann cree que la historia del libro *Noche* de Elie Wiesel lo dice todo: "Las SS ahorcaron a dos hombres judíos y a un joven delante de todo el campo. Los hombres murieron rápidamente, pero la agonía del joven duró media hora. ¿Dónde está Dios? ¿Dónde está?" preguntó alguien detrás de mí. Mientras el joven seguía atormentado en la soga después de mucho tiempo, oí al hombre gritar de nuevo: "¿Dónde está Dios ahora? Y oí una voz dentro de mí que respondía: '¿Dónde está? Está aquí. Está colgado en la horca.'"[21] Como reacción a este relato apasionante, conmovedor y trágico, Moltmann se hace

---

[20] Weinandy, *Does God Suffer?*, 37.
[21] Elie Wiesel, *Night*, citado en Moltmann, *Crucified God*, 410.

eco de esa respuesta: Dios está colgado en la horca. "Cualquier otra respuesta sería una blasfemia... Hablar aquí de un Dios que no pudiera sufrir convertiría a Dios en un demonio".[22] Dios es y debe ser un Dios sufriente para que el mundo tenga esperanza en todo su sufrimiento. "Dios en Auschwitz y Auschwitz en el Dios crucificado—ésa es la base de una esperanza real".[23]

Para Moltmann, el sufrimiento de Dios es tan profundo que penetra no solo en sus relaciones con nosotros, sino en su propio ser, su esencia, su naturaleza. Moltmann se enfrenta directamente al Dios de los padres de la Iglesia, patrísticos y medievales, que afirmarían que Dios es "absoluto" o "acto puro," afirmando no solo la impasibilidad, sino con ella la inmutabilidad divina, la aseidad, la omnipotencia y la infinitud como claves de un ser perfecto.[24] Tal visión hace a Dios indiferente, apático y frío. Mientras que esta tradición clásica interpreta las referencias emocionales a Dios como antropomórficas, Moltmann las lee literalmente. Por ejemplo, cuando el Antiguo Testamento habla de la ira de Dios, se trata de un "*pathos* divino". Excepto que tal ira es un "amor herido". "Como amor herido, la ira de Dios no es algo que se inflige, sino un sufrimiento divino del mal. Es un dolor que atraviesa su corazón abierto".[25] Tan herido está el amor de Dios—como el amor del mundo—que la humanidad no solo "siente simpatía por Dios" en su sufrimiento, sino que, con razón, siente simpatía "*por* Dios".[26]

Esta simpatía se aprecia con mayor agudeza en el hecho de que el Dios de Moltmann no solo redime a la humanidad, sino que debe redimirse a sí mismo. Dios necesita ser salvado. Tan unívoco es su sufrimiento con la humanidad—el exilio de Israel es su exilio—que la redención de su pueblo debe ser también su redención, pues cuando ellos sufren, él sufre. El "Santo de Israel comparte el sufrimiento de Israel y la redención de Israel, de modo que en este sentido es cierto que 'Dios se ha redimido de Egipto

---

[22] Moltmann, *Crucified God*, 410.
[23] Moltmann, Crucified God, 417.
[24] Moltmann, *Crucified God*, 370, 400, 406.
[25] Moltmann, *Crucified God*, 406–7.
[26] Moltmann, *Crucified God*, 407.

junto con su pueblo: "La redención es para mí y para ti..." ' Israel es redimido cuando Dios se ha redimido a sí mismo".[27]

Según Moltmann, el Dios sufriente es más visible en la cruz. Cuando Jesús sufrió el dolor de la crucifixión, Dios mismo sufrió. Moltmann rechazó la respuesta de que Jesús sufría solo en su humanidad. No, su divinidad también sufrió en el Calvario. Y no fue solo el Hijo quien sufrió, sino toda la Trinidad, incluido el Padre.[28]

Que Dios sufra en el Gólgota significa que su ser debe "entenderse como vulnerabilidad abierta," pues "el ser de Dios y la vida de Dios están abiertos al hombre verdadero".[29] Moltmann adopta un tipo de panenteísmo—Dios no es idéntico al mundo (panteísmo), pero existe una dependencia mutua entre Dios y el mundo, de modo que Dios está en el mundo y el mundo está en Dios. "Donde sufrimos porque amamos, Dios sufre en nosotros".[30] "La historia del pathos divino está inserta en la historia de los hombres".[31] Su "vaciamiento de sí mismo en Cristo crucificado" es lo que "abre la esfera de vida de Dios al desarrollo del hombre en él".[32]

Una de las razones por las que tantas personas se han sentido identificadas con el Dios sufriente de Moltman es que se trata de un Dios con el que las personas que sufren pueden identificarse. Solo un Dios que sufre de verdad puede entender el sufrimiento que experimentamos en este mundo caído. Según muchos en la cultura actual, a menos que Dios sufra y experimente emociones humanas como el dolor, no podrá simpatizar con nosotros en ningún sentido significativo, y mucho menos amarnos y preocuparse

---

[27] Moltmann, *Crucified God*, 409; está citando Kuhn, *Gottes Selbsterniedrigung in der Theologie der Rabbinen*, 89–90

[28] Moltmann, *Crucified God*, 362.

[29] Moltmann, *Crucified God*, 368.

[30] Moltmann, *Crucified God*, 375.

[31] Moltmann, *Crucified God*, 404.

[32] Moltmann, *Crucified God*, 411 (cf. 310).

por nosotros.[33] Si somos víctimas, Dios también debe serlo con nosotros. Si somos vulnerables al dolor, también Él debe serlo. Si nos invade la angustia, también Dios debe sentirse abrumado por el dolor. ¿No es esa empatía, después de todo, lo que significa amar? ¿No es eso lo que significa estar en una relación?

¿Realmente queremos un Dios que sufra? La casa está ardiendo

¿Qué debemos pensar de este compromiso cultural popular con un Dios sufriente? ¿Es cierto que Dios debe sufrir para relacionarse con nosotros de forma útil y significativa?

Por muy convincente que resulte Moltmann a primera vista, parte de un supuesto erróneo, con consecuencias peligrosas para nuestra doctrina de Dios. Para empezar, este tipo de razonamiento es mucho más coherente con el teísmo monopolista (o personalismo teísta) del que advertimos en el capítulo 3. Disolviendo la distinción Creador-criatura, hacemos a Dios a nuestra propia imagen, pareciéndose a nuestros atributos, reflejando nuestras características y limitaciones humanas.

Pero debemos preocuparnos inmediatamente por cualquier intento de humanizar al Creador del universo, invirtiendo la distinción Creador-criatura. Aunque hay formas en las que nosotros, como personas hechas a imagen de Dios, reflejamos quién es Dios, no debemos llegar a la conclusión de que Dios debe ser como nosotros para conocernos, relacionarse con nosotros o ayudarnos.

No hace mucho tiempo mi condado natal—el condado de Sonoma, justo al norte de San Francisco—se vio envuelto en llamas debido a un incendio natural que se desató en las colinas cercanas. Lo que hizo que este incendio fuera peor que otros fue la forma en que fue arrastrado por el viento con una fuerza irresistible. Los que conducían por la autopista informaron de que el fuego saltaba

---

[33] En un fascinante estudio de la cultura, Weinandy ("Does God Suffer?," 2) denomina a este el "medio social y cultural predominante".

por encima de interestatales enteras. En cuestión de horas no solo ardieron casas, sino barrios enteros. Y no solo casas, sino grandes empresas, aparentemente intocables, se desmoronaron en cenizas.

Imagina que tu casa se incendia esa noche. Mientras apenas escapas por la puerta principal, tienes una sensación de náuseas en el estómago. Tu hermano y tu hermana siguen dentro. Mientras el vecindario se reúne para observar, ¿qué tipo de respuesta esperarías de los demás? Supongamos que una mujer muestra su simpatía gritando descontroladamente, incluso arrancándose el pelo. O supongamos que un hombre desea tanto comprender el dolor y el sufrimiento de los que están dentro que se rocía con gasolina y se prende fuego. Comprensiblemente, miraría a su alrededor, no solo perplejo, sino incluso indignado ante esas personas.

Eso es, hasta que un hombre con traje de bombero llama su atención. Tranquilo y concentrado, el bombero observa la casa en llamas. Tan profundamente consciente es del peligro, como del sufrimiento y la agitación de los que están dentro, que rehúsa dejarse llevar por arrebatos emocionales o dejarse vencer por el pánico. En lugar de ello, corre a la casa para rescatar a su hermano y a su hermana, mientras otros espectadores lloran incontrolablemente.[34]

Seamos honestos, en ese momento no queremos a alguien que cambie emocionalmente o que sufra cambios emocionales. Necesitamos desesperadamente a alguien que sea impasible; solo él o ella es capaz de salvar a los demás de esa casa en llamas. Ese bombero no necesita experimentar todo el sufrimiento de los demás a su alrededor para saber exactamente lo que hay que hacer. Podríamos ir más lejos y decir que solo alguien que no está dominado por la emoción en ese momento es capaz de actuar heroicamente.

Muchos de los que reaccionan contra el atributo de la impasibilidad objetarán que tal creencia elimina la compasión. Dios

---

[34] Mi inspiración original para esta ilustración proviene de Gavrilyuk, *Suffering of the Impassible God*, 10, aunque eso no quiere decir que Gavrilyuk y yo tengamos la misma posición.

se convierte en una especie de monstruo indiferente. Irónicamente, no aplicamos esa misma lógica en nuestra experiencia humana. ¿Le faltaba compasión a ese bombero? Resulta que era el más compasivo de todos. Mientras que la "compasión" de los demás los llevó al colapso emocional, a ataques de pánico personales y a un comportamiento irracional, la compasión del bombero le llevó a él, y solo a él, a actuar de la forma más heroica posible. No necesitaba sufrir en absoluto para ser compasivo.[35]

Del mismo modo, en realidad no queremos un Dios que sufra, a pesar de lo que pueda decir nuestro primer instinto. Un Dios así puede parecerse a nosotros, pero no puede ayudarnos, y mucho menos redimirnos del mal de este mundo. Para que Dios actúe de forma "compasiva"—rescatando a los pecadores perdidos, — necesitamos que "permanezca impasible, que no se deje vencer por el sufrimiento".[36] Necesitamos el tipo de Dios al que oraba Agustín: "Tú, Señor Dios, amante de las almas, muestras una compasión mucho más pura y libre de motivos mezclados que la nuestra; porque ningún sufrimiento te hiere".[37]

Máxima vitalidad

El peligro de la metáfora de la casa en llamas es que, si se lleva demasiado lejos, podría dar a entender que la impasibilidad no es más que una elección. El bombero podría ser pasible, pero decide no serlo para rescatar a los que están en la casa. Sin embargo, cuando describimos a Dios como impasible, no queremos decir que sea opcional, como si simplemente eligiera, voluntariamente, ser impasible dadas las circunstancias.

Al igual que la inmutabilidad, la impasibilidad no es una mera elección de Dios, sino un atributo, una perfección propia de su esencia o naturaleza. No basta con decir que en tal o cual situación Dios actúa de forma impasible. Hay que decir que Dios *es* impasible *por naturaleza*. Simplemente no es capaz de ser pasible.

---

[35] Gavrilyuk, *Suffering of the Impassible God*, 10.
[36] Gavrilyuk, *Suffering of the Impassible God*, 11.
[37] Agustín, *Confessions* 3.2 (3) (p. 37).

En teología, inmutabilidad e impasibilidad se denominan términos *modales*, lo que significa que se refiere "no meramente a lo que es o no es así, sino a lo que puede y no puede ser así". Decir que Dios es impasible es decir no solo que no está "afectado de una determinada manera," sino que "*no puede* ser afectado en absoluto".[38] En el último capítulo aprendimos que Dios no puede elegir cambiar lo que es, y concluimos que esto es una fortaleza, no una debilidad. Pero si Dios no puede cambiar, tampoco puede verse afectado. Ser afectado—emocionalmente, por ejemplo—significaría que sus perfecciones se alteran o cambian de alguna manera, ya sea para bien o para mal. Por tanto, cada vez que decimos que Dios es inmutable, estamos diciendo al mismo tiempo que es impasible, y no solo por elección, sino por naturaleza.[39] Impasible no es algo que Él decida ser en tal o cual ocasión, sino que es algo que Él es intrínseca y esencialmente. Es incapaz de cambio, incapaz de ser afectado.

Cuando percibimos a Dios *tal como se relaciona con nosotros*, en sus actos poderosos y palabras acomodadas, ciertamente parece como si reaccionara ante nosotros, desplazándose emocionalmente. Pero si la impasibilidad no es algo opcional sino *esencial* para Dios, entonces no deberíamos pensar en su voluntad en términos de reacciones emocionales. Si, como discutimos en el capítulo 5, la voluntad de Dios está ligada a su única naturaleza (es decir, hay una sola voluntad en Dios), no a sus tres personas (lo que tentaría al triteísmo), entonces debemos pensar en su voluntad, no "como un acto, una volición o una serie de voliciones, sino como una disposición eterna, plenamente informada". De modo que cuando este Dios "se enfrenta al conocimiento de ciertas acciones de la criatura", "actúa invariablemente de un modo apropiado a esa acción (dado el propósito divino), y así parece reaccionar ante la criatura".[40] Desde nuestro punto de vista finito, humano y terrenal, es como si Dios estuviera experimentando un cambio emocional. Pero, como descubrimos en el último capítulo, al describir las obras

---

[38] Helm, "Impossibility of Divine Passibility", 120.

[39] Helm, "Impossibility of Divine Passibility", 120 (cf. 121).

[40] Helm, "Impossibility of Divine Passibility," 122.

de Dios, todo lo que tenemos para trabajar es el lenguaje que sale de nuestro mundo mutable, pasible y finito.

En ese sentido, deberíamos concluir que la impasibilidad sigue si Dios es "acto puro" (*actus purus*). Recordemos que acto puro significa que nada en Él debe activarse, como si algo en Dios debiera alcanzar su potencial. No, Dios es máximamente vivo.[41] Él es sus perfecciones en medida infinita y lo es eternamente. Dios no podría estar más vivo de lo que ya está. La impasibilidad, por tanto, no significa que Dios sea inerte o estático, como si no pudiera amar, por ejemplo. Por el contrario, significa que su amor está tan vivo, tan plena y completamente *en acto*, que no puede ser más amoroso de lo que ya es eternamente. Lejos de socavar el amor, la impasibilidad en realidad salvaguarda el amor de Dios, garantizando que su amor es y permanece perfecto. Solo un amor impasible puede garantizar que nuestro Dios no necesite ser más amoroso de lo que ya es.

Para ver ese amor impasible en toda su perfección, considera el amor entre el Padre, el Hijo y el Espíritu Santo. El amor trino no cambia, ni necesita ser mejorado, ni alcanzar de algún modo su potencial, como si el amor del Padre por el Hijo debiera hacerse más apasionado. "Es imposible que la Trinidad sea más amorosa", explica Weinandy, "porque las personas de la Trinidad no poseen ningún potencial de autoactualización para ser más amorosos".[42] Su amor mutuo es máximo, sin necesidad de aumentar o mejorar. "La trinidad de personas subsiste en relación con los demás, como el único Dios, con su amor mutuo plena y completamente actualizado".[43] Si Dios es pasible, entonces el amor entre las tres personas no solo cambia, sino que necesita mejorarse para alcanzar su pleno potencial. Pero si Dios es impasible, entonces su amor está vivo al máximo; el amor entre las tres personas no podría ser más infinito en su hermosura. La impasibilidad garantiza que el amor de nuestro Dios Trino sea perfecto.

---

[41] Helm, "Impossibility of Divine Passibility," 125.

[42] Weinandy, *Does God Suffer?*, 161.

[43] Weinandy, *Does God Suffer?*, 161.

La impasibilidad y el asna que habla

En un momento crucial del libro de Números, Israel acampa en las llanuras de Moab. Moab está aterrorizado por Israel, sabiendo lo inferior que es en número en la batalla. Liderado por Moisés, Israel acaba de salir de una serie de victorias contra los amorreos, derrotando a los reyes Sehón y Og. Dios ha ido entregando a los enemigos en manos de Israel, uno por uno, cumpliendo su promesa de dar a su pueblo la tierra que prometió a Abraham.

Cuando el rey de los moabitas, Balac, oye que Israel se acerca, sus rodillas empiezan a temblar. Entonces Balac llama a su as, Balaam. Balaam es un vidente, conocido por conceder el triunfo al maldecir con éxito al enemigo en la batalla. "Ven ahora", le dice Balac a Balaam, "Maldíceme a este pueblo [Israel], porque es demasiado poderoso para mí" (Nm. 22:6). Pero Dios tiene otros planes. Mostrando el alcance de su soberanía, Dios habla a través de un pagano como Balaam. Contrario a los deseos de Balac, Balaam maldice a los moabitas.

Dios, sin embargo, se enfada con Balaam, porque el interés de Balaam no está en el mensaje de Dios, sino en las riquezas que recibirá de Balac por profetizar. Así que el ángel del Señor se para en el camino que recorre Balaam, excepto que es invisible; es decir, es invisible para todos menos para el asna de Balaam. Cuando el asna ve "al ángel del Señor de pie en el camino con la espada desenvainada en la mano", hace lo que haría cualquier asna: se niega a avanzar (los asnos tienen un don para la terquedad). Después de que Balaam golpeara repetidamente al animal, el Señor abre la boca del asna, ¡y el asna habla! "¿Qué te he hecho", le dice el asna a Balaam, "que me has golpeado estas tres veces?" (22:28). ¿Quién dijo que Dios no tiene sentido del humor?

Resumiendo, el Señor abre los ojos de Balaam como hizo con los del asna, de modo que Balaam también ve al ángel. "Yo he salido como adversario", dice el ángel, "porque tu camino me era contrario" (22:32). Le dice a Balaam que si no fuera porque el asna se negaba a avanzar, el Señor habría matado a Balaam y dejado vivir al asna. Condenado, Balaam confiesa que ha pecado. Se va con los hombres de Balac, pero se le ordena profetizar solo lo que Dios diga.

En la historia que sigue, Balaam profetiza, como le ha pedido Balac, pero es Israel, y no Moab, quien recibe la bendición. En una ocasión, Balac lleva a Balaam a un campo donde puede ver a Israel desde lejos y le pide que maldiga a sus enemigos. En lugar de eso, Balaam pronuncia la palabra que Dios pone en su boca:

> Levántate, Balac, y escucha;
> Dame oídos, hijo de Zipor.
> Dios no es hombre, para que mienta,
> Ni hijo de hombre, para que se arrepienta.
> ¿Lo ha dicho Él, y no lo hará?
> ¿Ha hablado, y no lo cumplirá?...
> En él está el **Señor** su Dios,
> Y el júbilo de un rey está en él.
> Dios lo saca de Egipto;
> Es para él como los cuernos del búfalo...
> Son un pueblo que se levanta como leona...
> No se echará hasta que devore la presa
> Y beba la sangre de los *que ha* matado
>
> (Nm. 23:18-19, 21b-22, 24)

En total, Balaam da cuatro oráculos; Balac es persistente, decidido a ganarse a Balaam, pero sin éxito. Sin embargo, el mensaje debería haber sido alto y claro en el segundo oráculo, citado anteriormente. Balac aprende ese día que, a diferencia de sus deidades paganas, el Dios de Israel no es un Dios manipulable. A diferencia de Baal, Dios no es susceptible de cambios emocionales. Lo que Dios ha dicho, lo hará, porque por su propia naturaleza es un Dios que no cambia. Fíjate, Dios hace este punto especificando que Él *no* es un ser humano. A diferencia de los humanos, no miente ni cambia de opinión. Él es el Creador, no la criatura.

Este refrán es repetido a lo largo de las Escrituras. En Ezequiel, por ejemplo, Dios dice: "Yo, el **Señor**, he hablado. *Esto* viene y Yo actuaré; no me volveré atrás, no me apiadaré y no me arrepentiré. Según tus caminos y según tus obras te juzgaré', declara el

Señor **Dios**" (24,14). El contexto difiere del de Balaam en muchos aspectos. Israel ya no es el vencedor, sino la víctima. Jerusalén está sitiada por el rey de Babilonia, y todo se debe a que Israel se ha negado a escuchar y obedecer al Señor. Por lo tanto, el Señor, a través de Babilonia, traerá el desastre sobre su pueblo, resultando en el exilio, e Israel puede estar seguro de que el Señor lo hará y no cederá, ya que es un Dios que no cambia.

En el capítulo 6 vimos que se utiliza un lenguaje similar en la trágica historia del rey Saúl. Dios rechaza a Saúl como rey debido a su rebelión directa, y aunque Saúl suplica, Dios deja claro que no cambiará de opinión: "También la Gloria de Israel no mentirá ni cambiará su propósito, porque Él no es hombre para que cambie de propósito" (1 S. 15:29).

Fíjense, en cada una de estas historias, especialmente en la última, la voluntad inmutable de Dios está ligada a su naturaleza inmutable; y esa naturaleza, a diferencia de la humana, no experimenta fluctuaciones emocionales. A diferencia de la humanidad, el Dios sin cuerpo, el Dios sin limitaciones finitas, es un Dios que no experimenta vicisitudes emocionales como el lamento porque está lleno de arrepentimiento.

Qué hacer con el lenguaje bíblico

Esto nos lleva a una objeción común: ¿No utiliza la Biblia un lenguaje emocional para referirse a Dios? Desde luego que sí. Y con razón. Dios se ha acomodado a nosotros hasta tal punto que ha elegido utilizar nuestro lenguaje humano para darse a conocer. Como le gustaba decir a Juan Calvino, Dios nos balbucea, como lo haría un padre o una enfermera, utilizando lenguaje infantil para hablar a un niño. "Tales formas de hablar no expresan claramente cómo es Dios, sino que se acomodan a nuestra escasa capacidad para conocerlo. Para ello debe descender muy por debajo de su altura".[44]

---

[44] Calvino, *Institutes* 1.13.1. Véase también el capítulo 2, "Lenguaje infantil," más arriba.

El puritano James Ussher hace una observación similar cuando dice: "El Dios Todopoderoso vuelve a hablarnos en un lenguaje roto e imperfecto, por causa de nuestra debilidad y entendimiento". Ussher usa luego una ilustración: "Si la enfermera hablara perfectamente al niño, como lo haría a uno de mayor capacidad, el niño no la entendería". Ahora imagina que Dios hiciera exactamente eso: "Si Dios nos hablara como pudiera, de acuerdo con su propia naturaleza", entonces nunca seríamos "capaces de entenderle, ni de concebir su significado".[45]

Así pues, el lenguaje que los autores bíblicos emplean para referirse a Dios, comunica algo literalmente verdadero sobre Dios, pero eso no significa que ese mismo lenguaje deba interpretarse literalmente.[46] Si así fuera, entonces los pasajes que dicen que Dios tiene manos o pies tendrían que significar que Dios tiene un cuerpo, y eso daría como resultado que Dios está tan restringido por el tiempo y el espacio como nosotros, tan susceptible al cambio como nosotros, y tan impotente para poner en práctica su plan como nosotros lo estamos para poner en práctica los nuestros. Sin embargo, al igual que los autores bíblicos utilizan un lenguaje *antropomórfico* (es decir, una forma humana atribuida a un Dios sin forma), también utilizan un lenguaje *antropopático* (es decir, emociones humanas atribuidas a un Dios sin pasiones).

Como intérpretes, nos cuesta aceptar este punto. Queremos elegir. Queremos señalar un pasaje de la Escritura y decir: "Bueno, por supuesto, Dios no tiene literalmente manos y pies" (antropomorfismo). Sin embargo, cuando llegamos a un pasaje que dice que Dios se lamenta o se aflige (antropopatía), dudamos. A principios del siglo XXI, esta incoherencia quedó al descubierto en la controversia sobre el teísmo abierto. Los teístas abiertos son los que dicen que el futuro está abierto para Dios; él no sabe lo que va a pasar. Los teístas abiertos recurren a textos que dicen que Dios "ahora sabe" o "cede" o "lamenta" para argumentar que Dios no conoce el futuro. Insisten en que estos textos deben leerse de la forma más literal posible: Dios no sabe lo que va a

---

[45] Ussher, *Body of Divinitie*, 34.
[46] Weinandy, "Does God Suffer?," 7.

pasar; Dios cambia de opinión; Dios se da cuenta de que se ha equivocado. Convenientemente, sin embargo, cuando esos mismos intérpretes llegan a textos en los que se dice que Dios oye, saborea, toca o huele, de repente dicen: "Bueno, por supuesto que esto es lenguaje metafórico, no es literalmente cierto de Dios". A otros, sin embargo, el carácter subjetivo de su interpretación es evidente.

Entonces, ¿por qué ha elegido Dios emplear un lenguaje emocional para describirse a sí mismo en las Escrituras? ¿Nos está engañando para que creamos algo de Él que no es? "Es cierto", responde Calvino, "que Dios no está sujeto a ninguna pasión humana, sin embargo, no puede manifestar suficientemente ni la bondad ni el amor que nos tiene, sino transfigurándose, como si fuera un hombre mortal, diciendo que se complacería en hacernos el bien".[47] En otras palabras, Dios es muy consciente de nuestra necesidad de acomodación. Sí, es impasible, pero se comunica con un mundo que no lo es. Para que esa comunicación tenga sentido, debe transmitir verdades a través de medios pasibles, imágenes de naturaleza emocional. De lo contrario, la puerta de la comunicación de Dios a los humanos permanece cerrada.[48]

Como aprendimos en el capítulo 2, la belleza del lenguaje bíblico es que habla por analogía. El lenguaje analógico define nuestro hablar de Dios porque no somos el Creador sino la criatura, no somos el arquetipo sino el ectipo, no somos Dios sino su imagen. Naturalmente, los autores bíblicos utilizan una variedad de metáforas (luz, roca, pastor, torre, león, etc.). Sin embargo, nunca dan a entender que han plasmado a Dios tal como es en sí y por sí mismo, según su esencia invisible e incomprensible. Por el contrario, creen estar comunicando quién es Dios en relación con el orden creado por medio de sus poderosas obras y palabras. Por ejemplo, su "amor por sus hijos es *como* el de un padre que se aflige por la aflicción de sus hijos, en el sentido de que actúa para librarlos de su aflicción con tanta seguridad *como si* fuera la suya

---

[47] Calvino, *Covenant Enforced*, 250.

[48] Este punto está magníficamente expresado por Helm, "Impossibility of Divine Passibility," 134.

propia".[49] Por temor, no debemos concluir que se trata literalmente de un padre afligido.

Pero también hay que considerar la otra cara de la moneda. Atribuir emociones a Dios dice más de nosotros que de Dios. Cuando leemos que Dios ha sido misericordioso, no debemos pensar que Dios ha cambiado, sino que nos ha cambiado a nosotros. No es su condición o identidad la que ha sufrido una revolución; es la nuestra. "Porque cuando nos miras en nuestra miseria", dice Anselmo, "somos nosotros los que sentimos el efecto de tu misericordia, pero Tú no experimentas ese sentimiento".[50]

Cabe mencionar un último punto. A veces, el lenguaje que empleamos para referirnos a Dios puede ser engañoso. No solo la palabra "emoción" es ajena al testimonio bíblico, sino que la propia palabra es una invención muy reciente. En la historia del pensamiento cristiano, las "pasiones" se contraponían a los "afectos", y las primeras tenían connotaciones negativas que nunca debían aplicarse a Dios para no confundirlo con la criatura. A mediados del siglo XIX, sin embargo, este lenguaje fue sustituido por el vocabulario de la psicología secular: "emociones". Thomas Dixon ha señalado las obras de Alexander Bain, William James y Charles Darwin, por nombrar solo algunos, y observa cómo el "nuevo paradigma era fisiológico, evolutivo y ateológico". "Mostraba un marcado aumento de la atención a la fisonomía y fisiología detallada de las emociones, al tiempo que sustituía los antiguos relatos morales-teológicos sobre las personas como *criaturas* de Dios por otros histórico-naturales sobre los seres humanos como *animales* evolucionados".[51] Con este nuevo vocabulario, las discusiones teológicas adquirieron una nueva trayectoria, ya que la gente asumía ahora un lenguaje emocional en su búsqueda por comprender a la criatura y al Creador. Quizá sea ésta una lección para los cristianos contemporáneos: hablar de Dios

---

[49] Rennie, "Analogy and the Doctrine of Divine Impassibility," 65. Una observación similar hace Weinandy, *Does God Suffer?*, 100.

[50] Anselmo, *Proslogion* 7 (*Major Works*, 90).

[51] Dixon, "Theology, Anti-Theology and Atheology", 307. Véase también su estudio mucho más amplio, *From Passions to Emotions*.

en el marco de las "emociones" humanas no es tanto un retorno al lenguaje bíblico sino una adopción de nuestros presupuestos modernos sobre Dios.

¿Pero no sufrió Jesús?

Si Dios es impasible, y Jesús es el Hijo de Dios, entonces ¿cómo puede Dios permanecer impasible cuando Jesús sufre y muere en la cruz? Los que siguen a Moltmann responderán que Dios no puede ser impasible, puesto que Jesús sufrió en la cruz. La suposición es que Jesús debe sufrir no solo en su humanidad, sino también en su divinidad. Todo lo que ocurre en relación con la naturaleza humana de Jesús debe ocurrir también con la naturaleza divina. Los atributos de su humanidad deben comunicarse directamente a su divinidad. Desde este punto de vista, Dios *como Dios* sufre en Cristo.[52]

En lugar de pensar en la cristología desde arriba hacia abajo, Moltmann cree que debemos pensar desde abajo hacia arriba, interpretando la divinidad a través del lente de la humanidad de Cristo. "El ser de Dios solo puede verse y conocerse directamente en la cruz de Cristo".[53] Moltmann culpa a la "Cristología tradicional" (es decir, la mayoría de la iglesia a lo largo de la historia), creyendo que se habían acercado "mucho al docetismo" (la creencia de que Cristo solo parecía sufrir). La iglesia compró un "concepto filosófico de Dios", que creía que "el ser de Dios es incorruptible, inmutable, indivisible, incapaz de sufrir e inmortal". El resultado fue un "frío poder celestial". Por el contrario, necesitamos un "Dios humano en el Hijo del Hombre crucificado".[54]

No podemos explorar aquí la Cristología en toda su complejidad, pero podemos aclarar brevemente dónde se ha extraviado esta lógica. En primer lugar, este tipo de razonamiento

---

[52] Moltmann lee críticamente la interpretación reformada de la *communicatio idiomatum*. Véase Moltmann, *Crucified God*, 640–41.

[53] Moltmann, *Crucified God*, 307.

[54] Moltmann, *Crucified God*, 333.

no distingue cuidadosamente cómo se relacionan las dos naturalezas en la persona de Cristo. Aquellos padres de la iglesia que protegieron a la iglesia de varias herejías cristológicas tuvieron cuidado de hacer precisamente eso. Por ejemplo, consideremos el credo de Calcedonia (451 d.c.), quizá el credo más importante que se ha producido sobre el tema.

En lugar de aplastar las dos naturalezas o, por otro lado, divorciarlas una de otra, Calcedonia se esfuerza por lograr el equilibrio bíblico, describiendo las dos como relacionadas "sin confusión, cambio, división ni separación".[55] La negación de esas cuatro palabras (confusión, cambio, división, separación) es crucial. Aunque ciertamente deberíamos temer dividir las dos naturalezas entre sí, separando así la única persona de Cristo, Moltmann y compañía han cometido el error opuesto. Al atribuir un atributo humano (la pasibilidad) a la divinidad de Cristo, se han confundido las dos naturalezas, sometiendo a ambas al cambio. Tal cambio ha dado lugar a la humanización de lo divino.

También provoca un cambio en la propia naturaleza divina. La divinidad ya no es pura divinidad. No es sorprendente que cuando Moltmann discute concilios como Nicea, un concilio en el que se expande Calcedonia, apruebe la refutación de Arrio (que negó la deidad de Cristo) sobre la base de que "Dios no es cambiante". Pero en el siguiente respiro, Moltmann se apresura a precisar: "Pero esta afirmación no es absoluta," Aunque Dios no sea "cambiante como lo son las criaturas", no hay que suponer que sea "inmutable en todos los aspectos". El Concilio solo quiso decir que Dios "no está sometido a la coacción de lo que no es de Dios".[56] No obstante, Dios es libre de querer cambiar en sí mismo y de querer que otros le cambien. Moltmann niega la "inmutabilidad absoluta e intrínseca" (el punto de vista de Aquino), que significaría que Dios es "incapaz de amar". Más bien, Dios "se abre voluntariamente a la posibilidad de ser afectado por otro". Aunque Dios no sufre sin querer, sí sufre voluntariamente.[57]

---

[55] "Decreto de Calcedonia".
[56] Moltmann, *Crucified God*, 336.
[57] Cito a Moltmann, *Crucified God*, 337 (cf. 310–11).

En respuesta, yo diría que Moltmann no solo ha malinterpretado concilios como el de Nicea (muchos padres afirmaron la inmutabilidad intrínseca), sino que ha vaciado la inmutabilidad de todo significado auténtico. Según Moltmann, la inmutabilidad solo puede afirmarse en este sentido: Dios no puede ser coaccionado. Por tanto, mientras Dios elija ser mutable, no hay daño. Obsérvese que Moltmann ha utilizado la etiqueta "inmutabilidad" para defender a un Dios que es mutable en todos los sentidos excepto en uno (no se le puede forzar). Y ha utilizado la unidad de la persona de Cristo (unión hipostática) para justificar la mutabilidad de Dios *en su naturaleza divina*.

Es un instinto correcto subrayar la unidad presente en el Dios-hombre encarnado. Sin embargo, Calcedonia también advierte que debemos tener cuidado de preservar la "distinción de las naturalezas" para que "de ninguna manera sean quitadas por la unión". Cuando resistimos la tentación de confundir los atributos de una naturaleza con los de la otra, la "propiedad de cada naturaleza" se "conserva, concurriendo en una sola Persona y una sola Subsistencia" esa Persona simultáneamente "no se parte ni se divide en dos personas", sino que sigue habiendo "un solo y mismo Hijo, y unigénito, Dios Verbo, el Señor Jesucristo".[58]

Por implicación, entonces, es ilegítimo pensar que los atributos de la naturaleza humana se comunican o transfieren a los atributos de la naturaleza divina durante la encarnación. Sí, hay una comunicación—lo que se ha llamado la *communicatio idiomatum*, la comunicación de cualidades o propiedades propias—pero no es a nivel de *naturaleza*, sino a nivel de *persona*. Los atributos de una naturaleza no deben afirmarse de la otra naturaleza, sino que deben afirmarse de la persona del Hijo. Cuando la persona del Hijo se encarna, no experimenta una "unión compuesta de naturalezas", —que crea un Hijo con partes, contrario a la simplicidad divina. Más bien, al encarnarse, la persona del Hijo "asume un nuevo modo o modalidad de existencia".[59]

---

[58] "Símbolo de Calcedonia," 2:62.
[59] Weinandy, *Does God Suffer?*, 200.

Communicatio Idiomatum

Visión luterana	Los atributos de una naturaleza se afirman de la otra. Para Lutero, los atributos divinos (como la omnipresencia) pueden comunicarse a la naturaleza humana. Para Moltmann, los atributos humanos (como el sufrimiento) pueden afirmarse de la naturaleza divina.
Visión reformada	Los atributos no se comunican a nivel de naturaleza, sino a nivel de persona. Los atributos de una u otra naturaleza se afirman de la persona del Hijo. Este punto de vista es el más coherente con Nicea y Calcedonia.

Esto se puede ver en la práctica cuando hacemos una pregunta como: ¿Quién es el que sufre en la cruz? Respuesta: la *persona* del Hijo, que no es otro que el Hijo divino de Dios. Pero, como señala Weinandy, si formulamos una pregunta ligeramente distinta— "¿Cuál es la manera en que experimenta toda la realidad del sufrimiento humano?"—nuestra respuesta cambia: ¡el Hijo sufre "como hombre"! "En realidad, es el Hijo de Dios quien vive una vida humana integral, y por tanto es el Hijo quien, como hombre, experimenta todas las facetas de esta vida humana, incluido el sufrimiento y la muerte".[60] Este cuidadoso matiz permite decir, por una parte, que Cristo es impasible como quien es verdadero Dios, y sin embargo es pasible como quien es verdadero hombre.[61] O, como ha dicho Gregorio Nacianceno, Cristo es "pasible en su Carne, impasible en su Deidad".[62] Eso explica por qué Pablo puede decir a los ancianos de Éfeso: "Tengan cuidado de sí mismos... para pastorear la iglesia de Dios, la cual Él compró con *Su propia sangre*" (Hch. 20:28), y por qué puede decirle a los Corintios: "Ninguno de

---

[60] Weinandy, *Does God Suffer?*, 200. Weinandy expone este punto de otra manera: La "persona del Hijo de Dios realmente nace, se duele, sufre y muere, no como Dios, sino como hombre porque esa es ahora la nueva manera en que el Hijo de Dios realmente existe".

[61] Weinandy, *Does God Suffer?*, 202, 206.

[62] Gregorio Nacianceno, *To Cledonius the Priest against Apollinarius*, 7:439.

los gobernantes de este siglo ha entendido, porque si la hubieran entendido no habrían crucificado *al Señor de gloria;* (1 Co. 2:8)".[63]

Hay una trágica ironía en el punto de vista que dice que Dios *como* Dios debe sufrir en la cruz. Porque si Cristo sufre en su divinidad en la cruz, entonces en realidad no está sufriendo *como hombre*. Pero ¿no es esto exactamente lo que busca el pasibilista, un Jesús que sea *como nosotros* y que, por tanto, pueda *relacionarse con nosotros*? Resulta que es el impasibilista quien realmente puede ofrecer a la humanidad un Dios con el que relacionarse. La persona de Cristo sufre, pero lo hace *como hombre*. En uno de los pasajes más conmovedores sobre el tema, Weinandy capta lo denso que se ha vuelto la ironía:

> Porque si el Hijo de Dios experimentara el sufrimiento en su naturaleza divina, ya no estaría experimentando el sufrimiento humano de una manera auténtica y genuinamente humana, sino que estaría experimentando el "sufrimiento humano" de una manera divina que entonces no sería ni genuina ni auténticamente humana. Si el Hijo de Dios experimentara el sufrimiento en su naturaleza divina, entonces sería Dios sufriendo como Dios *en un hombre*. Pero la encarnación, que exige que el Hijo de Dios exista realmente como hombre y no solo habite en un hombre, exige igualmente que el Hijo de Dios sufra *como hombre* y no solo sufra en un hombre. Así pues, sustituir la frase "el Impasible sufre" por "el Pasible sufre" elimina inmediatamente todo significado encarnatorio del sufrimiento... Esto es lo que la humanidad pide oír a gritos: no que Dios experimente, de manera divina, nuestra angustia y sufrimiento en medio de un mundo pecador y depravado, sino que experimentó y conoció de primera mano, como uno de nosotros—como hombre—la angustia y el sufrimiento humanos dentro de un mundo pecador y depravado.[64]

---

[63] Algunos manuscritos utilizan "la iglesia del Señor" en lugar de "la iglesia de Dios" en Hechos 20:28 (véase la nota textual de la NBLA). Sin embargo, incluso esa frase asume que ningún mero hombre ha sido crucificado, como se evidencia en 1 Corintios 2:8.

[64] Weinandy, *Does God Suffer?*, 204–5.

Por contraintuitivo que pueda parecer, si Cristo sufre en su deidad en la cruz—o el Padre sufre con Él mientras mira—en realidad hemos excluido al Hijo de sufrir *por nosotros*. "Al haber encerrado el sufrimiento en la naturaleza divina de Dios", hemos "excluido a Dios del sufrimiento humano".[65] Si el Hijo de Dios va a actuar en nuestro nombre como nuestro siervo sufriente, entonces es crucial que honremos su sufrimiento como verdaderamente humano. En efecto, segregar ese sufrimiento a su divinidad es vaciar por completo de su eficacia el sufrimiento en la encarnación.

Un pequeño extra

Hay una lección que aprender al concluir: siempre debemos tener cuidado de no restringir o limitar la divinidad del Hijo de Dios a su experiencia humana, encarnada, ni dejar que su humanidad se trague su divinidad. Circunscribir su divinidad a su humanidad es perder por completo su divinidad. Cuando el Hijo se encarna, no abandona sus atributos divinos (incluida la impasibilidad) ni sus responsabilidades divinas. Incluso durante la encarnación, la persona del Hijo sigue sosteniendo el universo por la palabra de su poder (He. 1:3; Col. 1:15-17).

Los Padres y los Reformadores llamaron a esto lo "extra". Aunque el Verbo se encarna (Jn. 1), sin embargo, la persona del Hijo no puede ser contenida por su naturaleza humana; debido a su divinidad, sigue existiendo y operando también fuera, o más allá de su carne. Como dijo Tomás de Aquino: "Ni siquiera en la unión hipostática el Verbo de Dios o la naturaleza divina son comprendidos por la naturaleza humana. Aunque la naturaleza divina estaba totalmente unida a la naturaleza humana en la única Persona del Hijo, no obstante, todo el poder de la divinidad no estaba, por así decirlo, circunscrito".[66] Por esta razón, pues, la persona del Hijo permanece impasible en su divinidad y, al mismo tiempo, verdaderamente sufriente en su humanidad. Aunque resulte misterioso, la persona del Hijo está activa y simultáneamente comprometida en y a través de ambas naturalezas.

---

[65] Weinandy, *Does God Suffer?*, 206.
[66] Aquino, *Summa Theologiae* 3.10.1

El extra calvinista	El "extra" no es original de Juan Calvino, sino que se encuentra en la teología de Atanasio, Agustín, Cirilo de Alejandría, Tomás de Aquino y muchos otros. Sin embargo, el nombre de Calvino se asocia con él porque apeló al "extra" en sus debates con los luteranos sobre la presencia de Cristo en la Cena del Señor. Calvino escribe: "He aquí algo maravilloso: el Hijo de Dios descendió del cielo de tal manera que, sin abandonar el cielo, quiso nacer en el seno de la virgen, recorrer la tierra y ser colgado en la cruz; sin embargo, ¡llenó continuamente el mundo como lo había hecho desde el principio!"[a]
	[a] Calvino, *Institutes* 2.13.4.

Impasibilidad, evangelio y vida cristiana

Si Dios fuera pasible, ¿cambiaría eso el Evangelio y sus promesas para la vida cristiana? Absolutamente. Si Dios experimenta cambios emocionales y si sus perfecciones, su esencia o sus acciones fluctúan en respuesta a la criatura, entonces es razonable preguntarse si las promesas de Dios, la obra salvadora de Cristo para cumplir esas promesas y la aplicación de esas promesas tanto ahora como en el futuro son totalmente seguras. Si las perfecciones de Dios cambian, si fluctúa de un estado emocional a otro, entonces sus promesas podrían cambiar también.

Un Dios pasible nos dejaría en un estado de ansiedad, inseguros de si permanecerá constante en lo que es y en lo que dice. Su ira no sería justa, porque su castigo es potencialmente incontrolable. Su amor no sería firme, como dicen repetidamente los Salmos, porque un amor pasible no garantiza la certeza de la devoción. La impasibilidad, hay que reconocerlo, es la base sobre la que se construyen el amor firme y la justicia de Dios.[67]

Si Dios es pasible, también podríamos concluir que Dios es patético. Al principio, puede resultar reconfortante oír a alguien decir: "¿Estás sufriendo? Dios sufre contigo". Pero cualquier

---
[67] Weinandy, *Does God Suffer?*, 206.

consuelo inmediato se disipa rápidamente cuando nos damos cuenta de que ese Dios necesita tanta ayuda como nosotros. Un Dios que sufre es un Dios por el que empezamos a sentir lástima, no un Dios al que buscamos ayuda o en el que nos refugiamos. Lo que necesitamos es un Dios que no sufra, un Dios que sea nuestra roca y fortaleza (ver cap. 6). Solo ese tipo de Dios es capaz de ayudar a los que sufren; solo ese tipo de Dios es libre para aliviar el sufrimiento de los demás. "La ausencia de sufrimiento permite que el amor de Dios sea completamente altruista y benéfico".[68] No solo el poder de Dios para rescatar, sino su habilidad para hacerlo por amor depende significativamente de su impasibilidad.

La cruz es un buen ejemplo. Precisamente porque Dios no sufre, puede enviar a su Hijo a sufrir por nosotros como hombre. Como hemos aprendido, eso no significa que la *naturaleza divina* de Cristo sufra; debemos tener cuidado de no confundir la naturaleza humana con la naturaleza divina, humanizando sus atributos divinos. Pero sí significa que la *persona* del Hijo sufre en la cruz en la plenitud de su humanidad. Sin embargo, solo puede hacerlo porque el sufrimiento no le victimiza en primer lugar. Si Dios es tan víctima del sufrimiento como nosotros, entonces se encuentra indefenso, impotente y desesperanzado para embarcarse en una misión de rescate. No es esa la imagen que vemos en los Evangelios. Los Evangelios presentan al Hijo de Dios en pleno control de su misión. Una y otra vez, mientras mira hacia el Calvario, anuncia, incluso predice, su sufrimiento redentor, poniendo de manifiesto su total soberanía (Mt. 16:21-23).

La impasibilidad no solo garantiza que Cristo pueda salvar a los pecadores, sino que la impasibilidad garantiza que el amor y la gracia de Dios sean gratuitos. Si Dios es pasible, entonces su amor depende de la criatura. Según Moltmann, el amor de Dios depende de la criatura para realizarse. Una verdadera relación de dar-y-recibir requiere un amor apasionado, un amor que dependa y cambie mutuamente de la persona a la que ama. Sin embargo, ese amor apasionado está totalmente condicionado al ser humano. La gracia ya no es libre, la misericordia ya no es un don y el amor ya no

---

[68] Weinandy, *Does God Suffer?*, 206.

es gratuito. Dios debe buscar el amor fuera de sí mismo.[69] La Biblia enseña que el amor de Dios es incondicional, gratuito y puramente altruista (Ro. 9:16; Ef. 2:4-5; 1 Jn. 4:10). ¿Por qué? Porque este amor es impasible. No mira a la criatura para su eficacia. Está arraigado en la naturaleza inmutable de Dios.

En definitiva, solo un Dios que no sufre puede realizar la redención de una humanidad que sufre. Solo quien es impasible puede encarnarse en el siervo sufriente. Y solo aquel cuyo amor no depende de nadie puede ofrecer una gracia gratuita.

Zona libre de idolatría

Más que cualquier otro atributo, la impasibilidad puede ser el más contraintuitivo para los cristianos de hoy. La forma en que la cultura ha influido en nuestra forma de pensar sobre Dios, unida a la manera en que se nos ha enseñado a leer la Biblia de la forma más literal posible, hace que una perfección como la impasibilidad nos resulte ajena, incluso extraña. Pero como hemos visto en este capítulo, la impasibilidad es esencial. Sin ella corremos el riesgo de confundir a Zeus con el Dios de Abraham, Isaac y Jacob, el Dios que es **"Yo soy"**. En resumen, corremos el riesgo de que Dios se parezca mucho a nosotros, lo que constituye la esencia de la idolatría. En última instancia, la impasibilidad es tan importante porque crea una zona libre de idolatría.

---

[69] Este punto lo señala perspicazmente Dodds, *Unchanging God of Love*, 207–8. Véase también Dolezal, "Strong Impassibility".

8

¿Está Dios en el tiempo?

Eternidad atemporal

Desde la antigüedad Tú fundaste la tierra…
Ellos perecerán, pero Tú permaneces.
Todos ellos como una vestidura se desgastarán,
Como vestido los cambiarás, y serán cambiados.
Pero Tú eres el mismo, Y Tus años no tendrán fin.
Los hijos de Tus siervos permanecerán.
SALMOS 102:25-28

Antes que Abraham naciera, Yo soy.
JESÚS, EN JUAN 8:58

[La eternidad de Dios es] la posesión total, simultánea y perfecta de una vida sin límites.
BOECIO, *The Consolation of Philosophy*

¿Preparando el infierno para idiotas? Respuestas de Agustín a preguntas difíciles

A San Agustín le preguntaron: "¿Qué hacía Dios antes de crear el cielo y la tierra?".[1] Muchos piensan hoy que Agustín respondió

---

[1] Agustín, *Confessions* 11.10 (12) (p. 228).

con humor que Dios estaba preparando el infierno para los idiotas que hacen preguntas como esa.² Hoy nos reímos de esa respuesta, como muchos lo hacían en tiempos de Agustín. En realidad, a Agustín nunca le hizo gracia; de hecho, Agustín nunca dio una respuesta semejante. En sus *Confesiones* explica cómo algunos han respondido con ese chiste, pero en su opinión el chiste es "eludir la fuerza de la pregunta". "Una cosa es reírse, otra ver el punto en cuestión, y esta respuesta la rechazó". ¿Cómo respondió entonces Agustín? "Hubiera preferido que respondiera: 'Soy ignorante de lo que no sé', en lugar de responder ridiculizando a alguien que ha formulado una pregunta profunda y ganando aprobación para una respuesta que es un error".³ Ese comentario es puramente de Agustín: humilde, nunca para desestimar una pregunta teológica seria.

La pregunta era, en su contexto, más bien una objeción. Algunos de los que la plantearon lo hicieron como argumento contra la eternidad e inmutabilidad de Dios. Si Dios estaba "desocupado" y "no hacía nada," preguntaban, "¿por qué no permanece siempre el mismo para siempre, así como antes de la creación se abstuvo de trabajar?" "Porque si en Dios tuvo lugar algún nuevo desarrollo y alguna nueva intención, de modo que hizo una creación que nunca había hecho antes, ¿cómo puede entonces haber una verdadera eternidad en la que una voluntad, que no existía previamente, llegue a existir?". La voluntad, objetaron, está ligada a la sustancia de Dios; De lo que se deduce que si hay un nuevo acto o cambio de voluntad, debe haber un cambio de sustancia, y cualquier cambio excluiría a Dios de ser un ser eterno. O si Dios es eterno, entonces, basándonos en esa lógica, también debe serlo su creación.⁴

Para Agustín, las cuestiones teológicas, o en este caso las objeciones, nunca debían separarse de los asuntos del corazón. "Intentan saborear la eternidad cuando su corazón todavía revolotea en el reino donde las cosas cambian y tienen un pasado

---

² Agustín, *Confessions* 11.12 (14) (p. 229).
³ Agustín, *Confessions* 11.12 (14) (p. 229).
⁴ Agustín, *Confessions* 11.12 (14) (p. 229).

y un futuro; sigue siendo 'vano' (Sal. 5:10)".⁵ Agustín contesta a tales objeciones con tanta severidad solo para embarcarse a continuación en una discusión sobre el tiempo mismo, defendiendo a un Dios que no está limitado por el tiempo, sino que trasciende el tiempo, es externo al tiempo y es atemporalmente eterno. No es un Dios de cambio, como si tuviera un pasado y un futuro; este Dios es atemporalmente eterno, insensible al cambio que supone estar en el tiempo. Como descubriremos, eso significa que debemos concebir la voluntad de Dios y lo que crea no de forma creatural, sino de forma apropiada a un Dios cuyas acciones no desafían su naturaleza eterna, sino que la complementan.

La eternidad de Dios es solo una implicación de su naturaleza infinita y, en última instancia, el resultado de un Dios que es el ser más supremo y perfecto. El tiempo está plagado de limitaciones; un ser en el tiempo es un ser sujeto a todas las características del tiempo: cambio, composición, dependencia e impotencia. Pero un ser perfecto no puede tener tales limitaciones porque es, por definición de ser perfecto, de naturaleza infinita. Es sus atributos en toda su plenitud, en grado absoluto.⁶ La eternidad atemporal no es más que el hijo, el heredero, de dos padres orgullosos: la perfección divina y la infinitud, que a su vez están casados entre sí y no pueden divorciarse.

De eterno a eterno

La Escritura se refiere constantemente a la naturaleza eterna de Dios. No tiene principio ni fin. Siempre es. He aquí un concepto que nuestras mentes finitas apenas son capaces de manejar: alguien que existe pero que nunca llegó a existir.

Considera las formas—las muchas formas—en que las Escrituras dan testimonio de la eternidad de Dios.⁷ Moisés ora en el Salmo 90:

---

⁵ Agustín, *Confessions* 11.12 (14) (p. 229). Cf. Rogers, *Perfect Being Theology*, 48, que también reconoce esta sección de las *Confessions* excepto que señala que tal objeción también golpea el corazón de un ser perfecto. Ella cree, sin embargo, que Agustín redime la perfección de Dios.

⁶ Bavinck, *Reformed Dogmatics*, 2:160.

⁷ Estas referencias se encuentran en Bavinck, *Reformed Dogmatics*, 2:161.

> Señor, Tú has sido un refugio para nosotros
> De generación en generación.
> Antes que los montes fueran engendrados,
> Y nacieran la tierra y el mundo,
> Desde la eternidad y hasta la eternidad, Tú eres Dios. (90:1–2)

A continuación, Moisés contrasta la existencia eterna de Dios con el destino del pueblo.

> Haces que el hombre vuelva a ser polvo,
> Y dices: Vuelvan, hijos de los hombres.
> Porque mil años ante Tus ojos
> Son como el día de ayer que *ya* pasó,
> Y *como* una vigilia de la noche.
> Tú los has barrido como un torrente, son como un sueño;
> Son como la hierba que por la mañana reverdece;
> Por la mañana florece y reverdece;
> Al atardecer se marchita y se seca. (90:3–6)

¿Un sueño? ¿Como la hierba? Moisés quiere decir que nuestra vida no es más que un instante. En un instante las aguas se desbordan y volvemos a ser polvo. Como la hierba, brotamos por la mañana y nos marchitamos al atardecer. Dios, en cambio, es eterno. Como dice el profeta Isaías: "El Dios eterno, el Señor, el creador de los confines de la tierra" (40,28). No solo su nombre es "Santo," sino que, como el Santo "que es alto y sublime", también "habito en lo alto y santo" (57:15).[8]

Muchos de los prólogos y bendiciones del Nuevo Testamento destacan también la naturaleza eterna de este Dios santo. Pablo lo llama el "Dios incorruptible" (Ro. 1:23), el "Dios eterno" (Ro. 16:26) y el "único Soberano, el Rey de reyes y Señor de señores, el único que tiene inmortalidad" (1 Ti. 6:15-16). Juan se dirige a las siete Iglesias de Asia y les dice: "Gracia y paz a ustedes, de parte de Aquel que es y que era y que ha de venir" (Ap. 1:4). Luego concluye su saludo con las palabras del propio Dios: "Yo soy el Alfa y la Omega... el que es y que era y que ha de venir, el Todopoderoso" (1:8).

---

[8] Considera también Isaías 48:12: "Yo soy; Yo soy el primero y también soy el último".

Como Dios es eterno, su percepción del tiempo no es como la nuestra. Para nosotros, vemos un momento seguido del siguiente porque así es como experimentamos el tiempo. Para nosotros es imposible trascender el tiempo. Estamos en él, atados a él y formados por él. Pero con Dios, el tiempo se percibe de otra manera. Como alguien que no está atado al tiempo ni limitado por su cómputo, ve todo el tiempo a la vez. Aunque pueda parecer que el Señor no va a volver nunca, Pedro recuerda a sus lectores que no cuenten la lentitud como hacen algunos. Para "el Señor, un día es como mil años, y mil años como un día" (2 P. 3:8).

Sin sucesión, sin medida

Como en muchos debates teológicos, la simple cita de una palabra bíblica no resuelve necesariamente la controversia. En el pasado, los teólogos han debatido el significado de "sempiterno". ¿Significa que Dios está *en el tiempo* pero que nunca ha tenido principio ni fin? Si es así, entonces Dios no es estrictamente eterno, sino más apropiadamente sempiterno. ¿O significa que Dios está totalmente fuera del tiempo, sin restricciones temporales? Si es así, entonces que Dios sea llamado Dios eterno significa que es eternamente eterno. Hoy en día, muchos se sienten atraídos por la primera opinión. Sin embargo, decir que Dios está en el tiempo es atarlo al tiempo con todas sus limitaciones. ¿Cuáles son esas limitaciones?

En primer lugar, estar en el tiempo es estar limitado por una sucesión de momentos. Por ejemplo, cuando te has levantado esta mañana, es posible que hayas desayunado a las 7:00 a.m., te hayas vestido para ir a trabajar a las 7:30 a.m. y hayas estado en un atasco hasta las 8:00 a.m. (¡enfadado, además, porque has llegado tarde!). Te has tomado cada minuto como ha venido. Toda persona sentada en el tráfico, llegando tarde al trabajo, desearía poder trascender el tiempo. Pero eso es imposible, y todos lo sabemos. El tiempo no se acelera ni se retrasa, a pesar de nuestros deseos. Tampoco se puede saltar sobre el tiempo, eludiendo sus garras. No, cada minuto va y viene. Experimentas cada segundo, cada minuto, cada hora, uno a uno, sucesivamente.

La palabra "sucesivamente" es clave. Agustín dice que la razón por la que nos cuesta entender la naturaleza eterna de Dios es que solo podemos pensar en esta categoría. Intentamos "comparar la eternidad con la continuidad temporal, que nunca tiene constancia", un terrible error, sobre todo porque "ninguna comparación" es "posible". La razón por la que estamos sentados en el tráfico y nos parece eterno es que el tiempo está "constituido por muchos movimientos sucesivos que no pueden prolongarse simultáneamente".[9]

¿Es así como debemos hablar de Dios y del tiempo? Si es así, ciertamente limita al que se supone que es ilimitado (infinito). ¿Por qué? Para empezar, significa que Dios ahora tiene *potencial*.[10] Tener potencial, en nuestro vocabulario humano, es algo bueno. Si tu hijo juega en la liga infantil y batea un home run, dirías como padre orgulloso que tu hijo tiene un gran potencial. ¿Qué supone el potencial? Supone que vamos de lo malo a lo mejor, de lo bueno a lo grande. Es un concepto perfectamente aceptable cuando hablamos de criaturas humanas, finitas y mutables.

Pero en el momento en que aplicamos este concepto a Dios tenemos un enorme problema. Si Dios alcanzara su potencial, eso supondría que antes no era perfecto. Sería un Dios que se está convirtiendo en algo que antes no era. Cambiaría, dice Tomás de Aquino, porque "en todo cambio hay sucesión, una parte viene después de otra".[11] Naturalmente, nos preguntaríamos si este es un Dios en el que podemos confiar. Al fin y al cabo, este Dios cambia, para bien o para mal.

En segundo lugar, si Dios experimenta una sucesión de momentos, es difícil ver cómo no es alguien que pueda medirse. Como humanos, tenemos pasado, presente y futuro. Somos seres inherentemente evaluables, computables, calculables. "La abuela tiene ochenta y cinco años". "Mi hermana acaba de cumplir dieciséis". "Pareces mucho mayor que la última vez que te vi". Afirmaciones como

---

[9] Augustine, *Confessions* 11.11 (13) (p. 229). Véase también, Turretin, *Institutes*, 1:202–4.
[10] Bavinck, *Reformed Dogmatics*, 2:162.
[11] Aquino, *Summa Theologiae* 1a.10.1.

éstas revelan que siempre estamos en *proceso de transformación*, y como tales somos medibles; Incluso en nuestras conversaciones: "No estuvo a mi altura".

¿Nos atreveríamos a decir lo mismo de Dios? ¿Es un ser que se puede medir? No, si Él es infinito. Por definición, un Dios infinito y eterno no se puede medir. Y si no puede ser medido, entonces no debe ser un ser temporal, porque un ser temporal siempre puede ser medido de alguna manera. ¿Por qué? Porque experimentar un momento y luego otro sucesivamente significa que uno está en proceso de *llegar a ser*. Pero "Dios no es un proceso de llegar a ser", dice Herman Bavinck, "sino un ser eterno".[12] "En lo eterno", observa Agustín, "nada es transitorio, sino que el todo está presente".[13]

En tercer lugar, experimentar un momento antes del siguiente también significaría que Dios está compuesto de partes y, por tanto, cambia. "Si Dios hace primero una cosa y luego otra, no puede ser simple porque su esencia debe permanecer igual a lo largo del tiempo y, por tanto, ser algo distinto de la parte que hace el cambio". El tiempo siempre implica e incluye "movimiento y cambio".[14] El movimiento plantea un problema porque Dios no tiene partes que puedan ponerse en movimiento; es simple. El movimiento también supone que uno se desplaza, incluso cambia, de un minuto, o movimiento, al siguiente; Dios, sin embargo, es inmutable.

Es mucho mejor entender la naturaleza sempiterna y eterna de Dios como algo que excluye no solo un principio y un fin, sino también cualquier sucesión de momentos. Podríamos llamar a esto—sin principio, sin fin y sin sucesión de momentos—las tres marcas de la eternidad.[15] Anselmo es el que mejor capta estos tres aspectos, al afirmar que ninguna parte de la eternidad de Dios "se escapa con el pasado hacia la inexistencia, o vuela hacia el pasado,

---

[12] Bavinck, *Reformed Dogmatics*, 2:163.
[13] Agustín, *Confessions* 11.11 (13) (p. 228).
[14] Rogers, *Perfect Being Theology*, 55–56.
[15] Bavinck, *Reformed Dogmatics*, 2:162.

como el presente momentáneo apenas existente, o, con el futuro, espera, pendiente, en una existencia todavía no existente".[16] En lugar de ello, el gran **"Yo soy"** simplemente es: libre de tiempo, y para siempre. Es verdad de la eternidad, y es verdad de Dios: existe, dice Aquino, como un "*todo instantáneo* carente de sucesión".[17]

Debemos concluir, pues, que la eternidad y el tiempo son completamente diferentes, antitéticos entre sí. "La eternidad mide la existencia permanente y el tiempo mide el cambio". Aquí radica la diferencia esencial. Aunque el tiempo no tuviera fin, no sería un "todo instantáneo".[18] Esta categoría solo se aplica a la eternidad y, con ella, a un Dios eterno. Solo si Dios es un todo instantáneo puede evitar el cambio que conlleva el tiempo.

¿Presente eterno?

Hasta ahora hemos descrito lo que Dios no es: no está en el tiempo ni es un ser temporal. No tiene, como dice Anselmo, un "presente temporal".[19] Sin embargo, ¿puede describirse positivamente la eternidad de Dios, de un modo que vaya más allá de la mera confesión de que Dios es eterno? Sinceramente, es difícil, muy difícil, lo que explica el famoso comentario de Agustín: "¿Qué es, pues, el tiempo? Siempre que no me lo preguntan, lo sé. Si quiero explicárselo a un curioso, no lo sé".[20]

Por difícil que resulte para las criaturas sujetas al tiempo describir a un Dios sin tiempo, algunos han dicho que todo el tiempo es como un presente eterno para Dios.[21] "Dios posee el ser perfectamente", explica Katherin Rogers, "porque toda su propia vida está presente para Él, y Él conoce y causa todas las cosas

---

[16] Anselmo, *Monologion* 22 (*Major Works*, 39).

[17] Aquino, *Summa Theologiae* 1a.10.1 (Aquino reconoce que está tomando esta frase, "todo instantáneo", de Boecio). Sobre por qué la Escritura utiliza el lenguaje temporal para referirse a Dios, véase Aquino, *Summa Theologiae* 1a.10.1.

[18] Aquino, *Summa Theologiae* 1a.10.4.

[19] Anselmo, *Monologion* 24 (*Major Works*, 40–41).

[20] Agustín, *Confessions* 11.14 (17) (p. 230).

[21] Por ejemplo, Turretin, *Institutes*, 1:203.

en todo momento porque todo el tiempo está inmediatamente presente para Él".²² Tertuliano puede haber tenido una idea similar en mente cuando dijo: "La eternidad no tiene tiempo. Ella misma es todo el tiempo".²³ Sin embargo, describir la eternidad de Dios como un tiempo inmediatamente presente para Él sigue teniendo sus puntos débiles. Seguimos utilizando categorías temporales (eterno *presente*) para describir a un ser que es *a*temporal, lo que conlleva el riesgo de malentendidos.

Por ejemplo, se podría suponer que para Dios la eternidad no es más que el tiempo "alargado".²⁴ Pero si Dios no experimenta ninguna duración, entonces una línea interminable es una ilustración engañosa. Todo lo que hemos hecho es tomar el tiempo y tirar de él, estirarlo y extenderlo hasta que no veamos ni el principio ni el fin. Una duración eterna no deja de ser una *duración*, una sucesión de momentos. Es crucial aclarar, pues, que "Dios no tiene que extenderse temporalmente para abarcar todo el tiempo".²⁵ Más bien, como el que es atemporal, "Dios ve todas las cosas juntas, y no sucesivamente", dice Aquino.²⁶

El "brillo y lustre" de todas las perfecciones

Tal vez una mejor manera de entender lo que significa que Dios sea atemporal y sin tiempo sea apreciar las muchas maneras en que la eternidad está ligada a todos los demás atributos.²⁷

"La eternidad es la perfección elegida de Dios" y el "brillo y lustre" de todos los demás atributos, dice Stephen Charnock. La razón es que toda "perfección sería imperfecta, si no fuera *siempre* una perfección".²⁸

---

²² Rogers, *Perfect Being Theology*, 56. Rogers utiliza la expresión "sin tiempo," y recurre a Helm (*Eternal God*, 36), quien utiliza esta frase desde hace tiempo para evitar muchos de los equívocos que estamos abordando.

²³ Tertuliano, *Against Marcion* 1.8 (p. 276); citado en Weinandy, *Does God Suffer?*, 103

²⁴ Rogers, *Perfect Being Theology*, 57.

²⁵ Rogers, *Perfect Being Theology*, 63.

²⁶ Aquino, *Summa Theologiae* 1a.14.6.

²⁷ Helm, *Eternal God*, 17.

²⁸ Charnock, *Existence and Attributes of God*, 1:287 (cf. 307); énfasis añadido.

Estas palabras deberían llamar nuestra atención. En cada capítulo hemos explorado cómo un atributo está ligado a otros atributos; recuerda, los atributos son como una tela de araña en la que cada hebra de seda está conectada al resto de la tela. La eternidad, sin embargo, es una hebra de seda especialmente digna de destacar—sin ella, todas las demás perfecciones dejan de existir. Sin la eternidad, perfecciones como la omnisciencia, la inmutabilidad, el amor y otras innumerables pierden su firme resplandor. Se apagan porque no son eternamente verdaderas del ser de Dios. El amor de Dios se apaga como una llama en el viento, pues no puede conservar para siempre a los que ama. Su justicia no avanza para reparar todos los males, sino que permite que su némesis tenga la última palabra. Y su propia naturaleza es susceptible al cambio, pues su inmutabilidad ya no está ligada a la eternidad.

Para ver el "brillo y lustre" de la eternidad, considera algunas formas más en que la eternidad está unida a otras perfecciones.

¿Un río o un océano? Inmutablemente eterno, eternamente simple

Anteriormente concluimos que Dios no es susceptible a una *sucesión de momentos*. La sucesión en el tiempo introduciría cambios en Dios, pero Él es *inmutable*. Charnock utiliza la ilustración del mar en contraste con un río. Un río cambia, se desplaza de un lugar a otro, a veces incluso cambia su ubicación o destino, dependiendo de su entorno (por ejemplo, fuertes lluvias e inundaciones). Es muy susceptible de verse afectado por algo externo a él.

No así el océano. Es como si nunca hubiera cambiado. Siempre en el mismo lugar; siempre la misma masa de agua de año en año. Es fijo y estable. Si un río se enfrentara a un océano, no habría competencia. El océano se tragaría al río.[29] El mar es una masa de agua tan vasta que permanece constante.

---

[29] Charnock, *Existence and Attributes of God*, 1:280.

Dios se parece más a un océano que a un río. Como Infinito, es un "mar ilimitado del ser".[30] Pero no solo es infinito, sino que es eterna e inmutablemente infinito. Mientras que el río del tiempo está siempre cambiando y desarrollándose, el océano de lo divino permanece constante, consistente e invariable. No cambia por ninguna sucesión de momentos, porque no tiene ninguna. No tiene principio ni fin. Simplemente es. Y porque solo es, no fluctúa. La "eternidad inmutable de Dios significa", dice Anselmo, que "existe sin cualificación: no se puede hablar de cambio, de que 'fue' o 'será.' No existe de forma cambiante. No es ahora algo que no ha sido o que no será. Ahora no es algo que ha sido o será. Pero es lo que es, una vez, simultánea e interminablemente".[31] Por esa razón, la eternidad de Dios sirve de protección, de "escudo contra todo tipo de mutabilidad".[32] Si no es eterno, sin tiempo, entonces su esencia es vulnerable a todo tipo de cambio.

En parte, Dios es inmutablemente eterno porque, bueno, no tiene partes. Una criatura, como tú o como yo, cambia con el tiempo porque tenemos partes que cambian con el tiempo. Estar limitado por el tiempo implica que somos seres formados por partes, partes que varían de un estado a otro. Esa variación perpetua significa que "algo se adquiere" o algo "se pierde cada día".[33] Somos víctimas de adiciones y sustracciones.

Sin embargo, un ser que está fuera del tiempo no puede tener partes. Imaginemos, por un segundo, cómo se vería afectada la esencia de Dios si estuviera limitada por el tiempo. La "esencia suprema", dice Anselmo, "se dividiría en partes a lo largo de las divisiones del tiempo. Pues si su duración se extiende a lo largo del tiempo, debe tener, como el tiempo, un presente, un pasado y un futuro". Dios sería una cosa un minuto y otra cosa al siguiente. Tendría "partes esparcidas a lo largo del tiempo".[34]

---

[30] Charnock, *Existence and Attributes of God*, 1:287.
[31] Anselmo, *Monologion* 28 (*Major Works*, 44).
[32] Charnock, *Existence and Attributes of God*, 1:289.
[33] Charnock, *Existence and Attributes of God*, 1:283.
[34] Anselmo, *Monologion* 21 (*Major Works*, 36).

Tal concepción puede ser coherente con un ser compuesto, pero no con un Dios que es "supremamente simple y supremamente inmutable".[35] Lo que está en el tiempo tiene un "principio" y crece "por grados", porque allí se caracteriza por una "sucesión de partes". No así lo que es eterno. "La eternidad es contraria al tiempo y, por tanto, es un estado permanente e inmutable; una posesión perfecta de la vida sin variación alguna".[36] Charnock concluye: "Así como la naturaleza del tiempo consiste en la sucesión de partes, la naturaleza de la eternidad es una duración inmutable infinita".[37] No hay partes, no hay cambio, no hay tiempo. Los tres están inseparablemente unidos. A Dios no se le puede añadir ni quitar nada, porque no tiene partes. No se hace ni mayor ni menor. No cambia ni para bien ni para mal. Pero eso es solo porque es eterno, siempre existe, siempre sigue siendo el Dios perfecto que es, inmutablemente eterno y eternamente simple.[38]

En consecuencia, los atributos o perfecciones de Dios nunca pueden añadirse o sustraerse de su esencia; son su esencia. Tampoco aumentan ni disminuyen con el tiempo, sino que permanecen siempre iguales. Sin ataduras temporales, nuestro Dios es el que siempre ha sido y siempre será. "No es en su esencia hoy lo que no era antes, ni será al día siguiente o al año siguiente lo que no es ahora. Todas sus perfecciones son perfectísimas en Él en todo momento; antes de todos los siglos, y después de todos los siglos".[39] Mientras Dios siga siendo ilimitado, infinito en su ser, no puede decirse que esté limitado por el tiempo y el espacio. Existe necesariamente "en todas partes y siempre".[40]

---

[35] Anselmo, *Monologion* 21 (*Major Works*, 36).
[36] Charnock, *Existence and Attributes of God*, 1:279–80.
[37] Charnock, *Existence and Attributes of God*, 1:280.
[38] Charnock, *Existence and Attributes of God*, 1:284.
[39] Charnock, *Existence and Attributes of God*, 1:284.
[40] Anselmo, *Monologion* 21 (*Major Works*, 37).

Causado por nadie, privado por nadie: autoexistente, eterno, omnipotente, con vida infinita

Una de las razones por las que la eternidad divina es tan importante es que, sin ella, Dios estaría a merced de otro. Piénsalo. Si Dios fuera creado, llegando a existir en un momento determinado, entonces sería causado por otro. Quien lo creó debe ser más poderoso. Ese creador dio la vida y seguramente también podría quitarle la vida a Dios. En resumen, Dios ya no sería Dios, pues su existencia dependería de otro.

Que Dios sea eterno es una buena noticia. Ser inmortal significa que también es autoexistente y autosuficiente. Precisamente porque Dios no tiene principio, no depende de nadie ni de nada. Por el contrario, está "inamoviblemente fijado en su propio ser", pues "nadie le dio la vida" y, por tanto, "nadie puede privarle de su vida".[41] Para ser Dios, al menos un Dios independiente, debe ser necesariamente eterno. Los atributos de aseidad y eternidad van de la mano, lo que explica por qué Boecio no puede definir el segundo sin incluir el primero: La eternidad de Dios es "la posesión total, simultánea y perfecta de una vida sin limitaciones".[42]

Si nadie más da vida a Dios, entonces nuestro Dios tiene vida en sí mismo y por sí mismo. Él es eterno por sí mismo. No obtiene la vida como nosotros, ni se le concede la vida como a nosotros, sino que Él *es* la vida. Seguramente su nombre "Yo soy" (Éx. 3:14) implica esto, y por eso muchos en épocas pasadas lo han titulado "acto puro". "Toda vida está asentada en Dios, como en su propio trono, en su pureza más perfecta. Dios es la vida; en Él está originalmente, radicalmente y, por tanto, eternamente. Es un acto puro, nada más que vigor y acto; tiene por su naturaleza esa vida que los demás tienen por su concesión".[43] Merecidamente, pues, es al "al Rey eterno, inmortal, invisible, único Dios, *a Él sea* honor y gloria por los siglos de los siglos" (1 Ti. 1:17). Nuestra adoración a Dios nunca cesará, porque el Dios al que adoramos nunca cesa, siendo vida en sí mismo y por sí mismo siempre y para siempre.

---

[41] Charnock, *Existence and Attributes of God*, 1:283.

[42] Boecio, *Consolation of Philosophy* 5, prosa 6 (p. 132).

[43] Charnock, *Existence and Attributes of God*, 1:288.

Un último punto. Si Dios tiene vida en sí mismo y por sí mismo (de hecho, Él es la vida), entonces también debe deducirse que Él, a diferencia de la criatura, no experimenta su vida momento a momento, sino todo a la vez. Contrasta Dios con la criatura: Dios " 'posee' su vida ilimitada 'a la vez' ", pero la criatura lleva "una vida terriblemente 'desconectada' en la que en cada instante presente tenemos poco acceso o poder sobre todos los demás instantes de nuestras vidas".[44] Dios no solo es el Dios autoexistente y eterno, sino que es la vida omnipotente en sí misma, pues tiene poder sobre toda su vida a la vez, mientras que nosotros nos limitamos a experimentar la vida un instante cada vez. Tampoco podemos olvidar que la vida sobre la que tiene poder todo a la vez es una vida infinita, ilimitada e indefinida. ¿Qué conclusión podemos sacar sino que nuestro Dios es *vida autoexistente, eterna, omnipotente, infinita*?

Del mismo modo que el poder de Dios no puede separarse de su inmutabilidad, su inmutabilidad no puede desconectarse de su eternidad. Como dice Paul Helm: "Solo un Dios que es inmutable en un sentido particularmente fuerte puede (lógicamente) realizar todo lo que la Escritura afirma que Dios realiza, y Dios solo puede ser inmutable en este sentido fuerte si existe atemporalmente".[45]

Decretos eternos y creación

Es comprensible que se pueda objetar en este punto lo mismo que se objetó a Agustín cuando se le preguntó qué hacía Dios antes de crear el cielo y la tierra. Si Dios es eterno, ¿cómo puede actuar? ¿Cómo puede crear el mundo, por ejemplo? Actuar o querer algo parece sugerir una sucesión temporal, sobre todo si hay una serie de actos que se derivan de la voluntad de Dios. La creación, según el argumento, prueba que Dios no puede ser eterno. Esta objeción es parasitaria, pues se aferra a la idea histórica de que existe un *orden* en los decretos de Dios, lo que parece implicar que un decreto se produce después de otro.

---

[44] Rogers, *Perfect Being Theology*, 62.
[45] Helm, *Eternal God*, 21–22. Cf. Rogers, *Perfect Being Theology*, 64.

Para responder a esta pregunta, necesitamos precisión teológica. Cuando hablamos de los decretos de Dios, nos referimos a una realidad *eterna*. Tal orden no puede ser un orden *temporal*, sino un orden *lógico*. Aunque tal distinción suene pedante, es común a nuestra experiencia cotidiana. Cuando entras en una habitación y enciendes el interruptor de la luz, ¿qué ocurre primero, el encendido del interruptor o que la luz ilumine la habitación? En el tiempo, parece que suceden simultáneamente. ¿Pero lógicamente? Lógicamente es obvio: el interruptor de la luz. No es la luz de la habitación la que hace que se encienda el interruptor de la luz, sino el interruptor de la luz el que hace que la luz ilumine la habitación, gracias al descubrimiento de la electricidad. Lógicamente, uno es anterior al otro, aunque parezca que ocurren simultáneamente en el tiempo.

Del mismo modo, cuando nos referimos a los decretos divinos, tratando de comprender cuál de ellos es *anterior* al otro, debemos recordar que se trata de un orden lógico, no temporal. Tales decretos son eternos, porque son emitidos por el Dios eternamente eterno. La voluntad de Dios es inmutable y eternamente porque el Dios *es* inmutable y eterno. Como se argumenta en el capítulo 5, la voluntad de Dios es idéntica a su esencia.[46] Por lo tanto, no sirve de nada intentar introducir a escondidas el cambio (y con ello, el tiempo) en un acto de la voluntad de Dios, ya que su voluntad y su esencia no pueden separarse la una de la otra. Incluso en la creación voluntaria, Dios permanece inmutable, eternamente eterno. Si no lo hiciera, la creación se encontraría de algún modo con un potencial no realizado en Dios. Dejaría de ser acto puro. Pero como acto puro, Dios "no necesita 'hacer' nada más que *ser* para causar el mundo".[47]

Eso no significa negar que en la ejecución de los decretos de Dios en la historia de la salvación hay un orden temporal y una sucesión que experimenta la criatura. Pero esa sucesión no describe el cambio *en* Dios como describe el cambio en los humanos cuando

---

[46] Sobre la identidad entre el ser y la voluntad de Dios, véase Aquino, *Summa contra gentiles*, libro 1, capítulo 82 (pp. 260-63).

[47] Hanby, *No God, No Science?*, 322.

pasamos, por ejemplo, de un estado de impiedad a la reconciliación. El pecador que ha sido llamado y regenerado por la gracia, experimenta una secuencia temporal. Tal persona es, por ejemplo, primero justificada y luego glorificada. Una vida de perseverancia viene en medio. Sin embargo, la justificación, la perseverancia y la glorificación, aunque experimentadas por criaturas temporales temporalmente, son ordenadas por Dios eternamente, cimentadas en la mente de Dios en la eternidad atemporal.[48]

Dicho esto, podemos describir a Dios como el que da existencia al orden creado, pero no debemos suponer que sea un Dios limitado por el tiempo, como lo está lo que crea. Más bien, la obra de la creación se deriva del decreto eterno del Dios eterno. Esto significa, como dice Agustín, que el Dios que es "eterno y sin tiempo" puede cambiar el orden creado "sin ningún cambio en sí mismo".[49] Él crea, nutre y cambia todas las cosas permaneciendo siempre el mismo, eternamente eterno.[50]

Es una buena noticia para nosotros, cristianos débiles e inconstantes, que los decretos de Dios tengan una naturaleza eterna, como el Dios que los decreta. Significa que Dios no decreta una cosa para luego cambiar su decreto y querer otra cosa. Más bien, lo que ha decretado en la eternidad permanece firme, y se cumplirá a su debido tiempo. Cuando Dios hace una promesa, la cumple. Dicho esto, ahora estamos listos para ver las implicaciones prácticas de un Dios eterno.

Juez eterno, juicio eterno

La naturaleza eterna de Dios es a la vez la peor y la mejor noticia del mundo. Mientras que un Dios eterno es un consuelo para los creyentes, que les asegura la vida eterna futura, un Dios eterno es un tormento para los incrédulos, que les recuerda perpetuamente el juicio venidero. Empecemos por las malas noticias.

---

[48] Helm, *Eternal God*, 21–22; Rogers, *Perfect Being Theology*, 64.

[49] Agustín, *Trinity* 5.2 (trans. Hill, p. 190).

[50] Agustín, *Confessions* 1.4 (4) (p. 5). Cf. Charnock, *Existence and Attributes of God*, 1:200.

Para el incrédulo, la naturaleza eterna de Dios es fuente de enorme incomodidad. A los cristianos les encanta citar Juan 3:16, que justamente se refiere a un Dios eterno como fuente de vida eterna para los que creen. Igualmente cierto, aunque mucho menos popular, es Juan 3:18: "El que cree en él [el Hijo] no es condenado, *pero* el que no cree, ya ha sido condenado, porque no ha creído en el nombre del unigénito Hijo de Dios". Se ha dicho comúnmente que Jesús habló de la eternidad del infierno más a menudo que cualquier otro autor bíblico. Un simple repaso a los relatos evangélicos revela que esa afirmación es cierta. Sin pudor ni vergüenza, Jesús nunca vacila en advertir a sus oyentes de la ira eterna que se avecina (Mt. 18:8; 25:41).

La noción bíblica de la condena eterna es despreciada por muchos (¿la mayoría?) en el siglo XXI, considerada políticamente incorrecta y ásperamente pesimista. Sin embargo, en generaciones pasadas, contemplar el castigo eterno resultó indispensable para una auténtica renovación y avivamiento, moviendo a iglesias y ciudades enteras al arrepentimiento y a la fe en Cristo. Puede que te suene esa experiencia tan común de sentarte en un aula universitaria mientras tu profesor de inglés se mofa de la retórica primitiva que se encuentra en ese amenazador sermón de Jonathan Edwards (1703-1758), "Pecadores en manos de un Dios airado". Pocos profesores prestan atención al contexto en el que Edwards ejercía su ministerio. Edwards vio la milagrosa y repentina conversión de muchos en Northampton solo porque siguió los pasos de Jesús, advirtiendo a sus oyentes de la ira venidera a menos que corrieran a los brazos misericordiosos de Dios; solo allí encontrarían la vida eterna. Sin embargo, Edwards fue, en muchos sentidos, el último de una larga línea de puritanos. Un siglo antes que él, Stephen Charnock también predicó sermones llenos de inquietud: "¡Qué terrible es estar bajo el golpe de un Dios eterno! Su eternidad es un terror tan grande para el que lo odia como un consuelo para el que lo ama; porque es el 'Dios vivo, rey eterno, las naciones no podrán soportar su indignación' (Jer. [10:10])". Charnock continúa diciendo que aunque "Dios sea el menor en sus pensamientos, y sea menospreciado en el mundo, sin embargo los pensamientos de la eternidad de Dios, cuando venga a juzgar al mundo, harán temblar a los que le menosprecian". Dios es un juez que castiga a los malvados. Sin embargo, este juez vive eternamente, lo cual es "la mayor aflicción para un alma en la miseria, y le añade un peso inconcebible".[51]

La naturaleza eterna de Dios es fuente de mucho más temor en el incrédulo que su poder. ¿Por qué exactamente? Aparte de la eternidad, el poder de Dios no dura, y los malvados acabarán escapando. Sin embargo, cuando el poder se une a la eternidad, el castigo que Dios inflige no tiene fin. "Su eternidad hace que el castigo sea más terrible que su poder", porque aunque "su poder lo hace agudo", es su eternidad la que "lo hace perpetuo". Puesto que dura para siempre, "es el aguijón al final de cada latigazo".[52]

Tan agudo es el aguijón que uno podría preguntarse, especialmente si somos honestos con nuestra propia pecaminosidad, si hay alguna esperanza. En cierto sentido, no hay esperanza, mientras busquemos escapar del juicio divino y eterno por nuestras propias obras y en nuestros propios términos. Si nos damos por vencidos y miramos fuera de nosotros mismos, al mismo Dios eterno, descubriremos que el mismo Dios que es justo para condenarnos por toda la eternidad ha tomado la iniciativa de concedernos la vida *eterna*. ¿Cómo es posible?

Pacto eterno, sacerdote eterno

La respuesta a esa pregunta se encuentra en la persona de Melquisedec, que aparece en el libro del Génesis y es una figura llena de misticismo. En primer lugar, es un rey-sacerdote. En Génesis 14 se produce un encuentro entre Melquisedec y Abraham. Recordemos el contexto: Abraham acaba de rescatar a su sobrino Lot, a su familia y sus posesiones de varios reyes, uno de los cuales era el rey de Sodoma. Cuando Abraham regresa victorioso de la batalla, se encuentra con Melquisedec, que no solo es rey de Salem,

---

[51] Charnock, *Existence and Attributes of God*, 1:296.
[52] Charnock, *Existence and Attributes of God*, 1:296.

sino "sacerdote del Dios Altísimo" (Gn. 14:18). Como sacerdote, Melquisedec pronuncia una bendición sobre Abraham, atribuyendo la victoria de Abraham sobre sus enemigos a la mano de Dios, y Abraham a cambio paga el diezmo a Melquisedec, aceptando la bendición de Melquisedec.[53]

El nombre de Melquisedec es significativo, ya que significa "Rey de Justicia", en contraste con el malvado rey de Sodoma que se opuso a Abraham. Como "Rey de Justicia", Melquisedec prefiguraba al rey-sacerdote que estaba por venir—es decir, al Mesías. Como se insinúa en el Salmo 110, como sacerdote del orden de Melquisedec, el Mesías procede de un sacerdocio eterno, un sacerdocio basado en una justicia que puede expiar definitivamente los pecados.[54]

El autor de Hebreos no tiene reparos en afirmarlo: "Sin tener padre, [Melquisedec] ni madre, y sin genealogía, no teniendo principio de días ni fin de vida, siendo hecho semejante al Hijo de Dios, permanece sacerdote a perpetuidad" (7:3). Es dudoso que el autor quiera decir que Melquisedec nunca murió ni tuvo padres físicos. Más bien, el autor está haciendo la simple observación de que en la narración del Génesis, Melquisedec simplemente aparece de repente sin ninguna explicación y luego desaparece de la historia sin ninguna advertencia. No se da ninguna genealogía; la Escritura nunca registra cuándo nació o cuándo murió. Es como si su sacerdocio no tuviera fin.

Siendo sacerdote para siempre (He. 7:3), Melquisedec es un tipo del Mesías venidero. "Los sacerdotes *anteriores* eran más numerosos porque la muerte les impedía continuar, pero Jesús conserva Su sacerdocio inmutable puesto que permanece para siempre. Por lo cual Él también es poderoso para salvar para siempre a los que por medio de Él se acercan a Dios, puesto que vive perpetuamente para interceder por ellos" (7:23-25).

Como mejor sacerdote, sacerdote por designación divina (7:20-21), Cristo podía llevar a cabo un mejor pacto. Recuerde,

---

[53] Véanse los comentarios de T. Desmond Alexander en la *ESV Study Bible*.
[54] Véase Waltke y Houston, *Psalms as Christian Worship*, 509.

Cristo es un sacerdote del orden de Melquisedec, cuyo nombre significa "Rey de Justicia". A diferencia de los sacerdotes de la antigüedad, que eran pecadores y tenían que ofrecer sacrificios no solo por el pecado del pueblo sino por su propio pecado, Cristo es un sacerdote "santo, inocente y sin mancha", y como sacerdote perfecto podía ofrecerse a sí mismo como ofrenda perfecta y sin pecado para el perdón de los pecados (He. 7:26-27; cf. 10:11-14).

Aparte del sacerdocio eterno de nuestro mediador sin pecado, no tenemos ningún sacrificio que pueda hacer frente al castigo eterno que merecen nuestros pecados. Solo el mismo Hijo eterno de Dios puede hacerlo (He. 7:3; cf. Jn. 17:5; Col. 1:16-17). "¿Podrían nuestros pecados ser perfectamente expiados", pregunta Charnock, "si no hubiera una divinidad eterna para responder por las ofensas cometidas contra un Dios eterno? Los sufrimientos temporales habían tenido poca validez, sin una infinitud y eternidad en su persona que añadieran peso a su pasión".[55] Los que antes estaban condenados por las consecuencias eternas de sus pecados, ahora pueden alegrarse y decir con gran confianza: "Tenemos tal Sumo Sacerdote, que se ha sentado a la diestra del trono de la Majestad en los cielos" (He. 8:1).

¿Pasteles de lodo en un barrio pobre o vacaciones en el mar?

La maravilla de un Dios infinito y eterno es que Él, y solo Él, puede ofrecer la vida eterna. En la carta del apóstol Pablo a Tito, dice que escribe por "la fe de los escogidos de Dios y al pleno conocimiento de la verdad que es según la piedad, con la esperanza de vida eterna, la cual Dios, que no miente, prometió desde los tiempos eternos, y a su debido tiempo, manifestó Su palabra por la predicación que me fue confiada, conforme al mandamiento de Dios nuestro Salvador, por la fe de los elegidos de Dios y por el conocimiento de la verdad, que concuerda con la piedad, en la esperanza de la vida eterna, que Dios, que nunca miente, prometió antes de los siglos y que a su debido tiempo manifestó en su palabra por medio de la predicación que me ha sido confiada

---

[55] Charnock, *Existence and Attributes of God*, 1:294.

por mandato de Dios nuestro Salvador" (1:1-3). El cristiano tiene toda la seguridad de la vida eterna porque Dios, que es eterno, es un Dios que no miente ni puede mentir (He. 6:18). Así como los decretos de Dios no cambian porque Dios mismo no cambia, así también el pecador que confía en Cristo tiene toda la seguridad de la vida eterna porque el dador es la vida, y eternamente.[56]

¿Qué tipo de alegría aporta la vida eterna al creyente? Una alegría que nunca termina, una alegría que nunca deja de satisfacer. Como David se regocijó:

> Me darás a conocer la senda de la vida;
> En Tu presencia hay plenitud de gozo;
> En Tu diestra hay deleites para siempre.
> (Sal. 16:11)

¿No es este el tipo de alegría que el mundo trata de encontrar en todo menos en Dios? Los que están fuera de Cristo buscan en todas partes—política, dinero, fama, sexo, posesiones, relaciones, etc.—una felicidad duradera. Con cada búsqueda de la felicidad definitiva, uno queda insatisfecho, frustrado y hastiado. El cristiano no está destinado a una felicidad tan efímera e inferior. ¿Por qué? Porque el creyente ha sido hecho para conocer y disfrutar de Dios para siempre, la verdadera y única fuente de alegría sin fin. La razón por la que Dios puede ofrecernos una alegría que no se oxida ni se marchita es que es *Él mismo* de quien disfrutamos. El cristianismo no consiste en acudir a Dios para que nos dirija hacia algo o alguien mejor que Él, alguna otra cosa que nos haga finalmente felices. No, *Dios mismo* es aquel en quien se encuentran toda nuestra alegría, placer y felicidad. Si estamos hechos para la felicidad infinita—y eso es lo que buscan ansiosamente todas las personas del mundo—el único lugar donde la encontraremos es en Aquel, y solo Aquel, que es infinito. Como ora Agustín, "Tú incitas al hombre a complacerse en alabarte, porque nos has hecho para ti, y nuestro corazón está inquieto hasta que descanse en ti".[57]

---

[56] Charnock, *Existence and Attributes of God*, 1:297.
[57] Agustín, *Confessions* 1.1 (1) (p. 3)

John Piper lleva toda una vida proclamando esta verdad: "Dios es más glorificado en nosotros cuando estamos más satisfechos en Él".[58] Su punto de vista no es nuevo, como se ve en la oración de Agustín más arriba. El Catecismo Menor de Westminster—un producto de la era puritana—dice algo similar en su pregunta inicial: "¿Cuál es el fin principal y supremo del hombre? El fin principal y supremo del hombre es glorificar a Dios, y gozar plenamente de Él para siempre". Piper ha comentado que solo modificaría ligeramente esa frase, cambiando "y" por "por": "El fin principal del hombre es glorificar a Dios disfrutando de Él *por* siempre".[59] Dudo que los autores del catecismo estuvieran en desacuerdo; ese es su punto. Hemos sido creados para glorificar a Dios, porque es el ser más glorioso e infinito (ver cap. 3), y la forma en que más glorificamos a Dios es disfrutando de lo que es, porque es el ser más infinito y glorioso que existe.

A este lado del cielo, luchamos por vivir así. Somos espiritualmente miopes. Seducidos por los placeres de este mundo, no vemos más allá de la gratificación inmediata, hacia el placer *eterno* que se encuentra en el Infinito mismo. En vista de las "promesas de recompensa sin tapujos y la naturaleza asombrosa de las recompensas prometidas en los Evangelios," lamenta C. S. Lewis, nuestro "Señor encuentra nuestros deseos no demasiado fuertes, sino demasiado débiles". ¿Por qué? "Somos criaturas tibias que tontean con la bebida, el sexo y la ambición cuando se nos ofrece una alegría infinita, como un niño ignorante que quiere seguir haciendo empanadas de barro en un barrio pobre porque no se imagina lo que significa la oferta de unas vacaciones en el mar. Nos complacemos con demasiada facilidad".[60]

Todo lo que disfrutamos en este mundo es insatisfactorio por dos razones: (1) no dura, sino que es efímero, y (2) el objeto en sí no resulta satisfactorio en última instancia, sino que se queda corto de alguna manera. Dios desafía ambas cosas. Puesto que es un ser eterno, el disfrute de Dios nunca cesará. Puesto que es un ser

---

[58] Esta frase se encuentra en todo su libro *Desiring God* (por ejemplo, p. 10).

[59] Piper, *Desiring God*, 18.

[60] Lewis, *Weight of Glory*, 26.

infinitamente bello, majestuoso y glorioso, disfrutar de Dios será más de lo que podamos abarcar. Si pensamos en el ser de Dios solo en comparación con los objetos de este mundo, nos cuesta entender cómo pueden ser ciertas ambas verdades. "¿Cómo puedo pasarme la eternidad disfrutando de Dios? ¿No envejecerá?"; No, nunca lo hará. ¿Por qué? Porque cada atributo de Dios es infinito. Su amor es un amor infinito, su gracia una gracia infinita, su santidad una santidad infinita, su poder un poder infinito. Hará falta una eternidad para gozar de Dios, porque es un ser infinitamente grandioso. "La felicidad no puede perecer mientras Dios viva", dice Charnock. "Él es el primero y el último; el primero de todos los deleites, nada antes que Él; el último de todos los placeres, nada más allá de él". Pero, ¿perecerá nuestro deleite en este Dios? "El goce de Dios será tan fresco y glorioso después de muchas edades, como lo fue al principio. Dios es eterno, y la eternidad no conoce el cambio; entonces será la posesión más completa sin ninguna decadencia en el objeto disfrutado".[61]

La inmutabilidad de Dios debería informar cómo percibimos la eternidad. Si Dios es inmutable, entonces la alegría, la felicidad, la satisfacción que experimentaremos en la eternidad nunca estarán en peligro. Nuestra felicidad será eterna precisamente porque el objeto de nuestra felicidad eterna no cambia, de hecho no puede cambiar. Qué increíblemente diferente será esta experiencia de cómo funcionan nuestros deseos en este mundo.[62]

Por mucho que disfrutemos mirando un viejo álbum de fotos, al hacerlo, nuestro corazón vuelve a añorar una experiencia que ya no existe. Por otro lado, mirar el calendario de la nevera nos recuerda un futuro encuentro con alguien especial, o quizá unas vacaciones muy necesarias. Naturalmente, la alegría de lo que está por venir no puede llegar lo suficientemente pronto, y oramos para que nada se interponga en el camino de esa alegría futura.

Nuestro disfrute de Dios por la eternidad será totalmente diferente. Disfrutaremos de Él sin la amenaza de que ese gozo

---

[61] Charnock, *Existence and Attributes of God*, 1:298.
[62] Charnock, *Existence and Attributes of God*, 1:298.

pase y ya no exista. Lo desearemos, pero sin el temor de que nunca llegue. La felicidad de la eternidad será como si estuviera siempre presente, porque el Dios eterno del que gozamos no cambia, y la dispensación de su gloria nunca decae. "El tiempo es fluido, pero la eternidad es estable; y después de muchas épocas las alegrías serán tan sabrosas y satisfactorias como si hubieran sido en ese mismo momento saboreadas por primera vez por nuestros apetitos hambrientos".[63] Dios posee la "variedad para aumentar" nuestros "deleites," así como la "eternidad para perpetuarlas". Dios se parece más a una fuente que a una cisterna. Las cisternas solo contienen cierta cantidad de agua, pero el agua nunca deja de brotar de una fuente.[64] Él es una fuente de deleite eterno.

Qué insensato es poner nuestro deleite en lo que es pasajero, momentáneamente satisfactorio, cuando el mayor placer, el deleite supremo para el que nuestras almas fueron hechas, no solo se nos ofrece a través de Cristo, sino que dura para la eternidad. La eternidad de Dios debería reprendernos por pensar que algo impermanente, y solo temporalmente suficiente, podría ser mejor que un Dios que es eternamente satisfactorio.[65] No solo es eterno en comparación con los placeres terrenales que se desvanecen, sino que nuestro Dios es incomparablemente mejor, alguien quien no se puede concebir ninguno más grande. Para David, esto se tradujo en una pasión:

> Una cosa he pedido al SEÑOR, *y* esa buscaré:
> Que habite yo en la casa del SEÑOR todos los días de mi vida,
> Para contemplar la hermosura del SEÑOR
> Y para meditar en Su templo.
> (Sal. 27.4)

---

[63] Charnock, *Existence and Attributes of God*, 1:298.
[64] Charnock, *Existence and Attributes of God*, 1:299.
[65] Charnock, *Existence and Attributes of God*, 1:304.

9

¿Está Dios limitado por el espacio?

Omnipresencia

No temeré mal alguno,
porque Tú estás conmigo.
SALMOS 23:4

HE AQUÍ, LA VIRGEN CONCEBIRÁ Y DARÁ A LUZ UN HIJO,
Y LE PONDRÁN POR NOMBRE EMMANUEL,
que traducido significa: DIOS CON NOSOTROS.
MATEO 1:23

Oh verdad entera y bendita, ¡qué lejos estás de mí que estoy tan cerca de Ti! ¡Cuán lejos estás de mi vista mientras yo estoy tan presente a Tu vista! Tú estás totalmente presente en todas partes y yo no Te veo. En Ti me muevo y en Ti tengo mi ser y no puedo acercarme a Ti. Tú estás dentro de mí y a mi alrededor y yo no tengo ninguna experiencia de Ti.
ANSELMO, *Proslogion*

El cielo más alto no puede contenerte

Salomón tenía motivos para estar orgulloso de sí mismo. La construcción del templo fue uno de los mayores logros de la historia de Israel. Este templo iba a ser la morada de Dios con su pueblo. Cada pieza de mobiliario se ha cuidado hasta el más mínimo detalle, y cada una de ellas está impregnada de simbolismo. Al principio, el arca del pacto se colocó en el templo, aunque en el Lugar Santísimo "bajo las alas de los querubines" (1 R. 8:6). Cuando los "sacerdotes salieron del lugar santo, la nube llenó la casa del Señor, así que los sacerdotes no pudieron quedarse a ministrar por causa de la nube, porque la gloria del Señor llenaba la casa del Señor". (8:10-11).

Pero, para empezar, ¿por qué construyó Salomón este templo? Salomón explica: "El Señor ha dicho que Él moraría en la densa nube. Ciertamente yo te he edificado una casa majestuosa, Un lugar para Tu morada para siempre" (8:12-13). Salomón se pone de pie ante el altar con Israel presente, levanta las manos al cielo y exclama que no hay Dios como su Dios, ni "arriba en los cielos ni abajo en la tierra, que guardas el pacto y *muestras* misericordia a Tus siervos que andan delante de Ti con todo su corazón" (8:23). Salomón alaba al Señor por haber cumplido el pacto con su padre David y le pide que mantenga con él ese compromiso inquebrantable con el pacto.

Imagínate: ¡Salomón ha construido una casa para Dios! Aquí está el hogar donde Dios morará en medio de su pueblo. Si alguna vez Salomón se hubiera sentido tentado a presumir de sí mismo, era ahora. Sin embargo, construir un templo para el Señor tiene exactamente el efecto contrario. Salomón se siente intimidado por el hecho de que su Dios no es un Dios que pueda ser contenido. Se pregunta: "Pero, ¿morará verdaderamente Dios sobre la tierra?". Luego viene la respuesta teológicamente llena de Salomón: "Si los cielos y los cielos de los cielos no te pueden contener, cuánto menos esta casa que yo he edificado" (8:27). Fíjate en la lógica de Salomón: ni el mismo cielo puede contener a Dios, así que ¿cuánto menos esta casa construida por manos humanas?

Sentimos el peso de la propia insuficiencia de Salomón cuando leemos una respuesta paralela en 2 Crónicas 2:6 "Pero ¿quién será capaz de edificar una casa a Dios, cuando los cielos y los cielos de los cielos no pueden contenerlo? ¿Quién soy yo para que le edifique una casa, aunque solo sea para quemar *incienso* delante de Él?". Dios puede elegir dar a conocer su presencia de una manera especial a su pueblo del pacto (más sobre esto en un minuto), pero nunca es bueno asumir que la manifestación de su presencia en cualquier lugar a cualquier persona es la contención de su ser a ese lugar. Este Dios desafía por completo las limitaciones del espacio. A diferencia de sus criaturas finitas, el Creador no está limitado a "algún lugar".[1] "Dios, por ser infinito, lo llena todo", dice Stephen Charnock, "pero no está contenido en eso. Está desde la altura de los cielos hasta el fondo de las profundidades, en cada punto del mundo y en todo su círculo, pero no limitado por eso, sino más allá de eso".[2] La razón es sencilla: Dios no tiene cuerpo.

Dios sin cuerpo: ubicuidad no espacial

"Incorporal". Es una palabra anticuada que pocos usan hoy en día. Aplicada a Dios, significa que Dios no tiene cuerpo. No solo es cierto que es un Dios sin partes (simplicidad), sino que es un Dios sin partes físicas (incorpóreo). Su ser no puede identificarse con la materia.

El hecho de no tener una composición material distingue al Dios del cristianismo de los dioses de muchas otras religiones. Al principio del viaje de Israel, Moisés advierte continuamente al pueblo contra la idolatría. Su razonamiento tiene todo que ver con la naturaleza incorpórea de Dios: "Así que tengan mucho cuidado, ya que no vieron ninguna figura el día en que el SEÑOR les habló en Horeb de en medio del fuego; no sea que se corrompan y hagan para ustedes una imagen tallada semejante a cualquier figura" (Dt. 4:15-16). He aquí la diferencia fundamental entre el único Dios

---

[1] Bavinck, *Reformed Dogmatics*, 2:166.
[2] Charnock, *Existence and Attributes of God*, 1:368.

verdadero y los dioses de las naciones circundantes, naciones que tentaban a Israel con dioses que podían ver.

Sin embargo, de lo que Israel no se da cuenta continuamente, es de que los dioses con cuerpo son dioses limitados en todos los sentidos. Pueden verlos, pero no pueden hablar, no pueden escuchar y, desde luego, no pueden desafiar los límites de cualquier espacio en el que las manos que los crearon los hayan colocado. Los dioses materiales están limitados materialmente.

Pero no el Dios de Israel. No tiene cuerpo. No tiene partes.

Si Dios no está compuesto de partes físicas, entonces *no* es un ser espacial. Así como que es *atemporal* (sin tiempo) también es *aespacial* (sin espacio). La letra *a* que precede a la palabra "espacial" indica que *no* es un ser situado en el espacio, ni tiene dimensiones espaciales.

Nosotros, como criaturas, somos seres físicos, severamente limitados por el espacio. Nuestra presencia llena un lugar y solo un lugar a la vez. Pero estas limitaciones espaciales no se aplican al Creador. El espacio no puede restringir, confinar o atar a alguien que no tiene forma material. Dios es espíritu, invisible a nuestra vista, incapaz de ser tocado (Éx. 33:20, 23; Jn. 1:18; 6:46; Ro. 1:20; Col. 1:15; 1 Ti. 1:17; 6:16; 1 Jn. 4:12, 20).

Sin embargo, eso no significa que Dios no esté implicado con los que están en el tiempo y en el espacio. Ser no espacial le permite estar simultáneamente en todas partes con todo su ser. Como veremos, es un Dios que está en todas partes y no puede estar limitado por ningún lugar.[3] Podríamos denominar a esto "ubicuidad no espacial"; ubicuidad significa que está presente en todas partes.[4]

No hay "algún lugar": Esencia infinita, presencia infinita

Como muchos otros atributos, el desafío de Dios a las categorías espaciales se deriva de su naturaleza infinita. Los seres humanos

---
[3] Charnock, *Existence and Attributes of God*, 1:367.
[4] Esta frase procede de Rogers, *Perfect Being Theology*, 59.

finitos siempre existimos en *algún lugar;* cualquiera que tenga un cuerpo existe en algún lugar. Eso define intrínsecamente lo que somos y lo que podemos (y no podemos) hacer. No solo podemos medir nuestra vida en el tiempo, sino también nuestra ubicación en el espacio. Mido 1,80 m y peso alrededor de 90 kg (puro músculo, por supuesto) y normalmente se me puede encontrar ocupando uno de los siguientes espacios: mi escritorio, mi sillón reclinable de cuero para animar a Los Ángeles Lakers o la mesa para disfrutar de mi familia. Aunque me encantan los tres espacios, solo puedo ocupar uno de ellos a la vez—a menos, claro, que mi familia decida que hay que cenar mientras vemos un partido de los Lakers. Pero incluso así, sigo existiendo en un único "algún lugar", y como resultado ese algún lugar es muy predecible.

Herman Bavinck lo explica de forma más científica: "Todo lo que es finito existe en el espacio. Su carácter limitado lleva consigo el concepto de 'algún lugar. Siempre está en algún lugar y no al mismo tiempo en otro lugar. Independientemente de toda distancia medible desde otros puntos (ubicación extrínseca), una ubicación intrínseca es característico de todas las criaturas, sin exceptuar incluso al ser espiritual". Bavinck admite que "el vapor y la electricidad" pueden ampliar nuestra comprensión del espacio—y en 2019 quizá podríamos decir "internet y los teléfonos inteligentes"—y, sin embargo, "una existencia limitada y local será siempre, característico de todas las criaturas".[5]

Dios, como Creador, escapa a esta limitación creatural, y ni siquiera es posible que, como infinito, esté limitado de este modo. Como alguien que tiene una "esencia infinita", también debe tener una "presencia infinita". Esto último se deduce de lo primero, pues si Dios es infinito en su esencia, entonces es imposible que esté delimitado o contenido en un espacio finito. Mientras que las criaturas finitas, como tú y yo, estamos limitados por el espacio, no puede decirse lo mismo de un ser infinito.[6]

¿Significa esto, entonces, que Dios está ausente de este mundo, como ocurre en algunas formas de deísmo? No, en lo absoluto.

---

[5] Bavinck, *Reformed Dogmatics*, 2:166.
[6] Charnock, *Existence and Attributes of God*, 1:380.

Dios trasciende el espacio, pero solo porque por naturaleza no es un ser físico y espacial que puede estar totalmente presente en todas partes (omnipresencia). El adverbio "totalmente" es esencial. Es posible que la luz y el aire se extiendan a la vez por distintos espacios, una imagen a la que volveremos en breve.[7] Pero eso no es una limitación para un Dios sin cuerpo.

Sin difusión, división o mezcla: Omnipresencia simple

Hay que evitar varios errores al hablar de la omnipresencia divina.

En primer lugar, por omnipresencia no nos referimos a que Dios simplemente se extienda a sí mismo. Eso implicaría algún tipo de finitud, como si Dios pudiera medirse, aumentar o disminuir. Con el aire y la luz se produce una especie de difusión.[8] Pero con Dios no hay difusión de esencia. Al contrario, está presente con *todo* su ser en todas partes simultáneamente.[9] Ningún lugar tiene parte de Dios. Recuerda, Dios es simple y no tiene partes. Por tanto, no es espacialmente divisible.[10] No está contenido espacialmente. Debemos cuidarnos de pensar que Dios está extendido, *difuso* en numerosos espacios, o que su ser está *dividido*, repartido en diversos espacios. Consideremos los peligros de cada uno de ellos.

Si Dios fuera omnipresente por difusión, entonces Dios "llenaría" un lugar como lo haría cualquier objeto corporal. "Los cuerpos llenan lugares excluyendo a otros cuerpos de donde están", explica Tomás de Aquino. No ocurre lo mismo con Dios. "La presencia de Dios en un lugar no excluye la presencia allí de otras cosas. Más bien, Dios llena todos los lugares dando existencia a todo lo que lo ocupa".[11]

Si Dios fuera omnipresente mediante la división de su esencia, Dios se multiplicaría.[12] La omnipresencia mal definida y aplicada

---

[7] Bavinck, *Reformed Dogmatics*, 2:167.
[8] Charnock, *Existence and Attributes of God*, 1:368.
[9] Bavinck, *Reformed Dogmatics*, 2:167.
[10] La frase "espacialmente divisible" procede de Helm, *Eternal God*, 53.
[11] Aquino, *Summa Theologiae* 1a.8.2.
[12] Charnock, *Existence and Attributes of God*, 1:375.

destruye la simplicidad de Dios. Si parte de Dios "está en todo tiempo y lugar y otra parte no", entonces Dios "tiene partes, lo cual es falso". Él no "existe en parte en cada tiempo y en cada lugar".[13]

Por el contrario, Dios permanece uno, indiviso y simple, presente en todas partes y siempre con *todo* su ser. No debemos pensar, advierte Charnock, que "Dios está aquí o allá, pero solo una parte de Dios aquí, y una parte de Dios allá". Más bien, este Dios "es Dios arriba en los cielos y abajo en la tierra (Dt. 4:39); enteramente en todos los lugares, no por pedazos y fragmentos de su esencia".[14] La simplicidad y una correcta comprensión de la omnipresencia de Dios van de la mano.

Las viejas generaciones de cristianos señalaron atribuyendo a Dios la *inmensidad* inmediatamente después de afirmar su infinitud. Porque Dios es infinito, sin límites, debe ser inmenso, sin restricciones espaciales, trascendiendo todo espacio, capaz de estar presente en todos los lugares a la vez con todo su ser.[15] "Como ningún lugar puede estar sin Dios, así ningún lugar puede rodearlo y contenerlo".[16]

El tiempo y el espacio en relación con un Dios infinito

Eternidad	Inmensidad
No hay duración de la esencia de Dios: interminable, infinita	No hay difusión de la esencia de Dios: ilimitada
Dios no se mide por el tiempo, sino que es atemporal y eterno	Dios no está limitado o contenido por el lugar/espacio, sino que es no-espacial
Dios es siempre y siempre es (eterno)	Dios está en todas partes (omnipresencia, ubicuidad)

Nota: Algunas de las frases de este cuadro proceden de Charnock, *Existence and Attributes of God*, 1:281.

---

[13] Anselmo, *Monologion* 20 (*Major Works*, 34). Cf. *Monologion* 21 (*Major Works*, 35).
[14] Charnock, *Existence and Attributes of God*, 1:374–75.
[15] Charnock, *Existence and Attributes of God*, 1:367.
[16] Charnock, *Existence and Attributes of God*, 1:369.

En segundo lugar, por omnipresencia no entendemos que haya *mezcla* alguna entre Dios y su creación. El panteísmo es la opinión de que Dios es el universo y el universo es Dios; Que son uno y lo mismo. Sus defensores creen que solo esa sinonimia puede hacer que Dios esté realmente presente. En realidad, al mezclar a Dios con la creación, pierden a Dios por completo, pues no es diferente de la creación. Irónicamente, la presencia divina se pierde siempre que el Creador ha sido absorbido por su creación. La raíz del problema es un descuido de la simplicidad divina. Mezclarlo supone que tiene partes que mezclar.

Dios, sin embargo, es "simplísimo"; su esencia "no está mezclada con nada". Sí, está presente *en todas partes*, pero no debemos ir tan lejos como para pensar que se convierte en *todo* en el proceso. Un proceso así sería desastroso, dividiendo el ser de Dios como si se mezclara con la creación, absorbido por la criatura, disolviendo la distinción Creador-criatura. Dios puede estar presente en el mundo, pero no se convierte en uno con el mundo.[17] Lo "finito y lo infinito no pueden unirse".[18] Pensemos en el modo en que el sol produce la luz. La luz ilumina una habitación, pero eso no significa que la luz se convierta en aire.[19] Los dos se mantienen distintos. Lo mismo ocurre con el Creador y su creación.

Concluir que la omnipresencia de Dios se deriva de su naturaleza *infinita* es también concluir que es el resultado necesario de un ser *perfecto*. Como nos recuerda Charnock, "A Dios no le falta ninguna perfección; pero una esencia ilimitada es una perfección; una limitada es una imperfección". La capacidad de Dios de estar presente en todas partes con todo su ser le convierte en un ser superior a aquel que está confinado en un solo lugar. "Lo que está en todas partes, es más perfecto que lo que está limitado en unos estrechos confines... Donde algo tiene limitación, tiene algún defecto en el ser; y por lo tanto, si Dios estuviera confinado o concluido, sería tan bueno como nada en

---

[17] Charnock, *Existence and Attributes of God*, 1:374.
[18] Charnock, *Existence and Attributes of God*, 1:389.
[19] Charnock, *Existence and Attributes of God*, 1:374.

lo que respecta a la infinitud".[20] Si Dios ha de ser alguien que no puede concebirse ninguno más grande, entonces no puede estar confinado espacialmente.

Rey siempre, rey en todas partes: Poder omnipresente, presencia omnipotente

La omnipresencia divina no solo es una consecuencia natural de la naturaleza infinita de Dios, sino que también está inseparablemente unida a su naturaleza omnipotente. *Si nuestro Dios infinito es omnipresente, entonces su poder es extenso, su reino es omnipresente y su soberanía es completa.*

Piensa en lo que ocurriría si Dios no fuera omnipresente. Si su presencia estuviera limitada a un lugar, restringida y confinada, también su poder se volvería impotente, limitado a un lugar en un momento dado. "Si Dios no llenara todo el mundo, estaría determinado a algún lugar, y excluido de otros; y así su sustancia tendría fronteras y límites, y entonces podría concebirse algo más grande que Dios".[21] Así que, de nuevo, el ser *perfecto* de Dios está en juego. Delimitar su presencia es limitar su poder, lo que lo hace menos que perfecto. Ya no es el más grande; ahora tiene debilidades, incapaz de estar en todas partes por su poder.

Sin embargo, las Escrituras nos enseñan, dice Charnock, que "donde Dios obra por su poder, está presente en su esencia; porque su poder y su esencia no pueden separarse... Su esencia no puede separarse de su poder, ni su poder de su esencia". Como el "poder de Dios está en todas partes, también lo está su esencia". Si lo "confinamos a un lugar", en última instancia "medimos su esencia" y "confinamos sus acciones," restringiendo su poder.[22]

El poder de Dios no es "menos infinito" que su esencia, y su esencia no es menos infinita que su poder, pues ambos son uno

---

[20] Charnock, *Existence and Attributes of God*, 1:383.
[21] Charnock, *Existence and Attributes of God*, 1:381.
[22] Charnock, *Existence and Attributes of God*, 1:381.

y lo mismo (simplicidad).[23] Donde Él está, allí está presente su poder. *Su poder es un poder omnipresente, y su presencia, una presencia omnipotente.* Ambas cosas no pueden ni deben separarse. "Donde está el poder de Dios, está su esencia, porque son inseparables; y así esta omnipresencia surge de la simplicidad de la naturaleza de Dios; cuanto más vasto es algo, menos confinado está".[24]

Nuestro Rey de reyes está dondequiera que tenga poder para actuar, y sabemos por las Escrituras que no hay ningún lugar fuera de los límites del gobierno y el reinado de Dios. Si "la eternidad de Dios le hace Rey siempre, su inmensidad le hace Rey en todas partes".[25]

La isla con un barco a motor: Omnipresencia inmutable

El poder de Dios no es el único atributo interconectado con la omnipresencia; también lo es su inmutabilidad (Dios no cambia). Y es bueno que así sea, porque una omnipotente omnipresencia significaría poco (y podría dar miedo) si fuera susceptible al cambio.

Sigue esta lógica: Si Dios estuviera confinado en un lugar a la vez, entonces tendría que moverse de un lugar a otro, en oposición a toda su esencia presente en todas partes a la vez. Pero si Dios se moviera—algo que nosotros hacemos como seres físicos y finitos— entonces sería un Dios que cambia, que es mutable. Se trasladaría a un nuevo lugar en el que antes no estaba presente. "No llenaría el cielo y la tierra de una vez, sino sucesivamente".[26] Sería poco mejor que nosotros, seres finitos que cambiamos al movernos y nos movemos al cambiar. Fijados a un lugar, debemos cambiar para ocupar otro. Aplicado a Dios, este principio significaría que tendría que cambiar cada vez que se volviera móvil.

Pero, ¿no describen las Escrituras a Dios como alguien que se desplaza de un lugar a otro? ¿No era la esperanza de Salomón que

---

[23] Charnock, *Existence and Attributes of God*, 1:381.

[24] Charnock, *Existence and Attributes of God*, 1:383.

[25] Charnock, *Existence and Attributes of God*, 1:394.

[26] Charnock, *Existence and Attributes of God*, 1:394.

Dios descendiera sobre el templo? ¿Y no es una verdad cristiana básica que Dios está en el cielo? Sí, sí y sí. Sin embargo, en ninguna de estas descripciones bíblicas vemos jamás que el autor bíblico o el autor divino digan que la presencia de Dios está confinada a un solo lugar. El cielo "es la corte de su majestuosa presencia, pero no la prisión de su esencia".[27] Como veremos enseguida, aunque Dios sea omnipresente, su presencia con determinadas personas y en determinados lugares puede adquirir un significado especial y único. Aunque está presente con todas las personas, está presente con *su* pueblo de acuerdo al pacto, para salvar, redimir, justificar y santificar.[28] Si bien su presencia en el cielo es una dicha, el infierno no puede encerrarlo simplemente porque no está allí para bendecir. Dios está presente en todas partes por igual, aunque esté presente en algún lugar de manera única. Puede estar en ambos lugares por igual, aunque de forma diferente, debido a la inmensidad de su esencia.[29]

Para aclarar, aunque la esencia de Dios está presente en todas partes, los efectos de sus acciones en relación con la humanidad se sienten de forma diferente. Actúa de diversas maneras, pero siempre como la misma esencia.[30] Por tanto, sí, se le puede describir como "cercano" o "lejano", pero eso es solo para describir la manera y el efecto de su presencia, no su esencia en sí. Cuando se describe a Dios como "lejano", ¿podría ser que el autor bíblico esté tratando de comunicar que Dios está ejerciendo su ira, castigando a los malvados, actuando como juez, impartiendo su justicia? "Cuando viene a castigar, no nota el acercamiento de su esencia, sino el golpe de su justicia". Cuando se describe a Dios como "cercano", ¿podría estar comunicando el autor bíblico que se ha dado la bendición de Dios? "Cuando viene a beneficiarnos, no es por un nuevo acceso

---

[27] Charnock, *Existence and Attributes of God*, 1:385.

[28] Mi énfasis aquí recae en las *obras u operaciones* de Dios. Como Turretin (*Institutes*, 1:201) explica: "Cuando se dice que Dios asciende o desciende... no se dice con respecto a su esencia, sino solo a la ausencia o presencia de sus diversas operaciones".

[29] Turretin, *Institutes*, 1:200.

[30] Charnock, *Existence and Attributes of God*, 1:387.

de su esencia, sino por un efluvio de su gracia". El resumen de Charnock da en el clavo: "Se aleja de nosotros cuando nos deja al ceño de su justicia; viene a nosotros cuando nos rodea en los brazos de su misericordia; pero estuvo igualmente presente con nosotros en ambas dispensaciones, en lo que se refiere a su esencia".[31]

Piensa en cómo te aproximas a tierra en un barco.[32] Supongamos que estás en una barca a motor y se avería a cien metros de una isla. Los habitantes de la isla son buenas personas, así que atan una cuerda a tu barca, regresan a la isla y te suben. Perdone que le haga una pregunta obvia, pero ¿qué es lo que se está moviendo? Desde el punto de vista del barco, parece ser la orilla. Cada minuto que pasa se acerca más y más. Sin embargo, en realidad la orilla permanece fija; es la barca la que se está moviendo mientras flota hacia la orilla. Lo mismo ocurre con Dios. Él sigue siendo esa isla, una roca inmutable. Sin embargo, esa roca ancla la barca, para que pueda ser atraída hacia la seguridad de la roca en medio de una tormenta. "El acercamiento de Dios a nosotros no es tanto su venida a nosotros, sino su atracción hacia Él".[33]

Dos tipos de presencia divina

Como ya se ha insinuado, la omnipresencia tiene mucho que ver con la providencia divina. Dios está presente en todas partes como Creador, sustentador y gobernador del universo. Charnock nos ayuda a ver las muchas formas en que la presencia de Dios se manifiesta providencialmente a través de los demás atributos:

Autoridad: "Está presente en todas las cosas por su autoridad, porque todas las cosas le están sujetas".

Poder: Está presente "por su poder, porque todas las cosas son sostenidas por él".

---

[31] Charnock, Existence and Attributes of God, 1:387.

[32] Tomo los elementos básicos de esta ilustración de Charnock, aunque los he coloreado considerablemente para elaborar su ilustración. Charnock, *Existence and Attributes of God*, 1:329.

[33] Charnock, *Existence and Attributes of God*, 1:329.

Sabiduría: Está presente "por su conocimiento, porque todas las cosas están desnudas ante él".[34]

Autoridad, poder, conocimiento—cada uno es fundamental. Dios "está presente en el mundo, como un rey está presente en todas las partes de su reino regiamente presente: providencialmente presente con todos, puesto que su cuidado se extiende hasta la más insignificante de sus criaturas. Su poder todo lo alcanza y su sabiduría todo lo penetra".[35] Como rey, en otras palabras, Dios está presente sobre todo, pues su reino gobierna y reina sobre todo (autoridad). Este rey es claramente poderoso, pues lo que reina también lo sostiene. Tampoco podemos olvidar su conocimiento; este rey no solo está presente para sostener y gobernar, sino que lo hace como alguien que conoce todas las cosas. Ninguno de sus súbditos es extraño, pues Él los conoce por su nombre. Todo está "desnudo ante Él".

La omnipresencia, unida a la providencia, diferencia al Dios cristiano del Dios deísta. El deísmo fue popular durante el periodo de la Ilustración (siglos XVII-XVIII), y sigue siendo influyente entre las masas hasta nuestros días.[36] El deísmo enseña que Dios creó el mundo pero luego dio un paso atrás, teniendo intencionadamente poca o ninguna implicación providencial con el mundo a partir de entonces. En resumen, el Dios deísta está ausente; la providencia es una doctrina innecesaria. O si se afirma la providencia de forma limitada, la intervención sobrenatural queda descartada.[37]

Pero el Dios cristiano, el Dios de la Biblia, participa activamente, no solo creando su mundo, sino conservándolo y gobernándolo según su propósito y plan divino. Esta participación providencial requiere su presencia. Como dice Pablo a los filósofos del Areópago, citando a uno de sus poetas, Dios "no está lejos

---

[34] Charnock, *Existence and Attributes of God*, 1:369.

[35] Charnock, *Existence and Attributes of God*, 1:369.

[36] Por ejemplo, el deísmo terapéutico moralista. Para saber qué es el DTM, véase Horton, *Christless Christianity*.

[37] Hay excepciones; algunos deístas dan cabida a la providencia, pero excluyen las intervenciones y participaciones sobrenaturales. Muchos deístas niegan lo sobrenatural en el ministerio de Jesús

de ninguno de nosotros. Porque en Él vivimos, nos movemos y existimos" (Hch. 17:27-28).[38]

¿Es la presencia de Dios meramente providencial? ¿O está este rey también presente con su pueblo de una manera única, especial, llena de gracia e íntimamente sobrenatural? Y si es así, ¿está presente de diferentes maneras con diferentes personas? ¿Está con los justos de una manera que no está con los malvados? ¿Hay algún sentido especial en el que esté presente con el pueblo de su pacto que no pueda decirse de aquellos que no son el pueblo de su pacto?

La respuesta a estas preguntas es afirmativa. Como dijo un padre de la Iglesia, "Dios está en todo de un modo general por su presencia, poder y sustancia, pero nosotros decimos que está en algunas cosas de un modo más íntimo por la gracia".[39] Conviene distinguir entre la presencia esencial de Dios y su presencia de *gracia*. Su "presencia esencial mantiene nuestro ser", observa Charnock, "pero su presencia de gracia confiere y continúa una felicidad".[40] Su presencia esencial sostiene, preserva y gobierna su creación, pero su presencia de gracia regenera, justifica y santifica a su pueblo elegido.

¿Cómo luce la presencia de gracia de Dios con su pueblo?

Presencia del pacto

La presencia de gracia, de pacto de Dios está inmediatamente presente en la creación. Se dice que la primera pareja paseaba con el Señor por el jardín en el frescor del día (Gn. 3:8). El jardín es un templo de la presencia de Dios, y a Adán se le confía su custodia, un sacerdote que ejerce el dominio como representante

---

[38] Pablo cita a Epiménides de Creta, que vivió en el siglo VII a.C.

[39] Aquino cita a Gregorio en *Summa Theologiae* 1a.8.3. (La nota 9 explica que esto se cita de la *Glossa ordinaria* sobre el Cantar de los Cantares 5:17, que atribuye la afirmación a Gregorio, pero sin referencia).

[40] Charnock, *Existence and Attributes of God*, 1:405. Aquino hace una distinción similar (*Summa Theologiae* 1a.8.3).

de Dios. Lamentablemente, Adán no guarda el templo de Dios de un intruso engañoso, la serpiente, que cuestiona la credibilidad y la autoridad del Creador de Adán. El resultado del pecado de Adán no es solo la muerte, sino la separación de Dios. Adán y Eva son expulsados del jardín, y querubines con una espada flameante le niegan el acceso al árbol de la vida. Sin embargo, Dios se muestra bondadoso y promete una descendencia de Eva que un día aplastará a la serpiente (3:15).

El fruto de esa promesa madura cuando Dios establece un pacto con Abraham, el hombre a través del cual vendrá la descendencia prometida. Para garantizar la promesa, se cortan animales por la mitad y Dios—simbolizado por una olla de fuego humeante—camina entre los cadáveres ensangrentados (Gn. 15). Al pasar entre los cadáveres, Dios está declarando a Abraham que si Él (es decir, Dios) rompe este pacto, se volverá como estos animales desmembrados.

La presencia del pacto que experimenta Abraham la conoce también José. Justo cuando parece que el futuro de la descendencia de Abraham está en peligro, amenazado por el hambre, Dios levanta a José para salvar el linaje de Abraham. Muchas veces en la vida de José parece que todo está perdido; es vendido como esclavo y pasa años en la cárcel. Pero una y otra vez leemos que el Señor está con José y que, en última instancia, la presencia de Dios redimirá no solo a José y a su familia, sino a todo Egipto. En todo lo que hace José, todos pueden ver que Dios está con él para bendecirlo (Gn 39,2-3).

La presencia redentora de Dios se hace sentir de manera memorable en el éxodo de Israel. Moisés, que huye para salvar su vida tras matar a un egipcio, se encuentra con la santidad de la presencia de Dios en la zarza ardiente, cuando Dios le revela su nombre y su plan para los hijos de Abraham. Moisés tiene miedo y se siente abrumado por la tarea, pero Dios promete ir con Moisés para liberar a Israel de la esclavitud y llevar al pueblo de Dios a la tierra que prometió a Abraham (Éxodo 3). Israel nunca ha visto la presencia de Dios con tanta fuerza como cuando Dios truena plaga tras plaga, para sacar a su pueblo de Egipto de día en una columna de nube y de noche en una columna de fuego (13:21).

Sin embargo, esta columna de nube también puede ser objeto de gran ira. Moisés habla con Dios cara a cara para recibir la ley del pacto en el Sinaí, pero la montaña "humeaba, porque el Señor había descendido sobre él en fuego" (19:18). Tan denso es el humo, tan fuertes los truenos y tan brillantes los relámpagos que la montaña tiembla en gran manera (19:18). El Señor "descenderá a la vista de todo el pueblo sobre el monte Sinaí" (19:11), pero Israel no debe subir al monte para no morir. Cabría pensar que una experiencia semejante infundiría temor en el corazón del pueblo. Pero no es así. Mientras Moisés habla con Dios, Israel comete idolatría, provocando la ira de Dios, que podría haber destruido al pueblo si Moisés no hubiera intercedido (Éx. 33). Mientras Israel evita por todos los medios la aniquilación total gracias a la misericordia de Dios, este anuncia que no irá con Israel a la tierra prometida. Pero Moisés sabe que, a menos que Dios esté presente con su pueblo, las naciones no sabrán que Dios ha tenido favor de este pueblo (33:16). "Mi presencia", responde el Señor, "irá *contigo*, y Yo te daré descanso" (33:14).

Por desgracia, el Sinaí no es la última vez que Israel presume de la santa presencia de Dios. Aarón, mano derecha de Moisés, es consagrado por el Señor, junto con sus dos hijos, Nadab y Abiú, delante de todo Israel a la entrada de la tienda del encuentro (el tabernáculo). Mediante el sangriento sacrificio de un toro, Aarón y sus hijos son expiados (Lv. 8:34), capacitándoles para cumplir el deber de un sacerdote, un deber que implica mediar en la expiación en nombre de un pueblo pecador para que pueda permanecer en pacto con un Dios santo (9:7). Cuando se realiza la expiación, se comunica la aceptación de Dios cuando la gloria del Señor aparece ante el pueblo y sale fuego de delante del Señor para consumir el holocausto (9:23-24).

Todo sale terriblemente mal cuando Nadab y Abiú ofrecen "delante del Señor fuego extraño, que Él no les había ordenado" (Lv. 10:1). Al instante, el fuego del Señor los consume. Hay motivos para creer que los hijos de Aarón podían estar borrachos y, lo que es peor, haberse atrevido a entrar en el Lugar Santísimo (véase 16:1-2). Una cortina separa el Lugar Santo del Lugar Santísimo, donde habita la presencia de Dios. Quién sabe si Nadab y Abiú lograron entrar; ¡podrían haber muerto en el momento en que tocaron la cortina! Pero el mensaje de Dios es alto y claro: "Como santo seré tratado por los que se acercan a Mí, Y en presencia de todo el pueblo seré honrado" (10:3).

Justo después de esta sentencia de muerte, Levítico 16 se abre con un tono sombrío, presentando el Día de la Expiación. En este día, el Señor aparecerá en una nube sobre el propiciatorio. Aarón debe entrar en el Lugar Santísimo y realizar varias ofrendas, una de las cuales incluye rociar la sangre de un toro sobre el propiciatorio. La sangre de este sacrificio y de otros sacrificios es el medio por el que Aarón hará expiación por el pueblo. Es un pueblo impuro, y debido a sus transgresiones no puede entrar en la presencia de Dios, o su destino sería el mismo que el de los hijos de Aarón. Pero si el sumo sacerdote entra en la presencia de Dios en el Día de la Expiación y hace un sacrificio en su nombre, la ira de Dios contra su pecado será aplacada y satisfecha. A su vez, estarán en paz con su Señor del pacto. Santo es el Señor, y santo debe ser su pueblo para habitar con Él. Sin embargo, estos sacrificios, por muy necesarios que sean, no son más que un arreglo temporal, una sombra, un tipo del sacrificio final que ha de venir. Lo que se necesita es un sacrificio que acabe de una vez por todas con el pecado, de modo que la comunión de la humanidad con Dios quede sanada para siempre. Solo entonces se restaurará el Edén.

En términos generales, la presencia de Dios en el Antiguo Testamento no solo es limitada (al tabernáculo, como se ha visto anteriormente), sino que es esporádica; se dice que el Espíritu de Dios viene sobre ciertos líderes en ocasiones especiales, no necesariamente sobre todo Israel en todo momento. En Números 11, los ancianos de Israel están reunidos delante del Señor en la tienda cuando el Señor desciende en la nube y toma "del Espíritu" que está sobre Moisés y lo deposita sobre los ancianos (11:17). Al recibir el Espíritu, estos ancianos profetizan. Inesperadamente, otros dos hombres tienen el "Espíritu reposando sobre ellos", aunque "no habían salido a la tienda". También ellos profetizan, aunque están "en el campamento" (11:26). Observadores preocupados informan a Moisés de la noticia, esperando que se enoje. Pero Moisés responde: "¡Ojalá todo el pueblo del Señor fuera profeta, que el Señor pusiera Su Espíritu sobre ellos!" (11:29). Moisés anhela que llegue un día, un día que él no ve, en que el Espíritu del Señor descanse permanentemente sobre cada miembro del pacto.

Profetas como Ezequiel y Joel también anhelan este día. El Señor promete a través del profeta Ezequiel que un día dará a su pueblo un corazón nuevo; Un "espíritu nuevo dentro de ustedes" (36:26). "Pondré dentro de ustedes Mi espíritu y haré que anden en Mis estatutos, y que cumplan cuidadosamente Mis ordenanzas" (36:27). El Señor también promete por medio del profeta Joel: "Derramaré Mi Espíritu sobre toda carne", y "sus hijos y sus hijas profetizarán" (2:28).

Emanuel, Dios con nosotros

El Nuevo Testamento comienza con esta gran esperanza profética. Lo asombroso del comienzo del Nuevo Testamento es que Dios cumplirá sus promesas proféticas no manifestando su presencia a través del templo o solo con un líder selecto y elegido como Moisés. No, Dios mismo bajará de los cielos. ¿Cómo es esto posible, cuando sabemos que Dios no tiene cuerpo y no está en el tiempo ni en el espacio? La respuesta es sorprendente: el Padre envía a su Hijo para que se encarne.

Al comienzo de su Evangelio, Juan llama a Jesús el Verbo y dice que este Verbo es eterno, no solo eternamente con el Padre, sino quien con razón podemos calificar de Dios mismo (ver 1:1-2). He aquí la esencia de la encarnación en todo su misterio: el Verbo eterno y divino "se hizo carne, y *habitó entre nosotros*, y vimos Su gloria, gloria como del unigénito del Padre, lleno de gracia y de verdad" (1:14). Antes vimos que ni siquiera Moisés pudo ver la gloria de Dios; sin embargo, Juan dice que la ha visto.

Dada la historia hasta ahora, tu mandíbula debería golpear el suelo en este punto. ¿La Deidad morando con la humanidad? Increíble. Seguramente Dios debe tener una razón increíblemente significativa para caer tan bajo como para encarnarse, incluso habitar entre un pueblo pecador. Y la tiene. La razón está en el versículo 14: este Hijo del Padre está "lleno de gracia y de verdad". "Pues de Su plenitud todos hemos recibido, y gracia sobre gracia" (1:16). Moisés nos dio la ley, pero Jesús, el Cristo, el Mesías, "se hizo carne, y habitó entre nosotros" para darnos "gracia y la verdad" (1:14). He aquí, en la persona de Cristo, la redención que Adán, Abraham, Moisés y David anhelaban desesperadamente ver y nunca vieron. Pero ahora que ha venido el Verbo, dice Juan, le hemos visto, y por Él hemos recibido la gracia de ser salvos. "Nadie ha visto jamás a Dios; el unigénito Dios, que está en el seno del Padre, Él *lo* ha dado a conocer" (1:18). ¿Puede haber una manifestación mayor y más íntima de la presencia divina que el mismo Hijo habitando con nosotros?

Mateo hace un comentario similar al comienzo de su Evangelio. Al describir el nacimiento de Jesús, Mateo destaca la aparición del ángel a José. José no debe temer tomar a María por esposa, "porque el Niño que se ha engendrado en ella es del Espíritu Santo" (1:20). El nombre del niño, dice el ángel, será Jesús, "porque Él salvará a Su pueblo de sus pecados" (1:21). Mateo cita a continuación el Antiguo Testamento, Isaías 7:14 para ser exactos:

He aquí, la virgen concebirá y dará a luz un Hijo,
y le pondrán por nombre Emmanuel (Mt. 1:23a).

¿Qué significa este nombre? Significa "Dios con nosotros" (1:23b).

He aquí la esencia del Evangelio; he aquí el núcleo del cristianismo; Y todo tiene que ver con la presencia de Dios. Nuestros pecados serán quitados de una vez y para siempre solo si el Hijo de Dios mismo se encarna, habita entre nosotros y—como revelará la narración de Mateo—es muerto por nosotros. El Día de la Expiación ha encontrado por fin su cumplimiento.

Templos del Espíritu Santo

"Espere", podría objetar. "Conozco mi Biblia lo suficiente como para recordar que Jesús no solo resucitó de entre los muertos, sino que también ascendió al cielo. Y Jesús no se quedó con su pueblo; lo abandonó. Entonces, ¿cómo puede permanecer todavía con nosotros la presencia de Dios?".

Es una gran pregunta, que también preocupaba a los discípulos. Muertos de miedo ante la idea de que Jesús les dejara, los discípulos son consolados por Jesús en Juan 14 cuando les dice que no se turben. Sí, se irá, pero se irá para prepararles un lugar en la casa de su Padre. Mientras tanto, "rogaré al Padre", y el Padre les dará "otro Consolador para que esté con ustedes para siempre" (14:16-17). El mundo no puede recibir al Espíritu "porque ni lo ve ni lo conoce". No así los creyentes. "Ustedes sí lo conocen porque mora con ustedes y estará en ustedes" (14:17). Jesús no ha dejado huérfanos a los creyentes; el Espíritu viene no solo para darnos vida (regeneración/nuevo nacimiento), sino para hacernos caminar en novedad de vida (Ro. 6:4).

Las promesas de Jesús se cumplen en Pentecostés, en Hechos 2. Antes de ascender a los cielos, Jesús dijo a sus discípulos que esperaran al Espíritu. Con una fuerza sin precedentes, el Espíritu desciende sobre ellos en forma de lenguas de fuego, y comienzan a hablar en las lenguas de las naciones, dando testimonio del Mesías crucificado y resucitado. Cuando los espectadores se preguntan qué está pasando, no sorprende que Pedro lo explique todo citando a Joel 2. Con la redención consumada, el Espíritu ha venido ahora a aplicar lo que Cristo ha comprado a los que creen.

Las ramificaciones para los creyentes de hoy son muchas. Teniendo en cuenta la misión del Espíritu, Pablo puede decir que los cristianos son templos del Espíritu Santo (1 Co. 6:19). A los cristianos que se toman este honor con menos seriedad de la debida, Pablo les hace una advertencia: "Si alguno destruye el templo de Dios, Dios lo destruirá a él, porque el templo de Dios es santo, y eso es lo que ustedes son" (3:17; cf. 6:19). En el Antiguo Testamento, el israelita no puede entrar en el Lugar Santísimo, ese santuario interior del tabernáculo y del templo. Una enorme cortina separa a Israel de ese santuario interior. Pero cuando Jesús, el verdadero templo de Dios (Jn. 2:19-22), es crucificado, la cortina del templo se rasga en dos, de arriba abajo (Mt. 27:50-51). En el Antiguo Testamento solo hay una persona que podía pasar a través de esta cortina, el sumo sacerdote, e incluso él solamente podía hacerlo el Día de la Expiación (Lv. 16). Sin embargo, ahora que nuestro gran sumo sacerdote, Jesucristo, ha mediado por nosotros, sacrificándose en nuestro lugar (He. 9), la cortina es rasgada por Dios mismo, y una gran multitud entra en el Lugar Santísimo; de hecho, se convierten en templos del Santísimo.

Como personas en las que habita el Espíritu Santo (Ro. 8:9), estamos siendo transformados por el Espíritu en la imagen de Cristo. Pablo dice a los romanos que los cristianos fueron predestinados por Dios para este mismo fin (Ro. 8:26-29). Escribiendo a los Corintios, describe de manera similar a los creyentes como aquellos que "estamos siendo transformados en la misma imagen de gloria en gloria". ¿Quién realiza esta obra transformadora? "como por el Señor, el Espíritu" (2 Co. 3:18).

La morada del Espíritu y la vida cristiana

El Espíritu no solo habita en nosotros, sino que nos renueva cada vez más a imagen de nuestro Salvador, que es la verdadera imagen de Dios (2 Co. 4:4). Génesis 3 ha dado como resultado una imagen muy dañada por el pecado. En la obra de regeneración del Espíritu (es decir, nacer de nuevo; Juan 3), esa imagen ha sido despertada a su verdadera intención. Sin embargo, a este lado del cielo, la restauración de esa imagen es un proceso. Un día, la obra de renovación del Espíritu será completa, y "seremos semejantes a Él, porque lo veremos como Él es" (1 Jn. 3:2). La morada del Espíritu, comenta J. I. Packer, no solo da como resultado una "comunión personal con Jesús", así como una "transformación personal del carácter a semejanza de Jesús," sino también la "certeza dada por el Espíritu de ser amados, redimidos y adoptados por Cristo en la familia del Padre" (cf. Ro. 8:17).[41] La presencia del Espíritu no solo nos marca como hijos del Padre, comprados con la preciosa sangre de Cristo, sino que su presencia también nos asegura que somos sus hijos, adoptados en su familia y seguros en sus manos hasta que un día veamos cara a cara a nuestro Salvador.

Hasta ese día, se nos ordena *estar llenos* del Espíritu. No "se embriaguen con vino", ordena Pablo a los efesios, sino "sean llenos del Espíritu" (Ef. 5:18). Los que estamos llenos del Espíritu no andamos según la carne pecaminosa, sino según el Espíritu (Ro. 8:4). Somos los que nos mantenemos al paso del Espíritu (Gá. 5:16, 25). Paso a paso, con la ayuda del Espíritu y por la gracia santificadora del Espíritu, damos muerte al pecado (mortificación) y nos revestimos del fruto del Espíritu (vivificación; cf. Col. 3:5-17; Ef. 4:17-32), sabiendo que un día experimentaremos la presencia del Santo sin corrupción, sin mancha de pecado. Juan habla de este día venidero, un día que durará una eternidad: "El tabernáculo de Dios está entre los hombres, y Él habitará entre ellos y ellos serán Su pueblo, y Dios mismo estará entre ellos" (Ap. 21:3). En aquel día, el deseo de David adquirirá nuevas dimensiones: "Una cosa he pedido al Señor, *y* esa buscaré: Que habite yo en la casa del Señor todos los días de mi vida, para contemplar la hermosura del Señor y para meditar en Su templo" (Sal 27:4; cf. 23:6).

Aunque anhelemos ese día con gran expectación, no lo esperamos como quienes no lo han saboreado aquí y ahora. Aunque el banquete esté aún por llegar, ya hemos saboreado sus primicias. Podemos esperar los nuevos cielos y la nueva tierra, pero en esta tierra, a este lado de la gloria, el Espíritu está con nosotros y dentro de nosotros. Toda garantía de ese día futuro está asegurada en la presencia continua, persistente e implacable del Espíritu en nuestra vida cristiana diaria. Cada pequeña victoria sobre el pecado interior y cada pequeño deseo de amar a los demás como Cristo nos ha amado es una señal de que el Espíritu está trabajando en nosotros, preparándonos para ese día final. El Espíritu es verdaderamente un don a través del cual nosotros, como sus pequeños templos,

---

[41] Packer, *Keep in Step with the Spirit*, 43.

disfrutamos de la comunión con nuestro Dios Trino (Mt. 12:28; 28:19-20; Mr. 13:11; Lc. 11:13; 12:12; 24:49; Jn. 3:5-8; 14:26; 20:22).[42]

Acercarse a Dios en los lugares equivocados

Lamentablemente, hoy en día muchos no lo entienden. Como experimentó Martín Lutero en el siglo XVI, algunas personas peregrinan a Roma para encontrar de algún modo a Dios y hacer las paces. Pero, dice Bavinck, "ir a Dios y buscar su rostro no consiste en peregrinar, sino en la abnegación y el arrepentimiento". El alejamiento del pecador de Dios se debe al pecado, pero este alejamiento no es "*local* sino *espiritual* (Is. 59:2)". "Abandonar a Dios, huir de Él, como hizo Caín, no es una cuestión de separación local, sino de incompatibilidad espiritual".[43] Como dijo Agustín, "No es por ubicación, sino por incongruencia, por lo que una persona está lejos de Dios".[44]

Por otra parte, los pecadores "que lo buscan, lo encuentran, no lejos, sino en su presencia inmediata, porque en Él vivimos, nos movemos y existimos".[45] En palabras de Agustín, "acercarse a Él es parecerse a Él; alejarse de Él es no parecerse a Él".[46] El gran doctor de la gracia, como se lo llamaba a Agustín, dice en sus *Exposiciones sobre los Salmos:* "Adondequiera que huyas, allí está él. ¿Adónde huirás de ti mismo? Vayas a donde vayas, ¿no te sigues a ti mismo? Dado que él es más interior a ti que tú mismo, no hay adónde huir de Dios airado, si no es a un Dios aplacado: no, no queda ningún lugar adonde puedas huir. ¿Quieres huir de él? Huye, y refúgiate en él".[47] Agustín tiene razón. No "huyas de

---

[42] Peterson, *Possessed by God,* 28.

[43] Bavinck, *Reformed Dogmatics,* 2:169–70.

[44] Agustín, *Expositions on the Psalms,* sobre el Salmo 94; citado en Bavinck, *Reformed Dogmatics,* 2:170.

[45] Bavinck, *Reformed Dogmatics,* 2:170.

[46] Agustín, *Expositions on the Psalms,* sobre el Salmo 34; citado en Bavinck, *Reformed Dogmatics,* 2:170.

[47] Augustin, *Expositions on the Psalms,* sobrel el Salmo 74; citado en Bavinck, *Reformed*

Él... Huye a Él". Solo entonces la omnipresente omnisciencia de Dios será un gran consuelo, porque estará presente, no ya para juzgar y condenar, sino para justificar y santificar, para bendecir y llevarnos a la unión con su Hijo. Solo en Cristo su inmensidad será un don de la gracia salvadora y su omnipresencia una bendición del pacto.[48]

Dogmatics, 2:170.
[48] Para más detalles, véase Charnock, *Existence and Attributes of God*, 1:399

10

¿Es Dios todopoderoso, lo sabe todo y es todo sabio?

Omnipotencia, omnisciencia y omnisapiencia

El Dios eterno, el Señor…
No se fatiga ni se cansa…
Él da fuerzas al fatigado,
Y al que no tiene fuerzas, aumenta el vigor.
Isaías 40:28–29

¡Ah, Señor Dios! Ciertamente, Tú hiciste los cielos y la tierra con Tu gran poder y con Tu brazo extendido. Nada es imposible para Ti.
Jeremías 32:17

Dios, al ser poder, no se compone de cosas débiles.
Hilary de Poitiers, *On the Trinity*

Tus pensamientos sobre Dios son demasiado humanos.
Martín Lutero a Erasmo Desiderio

El rey que comía hierba

La historia del mundo es la historia del ascenso y la caída de reyes y naciones, desde los faraones de Egipto, pasando por los césares de Roma; hasta el francés Napoleón. Fueron los gobernantes más poderosos de su época, reinando sobre los territorios más poderosos de su época.

En los días de Daniel, aquel gran hombre de Dios arrojado al foso de los leones, el hombre más poderoso de la tierra era Nabucodonosor, rey de Babilonia. Nabucodonosor y su ejército babilónico habían sitiado Jerusalén y llevado cautivos a hebreos como Daniel.

Nabucodonosor era un gobernante sin rival, que mandaba a su pueblo a su antojo. Con un chasquido de sus dedos, literalmente rodaban cabezas. Simplemente daba la orden, y sus ejércitos reclamaban cualquier reino de la tierra que deseara. Para aquellos en su reino, Nabucodonosor era como uno de los dioses. Hasta que un día, algo sucedió que cambiaría a Nabucodonosor para siempre.

Mientras Nabucodonosor se pasea por la azotea de su palacio en Babilonia, admirando el poder, la belleza y la extensión de su reino, mira por encima de su reino y dice con inequívoca confianza: "¿No es esta la gran Babilonia que yo he edificado como residencia real con la fuerza de mi poder y para gloria de mi majestad?" (Dn. 4:30). En ese momento, antes incluso de que las palabras terminen de salir de su boca, una voz del cielo dice: "Rey Nabucodonosor, a ti se te declara: El reino te ha sido quitado, y serás echado de entre los hombres, y tu morada *estará* con las bestias del campo. Te darán hierba para comer como al ganado, y siete años pasarán sobre ti, hasta que reconozcas que el Altísimo domina sobre el reino de los hombres, y que lo da a quien le place" (4:31-32).

La siguiente escena es espantosa. Al instante, este rey, cuyo poder es incomparable con el de cualquiera en la tierra, ya no está comiendo en la mesa de banquetes de su palacio, sino que está a cuatro patas comiendo hierba como cualquier otro animal del campo. Ya no está vestido con ropas reales, sino que ahora está mojado por el rocío de la mañana, después de haber dormido fuera toda la noche. Antes lo aseaban, pero ahora su pelo es tan largo que podría confundirse con las plumas de un águila. Antes de este momento, podemos suponer que Nabucodonosor ha recibido las mejores manicuras y pedicuras que la industria de la moda babilónica tenía para ofrecer, pero ahora las uñas de sus manos y pies están tan groseramente crecidas que parecen las garras de un pájaro. Te haces una idea: en un momento Nabucodonosor está bebiendo vino de un cáliz de oro; al siguiente podría ser cazado como una bestia salvaje del bosque. Cualquiera diría que Nabucodonosor se ha vuelto loco. ¿Qué ha sucedido?

Lo que sucedió es que Nabucodonosor perdió la perspectiva y olvidó quién es el Señor. Miró su poder y opulencia solo a través de ojos humanos. A través de los ojos humanos parecía como si él fuera el que había construido la nación más poderosa de la tierra. Si solo hubiera mirado su reino desde el punto de vista de Dios, nunca habría soñado con jactarse. Al afirmar que él había construido Babilonia, Nabucodonosor estaba esencialmente quitando a Dios de su trono y tomando su asiento allí en su lugar. A menudo pensamos que eso solo sucede deliberadamente, pero la caída de Nabucodonosor es la prueba de que puede suceder simplemente por no reconocer quién es realmente el Rey en este mundo.

Nabucodonosor aprende por las malas que nuestro Rey *es todopoderoso (omnipotente), que todo lo sabe (omnisciente) y todo sabio (omnisapiente)*. Nos centraremos en estos tres atributos no solo para definir qué significa cada uno, sino también cómo se relaciona con los demás, así como con muchos otros atributos de Dios.

Dios se ríe

El Salmo 33 nos ofrece este punto de vista de Dios. Llamando a todos los "habitantes del mundo" a "temerle", el salmista dice que Dios simplemente "habló" y el universo "fue hecho" (33:8-9). Por su palabra, "fueron hechos los cielos" y los océanos fueron puestos en su lugar (33:6-7). ¿Qué es, pues, una nación en manos de Dios? Incluso la nación más poderosa de la tierra es como un granito de arena en la mano del Todopoderoso. Cuando las naciones se enfurecen contra Él, "El que se sienta *como Rey* en los cielos se ríe" (Sal. 2:4). ¡Se ríe! Él es el Señor, el que "hace nulo el consejo de las naciones" y "frustra los designios de los pueblos" (33,10). El profeta Isaías lo pone todo en perspectiva:

> Las naciones *le* son como gota en un cubo,
> Y son estimadas como grano de polvo en la balanza.
> Él levanta las islas como al polvo fino.
> (Is. 40:15)
>
> Todas las naciones ante Él son como nada,
> Menos que nada e insignificantes son consideradas por Él.
> (40:17)

Nabucodonosor no es más que una gota de agua en el cubo de Dios, una partícula de polvo en la balanza de la eternidad. Nabucodonosor cree que ha creado su reino, pero ha sido obra de Dios todo el tiempo, por eso su jactancia es tan ofensiva a oídos del Rey reinante. Para aclarar quién posee realmente el poder supremo, Dios simplemente pronuncia la palabra y Nabucodonosor pasa de la azotea de su palacio a comer maleza en el estiércol.

Sin embargo, Dios se apiada de Nabucodonosor. "Al fin de los días"—una frase que comunica que Dios es el que manda, el que determina el destino de Nabucodonosor—este rey babilonio levanta los ojos al cielo, y recupera la razón. Dios le devuelve la cordura. Ahora Nabucodonosor reconoce quién es el verdadero Rey: "bendije al Altísimo y alabé y glorifiqué al que vive para siempre":

> Porque Su dominio es un dominio eterno,
> Y Su reino *permanece* de generación en generación.
> Todos los habitantes de la tierra son considerados como nada,
> Mas Él actúa conforme a Su voluntad en el ejército del cielo
> Y *entre* los habitantes de la tierra.
> Nadie puede detener Su mano,
> Ni decirle: "¿Qué has hecho?"
> (Dn. 4:34-35).

Estas últimas líneas son aleccionadoras. La voluntad de Dios no puede ser frustrada. Tan invencible es su poder que nadie, ni siquiera el mayor rey o nación de la tierra, puede "detener su mano". Nadie, absolutamente nadie, tiene derecho a interrogarle, preguntándole: "¿Qué has hecho?" Él es el único Señor del cielo y de la tierra; hace lo que quiere; no responde ante nadie más que ante sí mismo. La historia de Nabucodonosor puede ser resumida por Salomón, que dice: "*Como* canales de agua es el corazón del rey en la mano del Señor; Él lo dirige donde le place" (Pr. 21:1).

En mi propio viaje teológico, la historia de Nabucodonosor cambió las reglas del juego. Se hizo obvio que cualquiera que fuera la conclusión a la que llegara, ninguna de ellas podría violar este hecho bíblico: Dios es absolutamente soberano. El título "Señor" adquirió ahora un significado totalmente nuevo. Su señorío es universal en su alcance y exhaustivamente meticuloso en su control, y se extiende a acontecimientos tan colosales como la crucifixión de Jesús (Hch. 2:23; 4:27-28) y tan pequeños como sucesos aparentemente "aleatorios" o "casuales", como el echar suertes en la historia de Jonás (Jon. 1:7). La suerte se "echa en el regazo, Pero del Señor *viene* toda decisión" (Pr. 16:33). Tal soberanía tenía que significar que el Dios al que adoraba no es meramente poderoso; es todopoderoso. Es omnipotente.

¿Qué tiene de especial el poder? La simplicidad del poder independiente

Puede parecer extraño preguntarse qué tiene de especial el poder de Dios. ¿No es el poder... bueno... el poder, simple y llanamente? En realidad, no. El tipo de poder que caracteriza al Creador es muy diferente del tipo de poder que caracteriza a sus criaturas.

Para entender por qué, primero debemos recordar nuestra doctrina de la simplicidad divina. Dios no solo posee poder o tiene poder, sino que es todopoderoso. Su poder y su esencia son una misma cosa. De ello se deduce que el "poder simple" es verdad para Dios, pero no puede serlo para nosotros, la criatura.

Algunos de los más grandes líderes militares de la historia de Estados Unidos pertenecen a la época de la Guerra Civil. Ulysses S. Grant fue un león en el Norte, llevando a la Unión a la victoria en última instancia, pero tuvo que superar una postura casi impenetrable de generales confederados como Robert E. Lee y Stonewall Jackson en el Sur. Independientemente del bando al que perteneciera cada uno de estos generales, todos tenían algo en común: su fuerza en la batalla dependía de los hombres que dirigían. Estos generales podían elaborar el plan de ataque más brillante, podían conseguir el armamento más moderno para sus soldados, pero aparte del poder único que cada batallón aportaba al campo de batalla, estos generales eran impotentes. En otras palabras, dependían de otros para su propio poder en la guerra.

En cambio, el poder de Dios no depende de nadie. Aquí es donde la omnipotencia y la aseidad se encuentran. Puesto que Dios es autosuficiente, su poder debe ser autosuficiente. Sin embargo, a la luz de la simplicidad, no es solo que el poder de Dios sea independiente, sino que es independiente porque Él es su poder. No es que tenga que sacar su poder de otra parte. *Es* todopoderoso por sí mismo. Para decirlo de un modo más técnico, el poder "está originariamente y esencialmente en la naturaleza de Dios, y no es distinto de su esencia".[1]

"No tan rápido", dices. "¿Acaso Dios no actúa a través de otros cuando ejerce su poder?". Así es. Pero no tiene que hacerlo, sino que decide hacerlo. Así que sí, Dios utiliza medios para cumplir su voluntad. Elige difundir la buena nueva de la salvación a través de la proclamación humana; elige santificar a sus santos por medio de las ordenanzas y la palabra predicada; y actúa providencialmente en los pequeños detalles de la vida a través de individuos que a veces niegan su propia existencia. Y, sin embargo, si hubiera querido, podía haber optado por prescindir totalmente de los medios. Su poder puede actuar a través de otros, pero es *intrínseco* a Dios mismo, no depende de nadie. Él es así de poderoso. De hecho, su esencia es su poder.[2]

---

[1] Charnock, *Existence and Attributes of God*, 2:17.

[2] Charnock (*Existence and Attributes of God*, 2:17) expresa este punto más

Una distinción demasiado poderosa para pasarla por alto: poder absoluto y poder ordenado

Seguro que ha oído el dicho "El diablo está en los detalles". Es cierto. Pero también es cierto que "Dios está en los detalles". Lo sé, no es tan llamativo como el primer dicho, pero es igual de importante. En teología, lo que importa son los detalles, determinando si uno es un hereje o un cristiano creyente en la Biblia. Por eso la teología consiste en hacer distinciones.

Una distinción demasiado importante y poderosa para pasarla por alto es la distinción entre el poder absoluto y el poder ordenado de Dios. El poder *absoluto* se refiere a la capacidad de Dios para hacer todas las cosas, incluidas aquellas que le son posibles pero que, por diversas razones, decide no hacer. En la época medieval, teólogos como Duns Escoto abusaron del poder absoluto de Dios. Tan alto elevó Escoto la *voluntad* de Dios que la capacidad de Dios para hacer cualquier cosa significaba que ¡incluso podía pecar! El poder de Dios se había vuelto arbitrario; su voluntad se había convertido en "indiferencia absoluta".[3] Pero otros vieron este abuso tal como era, argumentando en su lugar que la voluntad de Dios no puede divorciarse de su naturaleza moral (un punto que subrayé en el cap. 5).[4] Puesto que Dios es simple, su voluntad y su naturaleza son una, y puesto que su naturaleza es idéntica a todas sus perfecciones (santidad incluida), de ninguna manera su voluntad puede contraponerse a ningún atributo.[5]

El poder *ordenado* de Dios, por otro lado, se refiere a aquellas cosas que Dios ha ordenado, decretado y querido hacer. El poder ordenado de Dios no es otro poder en Dios, sino que es parte de su poder absoluto.[6] Solo porque tiene el poder de hacer cualquier cosa y todo, tiene el poder de hacer aquellas cosas específicas que ha ordenado y querido hacer.

---

técnicamente: la omnipotencia no es "más que la esencia divina eficaz *ad extra*".

[3] Bavinck, *Reformed Dogmatics*, 2:235.
[4] Véase Bavinck, *Reformed Dogmatics*, 2:212, 237, 249.
[5] Bavinck, *Reformed Dogmatics*, 2:247.
[6] Charnock, *Existence and Attributes of God*, 2:12.

¿Recuerdas la historia de Pedro cortando la oreja al criado del sumo sacerdote que intentaba detener a Jesús? Jesús ha sido traicionado por Judas, y está a punto de ser arrestado, cuando Pedro, aparentemente de la nada, hace lo que solo parece correcto: saca su espada para defender a Jesús. Lo fascinante para nosotros no es la oreja ensangrentada que Pedro cortó, sino la respuesta de Jesús: "Vuelve tu espada a su sitio... ¿O piensas que no puedo rogar a Mi Padre, y Él pondría a Mi disposición ahora mismo más de doce legiones de ángeles? Pero ¿cómo se cumplirían entonces las Escrituras *que dicen* que así debe suceder?" (Mt. 26:52-54). Ahí lo tienes, el poder absoluto y ordenado de Dios en dos frases.

Como Hijo de Dios, Jesús es todopoderoso; si dijera la palabra, podría tener un ejército de ángeles a su lado, haciendo huir despavoridos a sus adversarios. Pero Dios tiene en mente un propósito mayor, que prometió a través de sus profetas en el Antiguo Testamento: la muerte expiatoria de su Hijo en la cruz para el perdón de los pecados. Así que, sí Jesús podía ejercer tal poder, pero entonces sería a expensas del plan del Padre para redimir a su pueblo. Llamar a los ejércitos del cielo ciertamente exhibiría un poder absoluto, pero en este momento es el poder ordenado de Dios el que es necesario, e irónicamente, tal omnipotencia se muestra poderosamente en la crucifixión y muerte del Rey Jesús.

¿Puede Dios crear una roca tan grande que no pueda levantarla? Omnipotencia infinita

Habría sido algo especial estar allí, presenciando cómo Pedro cortaba aquella oreja, solo para ver cómo Jesús la recogía y la volvía a poner en la cabeza del hombre, como si nunca hubiera sucedido. Notable. La respuesta de Jesús a Pedro—que podía invocar legiones de ángeles—es un *aidemémoire*, una ayuda para nuestra memoria, de que justo bajo la superficie de los acontecimientos que rodean el ministerio de Jesús está toda la fuerza de la omnipotencia divina.

Toda la fuerza de la omnipotencia divina reside en la naturaleza infinita y eterna de Dios. Piénsalo: El poder de Dios es *infinito;* es poder en medida infinita. Además, el poder infinito de Dios también es *eterno*, lo que significa que nunca menguará. Nunca puede dejar de ser tan omnipotente como siempre ha sido y será. En pocas palabras, lo que queremos decir cuando decimos que Dios es omnipotente es que su ser no tiene límites. Omnipotencia, fíjate, es otra forma de decir que nuestro Dios es *infinito*.

"Espera; ¿sin limitaciones, dices? Seguro que hay cosas que Dios *no puede* hacer, ¿verdad?". ¿Puede Dios crear una roca tan grande que no pueda levantarla? ¿Puede un Dios omnipotente mentir? ¿Puede Dios crear otro ser igualmente ilimitado en poder? ¿Puede un Dios omnipotente crear a una persona sin hacerla?[7] ¿Puede un Dios eterno e infinito morir? Estas preguntas pretenden poner en duda la naturaleza infinita del poder de Dios, exponiendo el hecho de que hay cosas que Dios *no puede* hacer y, por tanto, no puede ser *todo*poderoso.

Por desgracia, estamos mirando el panorama al revés. Deberíamos preguntarnos justo lo contrario: Si Dios pudiera hacer estas cosas, ¿sería una muestra de impotencia y no de omnipotencia? Anselmo corrige nuestro error: "Porque quien puede hacer estas cosas puede hacer lo que no es bueno para sí mismo y lo que no debe hacer. Y cuanto más puede hacer estas cosas, más poder tienen sobre él la adversidad y la perversidad y menos tiene contra ellas. Por tanto, el que puede hacer estas cosas no las puede hacer por poder, sino por impotencia".[8] Al hacernos tales preguntas estamos tan entretenidos e impresionados por nuestra propia astucia que no vemos lo contradictorias que se han vuelto nuestras palabras. Que Dios haga algo que violaría sus otros atributos no complementa su poder, sino que lo destruye.

En un mundo en el que *hacer* cosas (hacerlo todo) se ha convertido en un signo de autoridad, nos cuesta entender que hay situaciones en las que *no hacer nada* es un signo de poder mucho mayor. José no comete adulterio con la mujer de Potifar; Jesús no ordena a las piedras que se conviertan en pan—estos no-actos muestran el mayor grado de poder. Cualquiera de ellos no habría

---

[7] Estos dos últimos proceden de Aquino, *Summa Theologiae* 1a.7.2.
[8] Anselmo, *Proslogion* 7 (*Major Works*, 90).

sido poderoso, sino débil, incluso pecaminoso. El autocontrol no es una debilidad, sino una señal de que uno es más poderoso que aquellos que no pueden controlarse a sí mismos o a sus acciones.

Lo mismo ocurre con Dios. Su poder se manifiesta tan poderosamente en lo que no puede hacer como en lo que sí puede hacer.

¿Puede Dios susurrar un secreto que no conoce? Omnipotencia y Omnisciencia

Hay, sin embargo, otro enigma un poco más difícil de responder: ¿Es posible que Dios cree a alguien capaz de guardar un secreto que ni el propio Dios puede conocer?[9] Si la respuesta es negativa, ¿cómo puede Dios seguir siendo todopoderoso? Si la respuesta es afirmativa, ¿cómo puede Dios seguir siendo omnisciente?

Pero nuestra doctrina de la simplicidad, ¿no viene al rescate una vez más? Lejos de separar unos atributos de otros, la simplicidad exige su unidad. El conocimiento de Dios es un conocimiento omnipotente, y su poder es un poder omnisciente. Aplicadas al enigma anterior, estas verdades significan que no hay que elegir entre conocimiento y poder.

La relación entre poder y conocimiento es clave. La vida mental de Dios no es como nuestra vida mental. La última vez lo comprobé, yo no puedo hacer levitar objetos o desplazar edificios simplemente con mi mente. Sin embargo, el conocimiento de Dios está directamente relacionado con su omnipotencia. Más exactamente, su conocimiento es su poder, y su poder es su conocimiento (simplicidad). Es omniscientemente omnipotente y omnipotentemente omnisciente, de modo que cuando "piensa" las cosas suceden. Su conocimiento es causal, no meramente contemplativo, como el nuestro. No es un espectador. Es el Creador, el que determina todas las cosas. Su conocimiento no es *a posteriori*, como el de la criatura, como si supiera observando,

---

[9] Rogers, *Perfect Being Theology*, 31.

sino que su conocimiento es *a priori*, es decir, observa lo que ya sabe y ha decretado eternamente.[10]

Conocimiento del Creador	Conocimiento de la criatura
a priori	*a posteriori*
Conocimiento eterno e independiente (a se) de los demás.	Conocimientos adquiridos por observación; conocimientos que dependen de otros.

Las implicaciones para la creación y el cuidado providencial de Dios son significativas. En primer lugar, el conocimiento del Creador es *a priori* en el acto de la creación, lo que significa que nunca se puede decir que Dios era de algún modo ignorante hasta que creó. "Es verdad de todas sus criaturas," dice Agustín, "tanto espirituales como corpóreas, que Él no las conoce porque son, sino que son porque Él las conoce. No ignoraba lo que iba a crear. Creó porque sabía, no sabía porque había creado".[11] El conocimiento omnipotente de Dios hizo surgir la creación de la nada (*ex nihilo*). "Con el pensamiento crea", dice Juan de Damasco, "y, con el Verbo que actúa y el Espíritu que perfecciona, el objeto de su pensamiento subsiste".[12] Juan de Damasco destaca también la naturaleza trinitaria de la creación. Es el Dios Trino quien, pensando, crea, el Verbo ejecutando el mandato de su Padre y el Espíritu perfeccionando lo que el Padre ha dicho por medio del Verbo, su Hijo.

En segundo lugar, el conocimiento omnipotente de Dios no solo da lugar a la creación, sino que también la mantiene. "La omnipotencia de Dios implica", observa Katherin Rogers, "que todo lo que tiene algún tipo de ser, aparte de Dios, se mantiene en existencia de momento en momento por el poder causal de Dios. Puesto que el poder de Dios es Su conocimiento, todo lo que es, *es* porque está siendo pensado ahora mismo por Dios". Rogers

---

[10] Bavinck, *Reformed Dogmatics*, 2:192.

[11] Agustín, *Trinity* 15.4.22 (trans. Hill, p. 414).

[12] Juan de Damasco, *Orthodox Faith* 2.2, p. 205.

advierte: "Plantear la hipótesis de algo que existe por sí mismo no causado inmediatamente por el pensamiento de Dios es negar la omnipotencia de Dios".[13] Nótese la lógica:

1. Dios es omnipotente, por lo que todo existe por su poder causal.
2. Dios es simple: su poder es su conocimiento; su conocimiento es su poder.
3. Por tanto, todo lo que existe solo existe porque Dios sabe que existe.

El enigma—¿Puede Dios crear un secreto que no puede conocer? —es erróneo desde el principio porque supone que la vida mental de Dios es irrelevante para su poder. Pero no es así. El conocimiento de Dios no es pasivo, meramente receptivo en lo que sabe. Es, más bien, totalmente proactivo. Como observa Agustín, "Dios no conoce a todas las criaturas… porque existen; existen porque Él las conoce".[14]

Por esa razón, sus antenas teológicas deberían levantarse cada vez que oigan a alguien intentar limitar o condicionar lo que Dios sabe a lo que hacen o piensan las criaturas humanas.[15] No solo es cierto que Dios conoce *todas* las cosas pasadas, presentes y futuras, como confirman las Escrituras (por ejemplo, Sal. 139:17-18; Is. 41-48), sino que el conocimiento de Dios *no depende* de nuestro conocimiento, ni depende de nuestras acciones, y mucho menos de

---

[13] Rogers, *Perfect Being Theology*, 31.

[14] Agustín, *Trinity* 15.13; 6.10; citado en Aquino, *Summa Theologiae* 1a.14.8. Charnock, *Existence and Attributes of God*, 1:324, dice algo muy similar.

[15] Explorar el debate sobre el conocimiento medio (molinismo) nos llevaría más allá del nivel introductorio de este libro, pero al menos debe señalarse que rechazo el molinismo porque hace precisamente esto, es decir, condiciona el conocimiento de Dios a algo o alguien fuera de él, aunque sean otros mundos posibles. Por esa razón, no estoy convencido de que escape a algunos de los mismos problemas y desafíos a los que se enfrentan el teísmo abierto o el arminianismo, que igualmente condicionan el conocimiento de Dios y su capacidad para actuar según ese conocimiento a la libertad libertaria humana, una libertad que siempre puede hacer otra cosa y nunca es necesaria. Para una crítica del molinismo, véase Blocher, "'Middle Knowledge': Solution or Seduction?".

nuestra existencia.[16] Él conoce todas las cosas, incluso las futuras, porque las ha determinado todas.[17] No es "el mundo, sino los decretos" los que "son el medio a partir del cual Dios conoce todas las cosas".[18] Su conocimiento es incondicional, no depende de nadie. Él se conoce a sí mismo, su omnipotente omnisciencia está enraizada en su aseidad. "Conoce todas las cosas en y por sí mismo".[19]

Dios tampoco aprende sobre la marcha, como si creciera o aumentara en conocimiento. Su conocimiento no se convierte ni evoluciona, lo que socavaría su naturaleza infinita y eterna. Ser eterno, como hemos señalado en el capítulo 8, significa que Dios no experimenta ninguna sucesión de momentos. Pero eso también significa que Dios no experimenta ninguna sucesión de *conocimiento*. La "visión de Dios de los acontecimientos en el tiempo no está condicionada temporalmente," dice Agustín.[20] Lo que Dios sabe ahora lo ha sabido siempre, y lo ha sabido perfectamente. Su conocimiento no se desarrolla con el tiempo. ¿Te imaginas si así fuera? ¿Cómo podríamos confiar en sus decisiones? Tal vez su decisión de hoy se base en un conocimiento que mejorará mañana. Afortunadamente, este no es el caso de un Dios eternamente omnisciente. Él lo sabe todo por un acto

---

[16] Para ver la omnisciencia global, exhaustiva y meticulosa de Dios, véanse 2 R. 13:19; Job. 37:16; Sal. 139:1-4, 16; 147:5; Is. 5:1-7 (cf. Dt. 31:16-21); 41:21-29; 42:8-9; 43:8-13; 44:6-8; 44:24-28; 45:1-7; 45:18-25; 46:8-11; 48:3-8; Sal. 44:21; 94:11; 139:1-6, 17-18; Dn. 11:2, 4, 5-35; Is. 40:12-14; 42:9; 44:7-8; Jer. 1:4-5; 38:17-20; Jn. 13:19-21 (cf. Is. 43:10); 13:38 con 18:19-27; 21:18-19; Ro. 11:33-36; He. 4:13. La omnisciencia también se atribuye a Jesús: Jn. 6:64, 70-71 (cf. Mt. 26:21-25); 13:19; 13:38 (cf. 18:19-28); 14:29; 16:4; 21:18-19; Lc. 22:31-32.

[17] Bavinck, *Reformed Dogmatics*, 2:198; Sproul, *Enjoying God*, 127.

[18] Bavinck, *Reformed Dogmatics*, 2:200.

[19] "Por eso su conocimiento es indiviso, simple, inmutable, eterno. Conoce todas las cosas instantáneamente, simultáneamente, desde la eternidad; todas las cosas están eternamente presentes al ojo de su mente" (Bavinck, *Reformed Dogmatics*, 2:196). Aquí Bavinck recurre a Ireneo, Agustín, Lombardo, Aquino, Zanchi y Polanus. También consulta Turretin, *Institutes*, 1:207, que dice que Dios conoce todas las cosas "por su esencia", conoce todas las cosas "indivisiblemente, porque conoce todas las cosas intuitiva y noéticamente, no discursiva y dianoéticamente".

[20] Agustín, *Confessions* 11.1 (1) (p. 221).

eterno.[21] Todo es como si estuviera presente para Dios, incluso las cosas que aún no han ocurrido en nuestra experiencia, porque Él no crece en su conocimiento, sabiendo algo que no sabía antes. Para ser exactos, no hay "antes" ni "futuro" con Dios. Él conoce todo atemporalmente, eternamente.

Su conocimiento, en otras palabras, es primario, siempre precede a lo que somos y a lo que sabemos. Si algo existe o actúa, existe y actúa en última instancia gracias a Él (Hch. 17:28). Su conocimiento es, en definitiva, *creativo* y *causal*. Si alguna cosa o persona escapara de la mente de Dios, entonces no existiría en primer lugar.[22] Nada existe independientemente del conocimiento de Dios, no sea que su conocimiento se vea privado de su poder.

En resumen, se nos recuerda una vez más la importancia de la simplicidad: podemos distinguir entre el poder y el conocimiento de Dios, pero nunca deben separarse el uno del otro.

El poder de Dios está siempre y en todas partes

Si la simplicidad significa que el poder y el conocimiento de Dios son inseparables, entonces también significa que el poder de Dios es inseparable de su eternidad atemporal y de su omnipresencia.

En primer lugar, Dios no es meramente poderoso en el sentido de que lo sea en un momento y, más tarde, en otro. Como Dios eterno y atemporal, es eternamente poderoso. Su poder no puede ir y venir, subir y bajar. Es tan poderoso hoy como ayer. No será más poderoso mañana de lo que es hoy. Su poder es tan eterno como Él, porque Él es poder. Su poder es tan eterno como su naturaleza.

En segundo lugar, su poder está en todas partes. Es omnipresente. Sus enemigos no pueden escapar de Él, no importa dónde se escondan, y sus amigos se alegran de que sea su escudo en el más oscuro de los valles (Sal. 23). Omnipotentemente omnipresente, su poder está totalmente presente en todos los lugares simultáneamente.

---

[21] Charnock, *Existence and Attributes of God*, 1:285.
[22] Rogers, *Perfect Being Theology*, 31.

Si el poder de Dios es a la vez eterno y omnipresente, no puede ser accidental (no esencial) para lo que es y lo que hace. Es, más bien, sustancial y esencial. Anselmo explica la diferencia: El "poder de Dios no es accidental", ya que no puede "existir sin poder". El poder de Dios debe ser "sustancial", pues "o es parte de su esencia lo mismo que es toda su esencia". Sin embargo, no puede ser "parte de su esencia", precisa Anselmo, ya que la esencia de Dios no está "dividida en partes". El poder debe ser "lo mismo que es toda su esencia". Y si es toda su esencia, entonces es "siempre y en todas partes, así que todo lo que es Dios está en todas partes y siempre".[23]

¿Hasta qué punto es poderoso el poder de Dios?

Si el poder de Dios es infinito, omnipresente y permanente, no hay acontecimiento en la historia de la humanidad que escape a su voluntad. Algunos en la historia de la Iglesia han argumentado que, aunque Dios es todopoderoso, decidió renunciar a ese poder, absteniéndose voluntariamente de actuar en el mundo como quien tiene el control de todas las cosas. Sin embargo, las Escrituras pintan un cuadro completamente diferente de Dios. Como en el caso de Nabucodonosor, el Dios de la Biblia es activamente omnipotente, no solo en el plan general de la historia, sino incluso en los detalles más pequeños. No hay esfera, por grande o pequeña que sea, que esté fuera del alcance de Dios.

Pensemos en la salvación. Al comienzo de su carta a los Efesios, Pablo explica que "antes de la fundación del mundo" Dios "nos escogió en Cristo" (1:4). Por amor "nos predestinó para la adopción... conforme a la buena intención de Su voluntad, para alabanza de la gloria de Su gracia" (1:5-6). Elegidos, predestinados: no podría estar más claro quién es el arquitecto maestro de nuestra salvación.

Alguien podría objetar: "¿Qué garantía puedo tener de que recibiré esta gran herencia?". La respuesta se encuentra en el

---
[23] Anselmo, *On the Incarnation of the Word* 7 (*Major Works*, 247).

versículo 11: "También en Él hemos obtenido herencia, habiendo sido predestinados según el propósito de Aquel que obra todas las cosas conforme al consejo de Su voluntad, a fin de que nosotros, que fuimos los primeros en esperar en Cristo, seamos para alabanza de Su gloria". ¿Te lo has perdido? Dos palabras no pueden pasarse por alto: "todas las cosas". No algunas cosas, sino todas las cosas. Dios obra "todas las cosas conforme al consejo de su voluntad". Si eres hijo de Dios, entonces Pablo tiene esto que decirte: no hay nada, absolutamente nada que ocurra en tu vida que no haya sido planeado por Dios antes de la fundación del mundo. En cada aspecto de tu vida, Dios está trabajando para cumplir su voluntad eterna, inmutable, omnipotente y llena de gracia. Como dice Pablo en otro lugar: "Y sabemos que para los que aman a Dios, *todas las cosas* cooperan para bien, *esto es*, para los que son llamados conforme a *Su* propósito" (Ro. 8:28).[24]

"Claro que Dios controla la salvación, pero ¿qué pasa con todo el mal del mundo? Seguramente eso queda fuera de su jurisdicción". Cuando la Escritura dice que Dios es *Señor*, significa que lo es especialmente sobre el mal, que es, sin duda, la mayor amenaza para su reino. El mal no puede vencer si Dios es todopoderoso. Pero no te conformes con mi palabra; escucha lo que dice Dios mismo.

Cuando Moisés mira hacia atrás en su vida—especialmente la forma en que Dios ha liberado a Israel de las manos del Faraón, el gobernante más poderoso de la tierra en ese momento, ordenando al Mar Rojo que consumiera a su ejército—relata las palabras de Dios:

> Vean ahora que Yo, Yo soy el Señor,
> Y fuera de Mí no hay dios.
> Yo hago morir y hago vivir.
> Yo hiero y Yo sano,
> Y no hay quien pueda librar de Mi mano.
> (Dt. 32:39)

---

[24] Como en este caso, en ocasiones he añadido cursiva a las citas de las Escrituras para darles mayor énfasis.

Todo el mundo está de acuerdo en que Dios es quien da vida y sana, pero ¿mata y hiere? Sí, incluso mata y hiere, como demuestra el éxodo de Israel.

Moisés no es el único. Después de dedicar a su hijo Samuel al servicio del Señor, después de que éste respondiera a su oración y le diera a ella—una mujer estéril—un hijo, Ana dice algo parecido:

> El SEÑOR da muerte y da vida;
> Hace bajar al Seol y hace subir.
> El SEÑOR empobrece y enriquece;
> Humilla y también exalta. (1 S. 2:6-7)

Claro, el Señor da vida, resucita, enriquece y ensalza, pero ¿mata, empobrece y abate? Sí, incluso mata, empobrece y abate. Y nadie lo sabe tan bien como Ana, que experimentó verdaderos abatimientos de la mano de Dios. Su incapacidad para tener hijos no fue un accidente. El "Señor había cerrado su vientre" (1:6), por eso Ana se dirigió directamente al Señor para pedirle que abriera su vientre. Sabe que el mismo Señor que quita es también un Señor que da, pues es dueño de ambas cosas.

Job también conoce el dolor de la providencia secreta de Dios. Mientras que a nosotros se nos cuenta la historia del sufrimiento de Job, Dios deja a Job en la oscuridad. Está siendo puesto a prueba, y vaya prueba. En un día, Job pierde a su familia y su riqueza. A continuación, Job pierde la salud, al borde mismo de la muerte. Pero ¿qué dice Job cuando llega esta hora oscura y maligna? "El SEÑOR dio y el SEÑOR quitó; Bendito sea el nombre del SEÑOR" (1:21).

Como lectores, tenemos acceso VIP tras el telón de la providencia divina. Después de vagar por la tierra, buscando desatar el caos, Satanás se presenta ante Dios. Sorprendentemente, no es Satánas, sino el propio Dios quien le pregunta si se ha fijado en su siervo Job, un hombre temeroso de Dios (1:8). Alegando que Job solo teme a Dios porque Dios le ha bendecido, Satanás reta a Dios a que le retire su bendición. Dios entonces le da permiso a Satanás para matar y destruir a la familia, los animales y las posesiones de

Job, cosa que Satanás hace. Nótese, sin embargo, que Satanás no puede tocar nada a menos que Dios lo diga.

Cuando Satanás ve que Job sigue sin maldecir a Dios, se presenta de nuevo ante Dios, y una vez más es Dios quien pregunta a Satanás si ha considerado a Job (2:3). Satanás afirma que Job maldecirá a Dios si le quitan su propia salud y le hacen sufrir. Pero, de nuevo, Satanás no puede tocar a Job a menos que Dios le dé permiso (1:12). Job tiene razón; aunque Satanás ha destruido todo lo que Job era y tenía, es el Señor quien primero se lo dio a Job, y es el Señor quien ahora se lo ha quitado todo (1:21). Pocas historias transmiten el control absoluto de Dios sobre el mal, incluido el propio Satanás, como lo hace la historia de Job. Satanás no puede mover un dedo sin el permiso de Dios.

Sin embargo, ningún texto es tan impactante como Isaías 45. Quizá recuerdes al rey Ciro, aquel rey persa que Dios levantó para liberar a Israel del exilio. Lo sorprendente de Isaías 45 es que fue escrito mucho antes de que naciera Ciro. Sin embargo, Dios llama a Ciro por su nombre (45:4-5), declarando de antemano que levantará a Ciro como su instrumento de liberación. Cuando lo haga, todos sabrán que "no hay ninguno fuera de Mí" (45:6). Y luego viene una asombrosa declaración del propio Dios:

> Yo soy el que forma la luz y crea las tinieblas,
> El que causa bienestar y crea calamidades,
> Yo, el **Señor**, es el que hace todo esto. (Is. 45:7)

¿Ves cuán exhaustiva, meticulosa, extensa y comprensiva es aquí la soberanía de Dios? No hay límites. Él es Dios; Él está en control de todas las cosas, incluyendo el mal. Dios no solo dice que crea la luz, sino que también dice que crea las tinieblas, no solo el bienestar, sino también la calamidad.

En hebreo, la palabra aquí para "crear" es *bārā'*, una palabra del Antiguo Testamento que tiene a Dios como sujeto.[25] Por ejemplo, en Génesis 1:1 leemos: "En el principio Dios *bārā'* los

---

[25] Thomas E. McComiskey, *"bārā'"*, en Botterweck y Ringgren, eds., *Theological Dictionary of the Old Testament*, 1:127-28. Debo esta observación a Ware, *God's Greater Glory*, 71–72.

cielos y la tierra". ¿Ves ahora por qué es tan sorprendente que esta misma palabra se utilice en Isaías 45 para decir que Dios crea las tinieblas (el mal)? Del mismo modo, considere la palabra para "calamidad" (ra'). Otros pasajes del Antiguo Testamento en realidad traducen esta palabra como "malvado", "malo", "dañino" o "perverso". No hay demasiadas palabras en la lengua hebrea que transmitan con tanta fuerza lo que es horrendo, malvado y despreciable.[26] Ahora puede ver por qué es tan inesperado que la misma palabra se utilizara en Isaías 45 para referirse al control de Dios sobre el mal.

Dios quiere dejar bien claro que es Él quien tiene el control de *todas las cosas*. Ni siquiera los actos más amenazadores contra su reino, las acciones malvadas de sus enemigos, escapan a su control. En el contexto de Isaías 45, Dios hace esta impactante afirmación porque quiere que su pueblo sepa, sin sombra de duda, que Él, y solo Él, es Dios. "Yo, el SEÑOR, es el que hace todo esto".[27]

¿Un Dios todopoderoso sigue siendo bueno?

Estos pasajes, y otros innumerables, demuestran que Dios es todopoderoso, incluso sobre aquello que más podría amenazar su poder—el propio mal. Pero si el control de Dios es tan amplio, ¿sigue siendo Dios un Dios bueno? Si controla el mal, ¿es É mismo el mal?

Es revelador que cuando Dios permite que Satanás dañe a Job, éste no solo dice que es el propio Señor quien se lo ha quitado (1:21), sino que el narrador concluye esta escena inicial diciendo: "En todo esto Job no pecó ni culpó a Dios" (1:22). Incluso Job, que está completamente a oscuras en cuanto a los tratos de Dios con Satanás, comprende que el mismo Dios que tiene el control total del horrible mal que se le hace a él y a su familia es y sigue siendo bueno. Por misterioso que sea, la santidad de Dios, su pureza ética y su impecabilidad, no se ven comprometidas en modo alguno por

---

[26] Ware, *God's Greater Glory*, 72. Cf. G. Herbert Livingston, "rā'a'," en Botterweck y Ringgren, *Theological Dictionary of the Old Testament*, 2:854–57.

[27] Otros pasajes que dicen lo mismo son Lm. 3:37-38 y Ec. 7:13-14.

su control exhaustivo y meticuloso del mal que ordena. ¿Cómo entender esta aparente paradoja?

En primer lugar, Dios controla por igual el mal y el bien, pero no debemos suponer que se relaciona con ambos de la misma manera. Mientras que dispensa el bien de su mano de forma directa y próxima, ordena el mal y se encarga de que se produzca indirectamente, mediado a través de otra persona de la que procede ese mal. El control de Dios sobre el bien y el mal es asimétrico. "Aunque el mal está siempre bajo el control de Dios", dice Herman Bavinck, "no puede ser objeto de su voluntad en el mismo sentido y de la misma manera que el bien".[28]

Consideremos Job una vez más. Cuando Job sufre algún daño, es Dios quien en última instancia "se lo quita", pero las intenciones de Dios en la decisión son buenas (como revela el final de Job). Las de Satanás no lo son. Satanás pretende destruir a Job, y por eso utiliza a los malvados sabeos y caldeos para dar muerte a la familia y a los animales de Job (1:15, 17). Así que, sí, Dios ha ordenado este mal, pero el mal en sí se origina en Satanás y proviene de las motivaciones de los sabeos y caldeos.

Igual de notable es la historia del exilio de Israel bajo los asirios. Recuerde que los asirios eran un pueblo malvado y pagano. Eran tan impíos como una nación puede ser. Su intención contra Israel fue perversa todo el tiempo. Y, sin embargo, es Dios quien envía a Asiria para castigar a su pueblo por su idolatría, aunque Asiria no lo sabe y no tiene más que motivos perversos.

> ¡Ay de Asiria, vara de Mi ira
> Y báculo en cuyas manos está Mi indignación!
> Contra una nación impía la envío
> Y contra el pueblo de Mi furor la mandaré…
> Pero ella no tiene tal intento,
> Ni piensa así en su corazón,
> Sino que su intención es destruir
> Y exterminar no pocas naciones. (Is. 10:5-7)

---
[28] Bavinck, *Reformed Dogmatics*, 2:241.

Asiria no piensa que está sirviendo a Dios. Sus motivos son totalmente degenerados. Incluso se jacta de sus logros malvados: "Con el poder de mi mano *lo* hice, y con mi sabiduría, pues tengo entendimiento" (10:13). Sin embargo, como Dios mismo dice, Asiria no es más que la "vara de mi ira," el arma que Dios empuña para afligir a su propio pueblo (10:5).

> ¿Ha de enaltecerse el hacha sobre el que corta con ella?
> ¿Ha de engrandecerse la sierra sobre el que la maneja?
> (10:15)

Dios continúa diciendo que castigará a Asiria por su maldad (10:16-19). Pero espera, ¿no es Asiria el instrumento que Dios ha utilizado para castigar a su pueblo? Así es. Y sin embargo, no es Dios quien es malvado, sino Asiria; así que Asiria será considerada responsable. Como en la historia de Job, aquí vemos el control asimétrico de Dios. Él puede permitir el mal, aunque no es un permiso absoluto; Él tiene el control total de Satanás y Asiria.[29] Sin embargo, el control de Dios es indirecto. Utiliza medios. Y aunque esos medios solo tienen malos motivos, las intenciones de Dios son buenas (por ejemplo, apartar a Israel de la idolatría y llevarlo al arrepentimiento).

Ningún acontecimiento de la historia modela tanto este control asimétrico como la cruz. En la cruz, gente malvada y perversa dio muerte a Cristo. Las intenciones de Herodes, los judíos y los romanos eran estrictamente maliciosas y malévolas. Y, sin embargo, leemos dos veces en el libro de los Hechos, una de labios de Pedro y otra de la iglesia en su conjunto, que la crucifixión era el plan predestinado de Dios (2:23; 4:28). Por un lado, la voluntad *moral, preceptiva y revelada* de Dios condena el mal en la cruz. Por otra parte, la cruz es el cumplimiento de la voluntad *soberana, decretiva y secreta* de Dios, emitida en la eternidad, revelada progresivamente en la historia, pero solo anunciada explícitamente en la época de

---

[29] Turretin, *Institutes*, 1:515.

Cristo.[30] Su voluntad soberana, decretiva, es tan "eterna, inmutable, independiente y eficaz" como Él mismo.[31]

Dos aspectos de la única voluntad de Dios

La voluntad moral, preceptiva y revelada de Dios	La voluntad soberana, decretiva y secreta de Dios
Los mandamientos morales de Dios revelados a la humanidad sobre lo correcto y lo incorrecto, el bien y el mal.	Decreto inmutable, independiente y eficaz de Dios en la eternidad sobre todas las cosas; secreto del consejo de Dios.

Dios no es ambiguo al ordenar lo que condena. Veamos un ejemplo: "Del mismo modo que un padre prohíbe a un hijo usar un cuchillo afilado, aunque él mismo lo usa sin ningún resultado negativo, así Dios nos prohíbe a las criaturas racionales cometer el pecado que Él mismo puede usar y usa como medio para glorificar su nombre".[32]

En segundo lugar, aunque no siempre se nos explican las razones por las que Dios ordena el mal (Job nunca lo hizo), las Escrituras nos dicen que Dios lo ha hecho por nuestro bien y para su gloria (Ro. 8:28).[33] La

---

[30] Esta distinción se da por supuesta en toda la Escritura, pero también se afirma desde Agustín hasta los Reformadores. Sobre esta distinción en la voluntad de Dios, véase Bavinck, *Reformed Dogmatics*, 2:241–45.

[31] Bavinck, *Reformed Dogmatics*, 2:243. Véase Sal. 33:11; 115:3; Dn. 4:25, 35; Is. 46:10; Mt. 11:26; Ro. 9:8; Ef. 1:4; Ap. 4:11.

[32] Bavinck, *Reformed Dogmatics*, 2:244.

[33] Hay multitud de razones por las que Dios puede ordenar el mal. Éstas son solo algunas de las que vemos en las Escrituras: para cumplir su voluntad *según* su sabio plan infinito (por ejemplo, Gn. 50:15-21); para *glorificarse* a sí mismo más de lo que lo haría de otro modo; nuestra debilidad engrandece su poder y su gloria (2 Co. 4:8-12; 12:8-10); para lograr nuestra *transformación;* para demostrar nuestra lealtad e identidad con nuestro Salvador crucificado (Jn. 5:10-12; 15:18-20; Fil. 1:21; 3:10; 2 Ti. 3:12); para santificar y fortalecer a sus hijos (Ro. 5:3-5; Stg. 1:2-4; cf. obediencia a través del sufrimiento en He. 5:8); para capacitar a sus hijos para ministrar a los que también sufren (2 Co. 1:3-7); para disciplinar a sus hijos (por ejemplo, Pr. 3:12; He. 12:9-11; cf. C. S. Lewis, que llama al dolor el "megáfono" de Dios en *Problem of Pain*, 81); para castigar a los malvados (el mal como medio e

cruz es la prueba definitiva. Si hubiéramos estado al pie de la cruz en aquel oscuro día, nos habría parecido que el mal había triunfado de una vez por todas. Así es como se ve la providencia de Dios en el momento, sobre el terreno, en el corazón de la tormenta. Pero si hubiéramos estado allí cuando los discípulos corrieron al sepulcro y lo descubrieron vacío, nos habríamos dado cuenta de que Dios tuvo siempre en mente nuestro bien. Como dice William Cowper (1731-1800) en su himno "God Moves in a Mysterious Way" (Dios se mueve de forma misteriosa):

> Santos temerosos, cobren nuevo valor,
> Las nubes que tanto temen,
> Son grandes con misericordia, y se romperán
> En bendiciones sobre sus cabezas.
> No juzguen al Señor por su débil sentido,
> Confía en su gracia;
> Detrás de una providencia fruncida,
> Él esconde un rostro sonriente.

El plan predestinado de Dios, un plan que a menudo se cumple a través de las acciones malvadas de los seres humanos, demuestra que el poder y la soberanía de Dios siempre van acompañados de su bondad infalible y su sabiduría infinita, lo que nos lleva a nuestro siguiente punto.

El Rey que es Padre: La sabiduría de la omnipotencia

Una de las amenazas más temibles que el mundo jamás conocerá es la de un gobernante que tiene todo el poder del mundo pero no la sabiduría para saber qué hacer con él. Adolf Hitler, Josef Stalin, Saddam Hussein—cada uno de estos hombres tenía el poder al alcance de la mano, pero lo utilizaron para grandes males. Con sangre fría, sedientos de poder y brutalmente negligentes con la vida humana, estos gobernantes son solo algunos ejemplos

---

instrumento para el juicio divino; por ejemplo, Nm. 16:31-35, 41-50; Is. 10:5-19). Algunas razones seguirán siendo un misterio, ocultas para nosotros, cayendo bajo las "cosas secretas" que pertenecen al Señor (Dt. 29:29). Algunos de estos ejemplos se encuentran en Ware, *God's Greater Glory*, 169; otros son de mi autoría.

de cómo es el poder cuando falta la sabiduría. Como dijo John Dalberg-Acton: "El poder tiende a corromper, y el poder absoluto corrompe absolutamente. Los grandes hombres son casi siempre malos hombres".[34]

Qué cierto es eso... con todos menos con Dios. La razón tiene que ver con quién es Dios: no es un hombre. Es Dios. Y porque es Dios, su poder absoluto no se corrompe, sino que está guiado por la sabiduría y la justicia que definen su esencia. "Su soberanía es de poder ilimitado, pero también de sabiduría y gracia. Es rey y padre a la vez".[35]

La sabiduría de Dios impregna nuestro mundo en todos los sentidos. A lo largo del Antiguo Testamento, los autores bíblicos alaban a Dios por su sabiduría en la redención, pero al hacerlo no pueden evitar sentirse atraídos por su sabiduría en la creación (Dt. 4:6-8; Job. 9:4; 12:13, 17; 37:24; Sal. 19:7; 104:24; Is. 40:28; Jer. 10:12). Comprenden que la misma sabiduría que creó el cosmos actúa en la salvación de los creados a imagen de Dios. Cuando esa sabiduría se despliega en toda su finalidad en y por Cristo, los autores del Nuevo Testamento como Pablo, no pueden evitar concluir sus cartas con doxologías como esta: "al único *y* sabio Dios, por medio de Jesucristo, sea la gloria para siempre. Amén" (Ro. 16:27; cf. 1 Ti. 1:17; Jud. 25; Ap. 5:12).[36]

Por supuesto, la sabiduría del plan omnipotente de Dios es muy diferente de la nuestra. Como ya se ha dicho, pocos de nosotros habríamos estado al pie de la cruz y llegado a la conclusión de que el poder y la sabiduría de Dios estaban presentes, y mucho menos que habían prevalecido. El rey fue crucificado; el mal tuvo la última palabra.

¿O no es así?

---

[34] Carta al obispo Mandell Creighton, 5 de abril de 1887. Citado en Dalberg-Acton, *Historical Essays and Studies*, 504.

[35] Bavinck, *Reformed Dogmatics*, 2:240.

[36] *Bavinck, Reformed Dogmatics*, 2:240.

El apóstol Pablo dice a la iglesia de Corinto que "la necedad de Dios es más sabia que los hombres, y la debilidad de Dios es más fuerte que los hombres" (1 Co. 1:25). En realidad, Pablo no quiere decir que Dios sea tonto o débil. Más bien, la aparente necedad y debilidad de Dios se manifiestan en la cruz, porque a los ojos de los incrédulos nada parece indicar más impotencia que la vergüenza de la crucifixión y la muerte que conlleva. ¿Cómo puede ser Jesús "Rey de los judíos", como decía el titulo sobre su cruz, cuando está muerto? Mientras "los judíos piden señales y los griegos buscan sabiduría; pero nosotros predicamos a Cristo crucificado, piedra de tropiezo para los judíos, y necedad para los gentiles. Sin embargo, para los llamados, tanto judíos como griegos, Cristo *es* poder de Dios y sabiduría de Dios" (1:22-24).

El mayor símbolo de debilidad hasta ese momento de la historia—la cruz—sería ahora el mayor signo del poder de Dios sobre el pecado y la muerte. Con la muerte de su Hijo en la cruz, la ira de Dios quedó satisfecha en favor de pecadores como tú y como yo (Ro. 3:25-26). Cuando Jesús gritó: "Consumado es" (Jn. 19:30), nuestra deuda fue pagada, nuestro perdón fue ganado, porque en esa cruz Jesús llevó la pena por cada uno de nuestros pecados. Que el Padre estaba satisfecho con el pago de su Hijo por nuestros pecados fue declarado públicamente al resucitar a Jesús de entre los muertos (Ro. 4:25). La cruz y la tumba vacía son la mejor imagen que jamás tendremos de la sabiduría de nuestro Dios todopoderoso y omnisciente.

¿Es Dios demasiado grande para preocuparse?

La tentación de un capítulo sobre la omnipotencia es que te vayas pensando: "Sí, Dios es grande, pero ¿es tan grande su grandeza que no puede preocuparse por mi pequeño yo?"

El famoso Francis Schaeffer dijo, pensando en un Dios muy grande, que "no hay gente pequeña".[37] Tenía razón. Puede resultar incómodo pensar así, pero precisamente porque Dios es tan grande

---

[37] Schaeffer, *No Little People*, 5.

no hay personas pequeñas. Porque es todopoderoso, omnisciente y sabio, puede preocuparse mucho por ti. Pero ¿por qué? Pensar que es demasiado grande para preocuparse es imponer límites a un Dios que no tiene límites. Si de verdad es infinito, ilimitado en su poder, conocimiento y sabiduría, restringirlo a una existencia distante no funcionará. "Creer que Dios es demasiado trascendente, e infinito, para saber o preocuparse de nosotros aquí, en el planeta Tierra, es limitar a Dios. Un Dios omnisciente *debe* tener contados los cabellos de nuestras cabezas".[38]

Si te cuesta creer en la sabiduría del cuidado omnipotente de Dios, no estás solo. Todos recordamos la extraordinaria fe de Abraham. Sin embargo, la esposa de Abraham, Sara, también lucha. Eso no quiere decir que no tenga fe, pero su fe es débil, como a veces la de Abraham. Ha pasado mucho tiempo desde que Dios prometió un heredero; la pareja ha envejecido claramente más allá de la edad fértil. El embarazo es sencillamente imposible. ¿Oyes las lágrimas de Sara? ¿Sus dudas? Aparentemente de la nada, el Señor se aparece a Abraham junto a los árboles de Mambré, esta vez por medio de tres hombres (Gn. 18). Rápidamente, Sara corre a preparar la comida. Mientras prepara sus deliciosos pasteles, escucha la conversación. Dentro de un año, Sara dará a luz un hijo. Sara se ríe para sus adentros, "diciendo: '¿Tendré placer después de haber envejecido, siendo también viejo mi señor?'" (18:12). He aquí la risa de una mujer que conoce su propio cuerpo, pero es también la risa de una mujer que desconoce los cuidados de aquel que es omnipotente. Un año más tarde, tal como Dios había prometido, Sara da a luz a un niño. Se llama Isaac y es la semilla de la que florecerá una nación.

Cientos de años más tarde, otra mujer estéril tendrá la misma lucha que Sara. Su nombre es Ana. Tan dolorosa es su esterilidad que, cuando derrama su alma ante el Señor en oración, Elí, el sacerdote de Israel en aquel momento, la reprende por estar borracha. Ana le explica que no está borracha, sino angustiada, y expresa su "gran congoja y aflicción" (1 S. 1:16). Ana es una mujer piadosa; ha prometido al Señor que, si le da un hijo, lo

---

[38] Rogers, *Perfect Being Theology*, 9.

dedicará al servicio del Señor de por vida. He aquí una mujer que cree en el poder de Dios, tanto que piensa que Dios Todopoderoso se preocupa lo suficiente como para escuchar su petición. Y tiene razón. Dios escucha, se preocupa y cumple su promesa haciendo lo que es imposible con la fuerza humana: bendiciendo a Ana con un hijo.

¿Quién es este hijo? Se llama Samuel y será el próximo sacerdote y profeta de Israel, el mismo que ungirá al rey David. Así como Dios cuidó de Sara, Dios cuida de Ana, y muestra su cuidado ejerciendo su mano omnipotente. Su mano omnipotente también está ligada a su gran plan, un plan para redimir a su pueblo. Aunque mujeres como Sara y Ana resultaban vergonzosas para la sociedad—estériles y malditas—eran instrumentos de salvación de Dios, a través de los cuales la semilla de Génesis 3:15 vendría a aplastar la cabeza de la serpiente. El punto es que la sabiduría del poder de Dios se muestra en nuestra debilidad. Su sabia omnipotencia brilla en nuestra hora más oscura.

Aunque Sara tardó en ver que la omnipotencia y el cuidado van de la mano, Ana lo ve y estalla en alabanzas:

> No hay santo como el **Señor**;
> En verdad, no hay otro fuera de Ti,
> Ni hay roca como nuestro Dios…
> Porque el **Señor** es Dios de sabiduría,
> Y por Él son pesadas las acciones.
> Quebrados son los arcos de los fuertes,
> Pero los débiles se ciñen de poder…
> El **Señor** da muerte y da vida;
> Hace bajar al Seol y hace subir.
> El **Señor** empobrece y enriquece;
> Humilla y también exalta…
> Pues las columnas de la tierra son del **Señor**,
> Y sobre ellas ha colocado el mundo.
> (1 S. 2:2, 3b, 4, 6-7, 8c)

Muchos siglos después, el mismo cuidado omnipotente será experimentado por una joven llamada María. Ella también tendrá un hijo, un hijo del linaje del hijo de Sara, Isaac. Sin embargo, este Hijo no se parece a ningún hijo anterior, pues ha sido concebido por el Espíritu Santo. María, al recibir la noticia, apenas puede creerlo. "¿Cómo será esto, puesto que soy virgen?" (Lc. 1:34). Sara y Ana habrían asentido ante la respuesta del ángel Gabriel a María: "Porque ninguna cosa será imposible para Dios" (1:37).

Cuando no hay sitio en la posada, el Rey nace en un pesebre. El poder de Dios no podía ser más real; una virgen ha dado a luz, y esta concepción imposible es el advenimiento del Hijo eterno de Dios, el Rey de reyes y el Señor de señores. Sin embargo, tal omnipotencia está envuelta en pañales y colocada en el comedero de los animales. Sin palacio, ni trono, ni cetro. La omnipotencia misma está puesta sobre paja. ¿Por qué? Porque Dios se preocupa. Le importa tanto que envía a su Hijo a nacer como hombre, a sufrir y a morir, para que los pecadores como tú y como yo podamos ser perdonados y reconciliados con Dios.

Solo un Dios omnipotente puede hacerlo. Y lo ha hecho por ti y por mí.

11

¿Puede Dios ser santo y amoroso a la vez?

Justicia, bondad y amor

El **Señor** hace justicia,
Y juicios a favor de todos los oprimidos…
Compasivo y clemente es el **Señor,**
Lento para la ira y grande en misericordia…
No nos ha tratado según nuestros pecados,
Ni nos ha pagado conforme a nuestras iniquidades.
Salmos 103:6, 8, 10

En verdad, pues, eres misericordioso porque eres justo.
Anselmo, *Proslogion*

Y la paz del cielo y la justicia perfecta
Besaron con amor a un mundo culpable.
William Rees, "Here is love,
vast as the ocean"

El asesino que habló con Dios

Es un asesino. Un asesino a sangre fría. Claro que creció en un palacio, el palacio del Faraón para ser exactos, disfrutando de todas las comodidades que Egipto podía ofrecer, pero ahora que ha matado a un hombre, esas comodidades son cosa del pasado.

Todo sucede un día en que Moisés ve cómo un egipcio maltrata a un esclavo hebreo. Puede que Moisés haya crecido en el palacio del faraón, pero es hebreo de nacimiento. Ver a su propio pueblo brutalmente golpeado por los egipcios ha sido agonizante. Día tras día, ha visto a sus hermanos y hermanas hebreos sufrir la esclavitud de los egipcios.

Moisés no puede soportarlo más. Ver a este amo egipcio golpear a este esclavo hebreo es la gota que colma el vaso. Moisés mira a la derecha y luego a la izquierda—no hay moros en la costa. Lleno de ira, Moisés mata al egipcio y lo esconde en la arena. No es exactamente la historia de encubrimiento perfecta. Está claro que Moisés no es Jason Bourne; el asesinato de este egipcio es descubierto por otros hebreos. Al día siguiente, Moisés intenta detener una pelea entre dos hebreos, pero uno de ellos le increpa: "¿Quién te ha puesto de príncipe o de juez sobre nosotros? ¿Estás pensando matarme como mataste al egipcio?" (2:14). Como he dicho, Moisés no es un asesino entrenado; su pequeño secreto ha salido a la luz, lo que significa que el faraón tendrá su cabeza por este delito capital.

Moisés hace lo único que puede hacer: huye al desierto, donde nadie puede encontrarle ni darle caza; O eso cree él.

"Yo soy el que soy"

Un día Moisés se acerca a Horeb, el "monte de Dios" (Éx. 3:1-15), la montaña que se conocerá como el monte Sinaí. Sin previo aviso, Moisés es sorprendido por una visión muy extraña. Delante de él hay una zarza ardiendo. Por extraña que parezca, la zarza ardiente no se está consumiendo. Curioso, Moisés se acerca para verlo mejor, cuando de la nada oye una voz:

"¡Moisés, Moisés!" Dios mismo está hablando a Moisés. Sin duda aterrorizado, Moisés responde: "Aquí estoy". "No te acerques aquí. Quítate las sandalias de los pies, porque el lugar donde estás parado es tierra santa".

Moisés está petrificado. ¿Será consumido por este fuego? ¿Lo ha descubierto Dios, asesino y todo? ¿Cómo puede él, un simple mortal, estar en presencia del Santo? ¿Y por qué querría Dios hablar con él? No hay tiempo para preguntas; tiene que quitarse las sandalias.

Dios dice entonces a Moisés: "Yo soy el Dios de tu padre, el Dios de Abraham, el Dios de Isaac y el Dios de Jacob".

Si antes Moisés estaba petrificado, ahora está absolutamente aterrorizado. Es Dios mismo, el mismo Dios que guió a sus antepasados. ¿Cómo podría un humilde hebreo fugitivo, escondido en el desierto, interesar al Dios que ha establecido *el* pacto con Abraham? Moisés conoce su teología; los mortales, especialmente los mortales pecadores, no pueden mirar a Dios. Así que Moisés oculta su rostro, pues tiene miedo de mirar a Dios.

Mientras Moisés se esconde, Dios le explica que ha oído el clamor y los gemidos de su pueblo elegido en la esclavitud. Moisés será quien libere al pueblo de Dios de Egipto, cumpliendo así las promesas que Dios hizo a Abraham.

Moisés está, como es de esperar, completamente conmocionado. No se lo esperaba en absoluto. "*Si* voy a los israelitas, y les digo: 'El Dios de sus padres me ha enviado a ustedes,' tal vez me digan: '¿Cuál es Su nombre?' ¿qué les responderé?"

Lo que Dios dice a continuación pueden ser las cinco palabras más grandes del Antiguo Testamento: "Yo soy el que soy".

Si el pueblo pregunta, Moisés debe decirles: "Yo soy me ha enviado a ustedes".

Pero, ¿quién es ese "yo soy?"

"Di esto al pueblo de Israel: 'El Señor, el Dios de sus padres, el Dios de Abraham, el Dios de Isaac y el Dios de Jacob, me ha enviado a ustedes.' Este es Mi nombre para siempre, y con él se hará memoria de Mí de generación en generación".

"Yo soy el que soy". ¿Qué significa el nombre de Dios?

Señor del Pacto: Aseidad y presencia del pacto

Hay un sentido de misterio en este nombre, "Yo soy", pero revela al menos dos aspectos cruciales de la naturaleza de Dios. En primer lugar, significa que Dios es aparte. A diferencia de los dioses egipcios, que se identificaban con determinados objetos o lugares (el sol, la luna, el río, etc.), Dios está por encima de su creación. Por ejemplo, "no es como Amón o Ptah," dos dioses egipcios; "no se le puede asignar un lugar y una identidad en el cosmos como a uno de los dioses".[1] No es un dios más en la larga lista de dioses, sino que es único, distinto del orden creado. No es un "ser contingente", su "identidad no está ligada a ningún santuario, culto, ciudad, pueblo o título". Más bien, Él es quien "existe independientemente de todas las cosas, y es el único ser para quien la existencia forma parte de su esencia". En resumen, "todo lo demás depende de Él... Es el Dios creador, único, eterno y todopoderoso... 'Yo soy' implica una existencia absoluta, sin limitación temporal ni contingente. Él no depende de nada, y todo depende de Él".[2] El título **"Yo soy"** transmite la independencia absoluta de Dios. Solo Él es el Creador autoexistente y autosuficiente. Solo Él es vida en sí mismo y por sí mismo.

En segundo lugar, el nombre divino también comunica la *presencia* de Dios en *el pacto*. El contexto es clave; Moisés no solo va a decir a Israel: "Yo soy me ha enviado a ustedes" (Éx. 3:14), sino que este "Yo soy" es "el **Señor**, el Dios de sus padres" (3:15).

---

[1] Garrett, *Exodus*, 207.

[2] Garrett, *Exodus*, 207 y 212. No estoy necesariamente de acuerdo con Garrett en que "preguntarle su 'nombre' es no entender nada, porque no es en absoluto uno de los dioses". Aunque Moisés pregunta el nombre de Dios, Dios toma la iniciativa al aparecerse a Moisés y revelarle su plan. Además, Dios no es tímido a lo largo de la historia del Éxodo, así como de la historia del Antiguo Testamento, a la hora de revelar su nombre o nombres. En Éxodo 3, ciertamente quiere que Moisés e Israel lo conozcan también por este nombre en particular.

Anteriormente en la narración, justo antes de que Dios revele su nombre a Moisés, cuando Moisés tiene miedo de mirar a Dios, el Señor dice: "Ciertamente he visto la aflicción de Mi pueblo que está en Egipto, y he escuchado su clamor... estoy consciente de sus sufrimientos" (3:7). Al dar instrucciones a Moisés para que fuera a ver al faraón, el Señor le promete: "Ciertamente Yo estaré contigo" (3:12). "Está en juego algo más que la ontología".[3] Y sin embargo, para ser exactos, es la ontología de Dios (su aseidad absoluta) la base sobre la que puede inclinarse libremente, entrar en pacto con su pueblo y prometerle que estará con él pase lo que pase. "Yo soy" significa no solo "Yo soy el que soy", sino "Yo soy el que está... con ustedes". Y ese es un mensaje que Moisés necesita oír desesperadamente mientras se prepara para enfrentarse al Faraón. Sí, "Yo soy" es Dios trascendente, pero "Yo soy" está *con* su pueblo elegido y del pacto, y su presencia es la garantía de su liberación.

Moisés lo sabe de primera mano. Al principio de este libro, nos imaginamos a Moisés escondido en la hendidura de la roca (Éx. 33). Recuerda que Moisés ha pedido lo inimaginable: "Te ruego que me muestres Tu gloria" (33:18). No es posible. "No puedes ver Mi rostro... y vivir," dice Dios (33:20). Su gloria es incomprensiblemente trascendente. Sin embargo, Dios esconde a Moisés en la hendidura de la roca, cubriéndole con su mano, permitiéndole ver su espalda. Al hacerlo, Dios revela su nombre, "El Señor", y hace pasar su bondad, declarando su gracia y su misericordia. Este Dios puede ser alto y elevado, pero ha elegido rebajarse y ser inmanente por el bien de su pueblo. Se revela no solo como el Señor del pacto, sino como el Señor del *pacto* de su pueblo.[4] Y por eso, los dioses de Egipto no son rivales.

Alguien que no puede concebirse *más santo:* Autoexcelencia

El encuentro de Moisés con Dios en el monte Sinaí confirma que la santidad de Dios significa ante todo que Dios está apartado. Su

---

[3] Hamilton, *Exodus*, 66.
[4] Véase Frame, *Doctrine of God*, para un tratamiento de este tema.

aseidad es lo que le distingue de todos los demás dioses. Cuando la Escritura se refiere a Dios como el Santo en innumerables ocasiones, tiene en mente este significado fundamental. Sin embargo, eso no agota el significado de la santidad divina. Dicha santidad tiene implicaciones para el carácter moral de Dios. Como Dios autosuficiente y autoexistente, debe ser también el Dios *autoexcelente*. Su aseidad se aplica no solo a su existencia, sino también a su pureza moral, un punto que subrayamos en el capítulo 4.

Volvamos a la historia de Moisés. Después de que Dios revela su nombre a Moisés, Dios cumple su palabra y libera a su pueblo del Faraón. Cuando Israel comienza su viaje fuera de Egipto hacia la tierra que Dios prometió a Abraham, la primera parada es el monte Sinaí, tal y como Dios prometió a Moisés (Éx. 3:12). En el monte, Dios hace una promesa condicional: "Ahora pues, si en verdad escuchan Mi voz y guardan Mi pacto, serán Mi especial tesoro entre todos los pueblos, porque Mía es toda la tierra. Ustedes serán para Mí un reino de sacerdotes y una nación santa" (19:5-6). Descendiendo sobre el monte en una nube espesa, con humo y fuego, que hace temblar el monte, Dios escribe su ley en tablas de piedra. Aquí está la constitución de la nación, la ley de Dios por la que regirse para que Israel guarda el pacto y sea apartada como su nación santa.

Puesto que estos diez mandamientos reflejan la perfección moral de Dios, su pueblo debe ser una imagen de su excelencia moral, no solo apartado sino *consagrado* a Él en todos los sentidos. Ya sea mediante el culto ("No te harás ningún ídolo", 20:4), la familia ("Honra a tu padre y a tu madre"; 20:12) o las posesiones ("No codiciarás la casa de tu prójimo... mujer...", 20:17), el pueblo elegido de Dios debe mostrar a las naciones de su entorno cómo es su Dios.

El Dios de Israel no solo es ilimitado en el orden creado, no depende de nadie, es Señor de todo, sino que su excelencia moral brilla más que el sol. El Dios de Israel no solo es la perfección misma, sino que es la norma misma de la moralidad, la fuente misma de la santificación y la santidad. El bien y el mal se determinan mirándole a Él, que es en sí mismo la Verdad. Podríamos llamarle el *summum bonum*, el bien supremo, el más alto, el más grande que pueda imaginarse.[5] Todo bien se mide con respecto a Él, porque Él es el mayor bien. Si Anselmo está en lo cierto al afirmar que Dios es alguien que no puede concebirse más grande que él, entonces también debe ser cierto que Dios es alguien que ninguno más *santo* puede concebirse que él.

A diferencia de Israel, que depende de Dios para su santidad—incluso su génesis como nación santa es obra suya—Dios no depende de nadie para su excelencia moral. Poniendo en práctica nuestra doctrina de la simplicidad una vez más, si Dios es independientemente santo (autoexcelente), entonces es apropiado decir que este Dios es santo. La santidad no es algo que alguien le da, ni es una cualidad que adquiere con el tiempo (lo que socavaría su inmutabilidad). Es santo por sí mismo. Su esencia es, por definición, santa. Siempre lo ha sido y siempre lo será. Nuestro Dios es *eterna* e *inmutablemente* santo.

Para comprender mejor la magnitud de la santidad divina, tenemos que viajar en el tiempo desde Moisés, criminal a la fuga, hasta un rey de dieciséis años que comete un error que nunca olvidará.

Incienso, un rey y una frente leprosa

Has oído decir que el orgullo precede a la caída. Nunca ha sido más cierto que con Uzías. ¿Quién es Uzías? Uzías es el rey de Judá. No sé qué hacías tú a los dieciséis años, pero yo estaba en el instituto y pasaba la mayor parte del tiempo jugando al baloncesto. Uzías no. A los dieciséis años es rey, gobernando una nación.

Inesperadamente, con solo dieciséis años Uzías es en realidad un buen rey. Por inexperto que sea, teme a Dios. Uzías no debe llevarse todo el mérito; empezar con buen pie se debe también a tener el profeta adecuado, y el profeta adecuado es Zacarías. Uzías se propuso "buscar a Dios durante los días de Zacarías, quien tenía

---

[5] Véase Sproul, *Enjoying God*, 138.

entendimiento por medio de la visión de Dios; y mientras buscó al Señor, Dios le prosperó" (2 Cr. 26:5). Todo Jedi necesita un maestro, y Zacarías es ese maestro para Uzías.

Nótese, sin embargo, que 2 Crónicas dice que Dios hace prosperar a Uzías mientras él busca al Señor. Esa frase "mientras" te pone nervioso, ¿verdad? debería. Si usted es padre, es posible que también use esa frase. "Mientras hagas tu tarea, puedes ir al baile". "Mientras cenes, puedes ir a jugar al fútbol". La frase introduce una condición. Y tal condición se impone a Uzías, como a todos los demás reyes y jueces de Israel. Si tan solo la historia terminara ahí, entonces Uzías seguiría siendo un rey que busca a Dios y escucha el consejo del profeta de Dios.

Desafortunadamente, ese no es el final de la historia de Uzías. "Pero cuando llegó a ser fuerte, su corazón se hizo tan orgulloso que obró corruptamente, y fue infiel al Señor su Dios, pues entró al templo del Señor para quemar incienso sobre el altar del incienso" (2 Cr. 26:16). ¿No habíamos dicho que la soberbia precede a la caída? La Biblia dice que Uzías es "infiel". La palabra "infiel" (*mā'al*) "conlleva el sentido de afrentar la santidad de Dios" y "no rendirle el culto debido".[6]

¿Qué tiene de indignante entrar en el templo y quemar incienso en el altar? Tal vez recuerdes del capítulo 9, cómo Nadab y Abiú ofrecen "delante del Señor fuego extraño, que Él no les había ordenado" (Lv. 10:1) e instantáneamente son consumidos por el fuego del cielo. Acercarse a la presencia del Dios vivo en su propia morada sin seguir sus propias instrucciones es provocar su ira. Ni siquiera el rey está exento.

El éxito de Uzías, la fuerza y el poder que ha adquirido, se le han subido a la cabeza. Supone, incluso presume, que él es la excepción a la regla. Después de todo, él es el rey; nadie es más grande que él. La mente de Uzías es tan grande que ha olvidado no solo quién le ha dado su reino, sino quién es él. Sí, es rey, pero sigue siendo pecador, necesitado de un mediador sacerdotal que lo expíe. Como rey, debería saberlo mejor que nadie, porque Dios ha

---

[6] Véanse los comentarios de Brian E. Kelly sobre 2 Cr. 26:16 en la *ESV Study Bible*.

prescrito que hay que acercarse a él y adorarlo según sus normas. Uzías cree que puede saltarse esas normas y adorar a Dios como mejor le parezca. Ya no necesita a los sacerdotes, sino que quiere ignorarlos por completo y reclamar la máxima autoridad espiritual en la casa de Dios.[7]

El sacerdote Azarías intenta detener al rey. Con ochenta sacerdotes a su lado, marcha tras Uzías y se enfrenta a él. "No le corresponde a usted, Uzías, quemar incienso al Señor, sino a los sacerdotes, hijos de Aarón, que son consagrados para quemar incienso. Salga del santuario, porque usted ha sido infiel y no recibirá honra del Señor Dios" (2 Cr. 26:18). El rey no escucha, sino que se enfurece porque Azarías le niega a él, el rey, la función sacerdotal.

En ese momento, Uzías podía arrepentirse, pero en lugar de ello se pone furioso. Así que Dios instantáneamente aflige a Uzías con lepra. ¡Allí están, en un enfrentamiento, cuando al instante la lepra cubre la frente de Uzías! La lepra era una sentencia de muerte en aquellos días. Y para un rey, como Uzías, también significaría que su reinado prácticamente había terminado. El resto de la historia es trágica. Uzías "quedó leproso hasta el día de su muerte, y habitó en una casa separada, ya que era leproso, porque fue excluido de la casa del Señor" (2 Cr. 26:21). Su hijo Jotam tiene que gobernar al pueblo en su lugar.

El Trisagio

El rey Uzías muere leproso. Su muerte debe dejar preocupado al pueblo. A pesar de su trágico final, Uzías ha traído seguridad y paz. Ahora, ¿dónde buscará Israel un rey? ¿Dónde hallará esperanza con el rey muerto?[8]

Ese mismo año, el profeta Isaías tiene una visión de un rey (Is. 6). "En el año de la muerte del rey Uzías vi yo al Señor sentado

---

[7] Kelly (comentarios en la *ESV Study Bible*) piensa que Uzías va más allá de la autoridad política para reclamar también autoridad espiritual.

[8] Oswalt, *Isaiah*, 177.

sobre un trono alto y sublime, y la orla de Su manto llenaba el templo. Por encima de Él había serafines. Cada uno tenía seis alas: con dos cubrían sus rostros, con dos cubrían sus pies y con dos volaban" (6:1-2). Antes vimos que Moisés se cubrió el rostro cuando se encontró con la voz de Dios en la zarza ardiente. Aquello no era más que una zarza, pero aquí Isaías se acerca realmente al trono celestial y ve a Dios sentado en él en toda su soberanía y supremacía, en toda su infinita belleza y excelencia. Isaías siente "la crudeza del terror de estar donde la humanidad no se atreve a ir".[9]

La escena es de realeza. Mientras el Señor está sentado en su trono, "alto y sublime"—una frase que subraya la soberanía divina—se dice que su manto llena el templo. La longitud aparentemente interminable del manto es un símbolo: éste es el Rey, supremo en su omnipotencia, inmenso en su omnipresencia e insuperable en su gloria. Su dominio y reinado, así como la gloria de su nombre, se extienden tanto como su manto.

Sobre Él vuelan serafines. ¿Qué clase de criaturas son los serafines? No se nos da una imagen completa, pero algunos especulan, basándose en cómo se utiliza la palabra en otras partes de las Escrituras, que pueden parecerse a una serpiente o a un dragón. Otros creen que la propia palabra indica que son criaturas ardientes.[10] En cualquier caso, sabemos que tienen seis alas. Cuando se elevan sobre el trono divino, sus alas cumplen una función clave. Dos alas les cubren los *ojos,* para que no miren al mismo Santo. Pueden ser seres celestiales, pero también son criaturas creadas, finitas, indignas de mirar a Aquel que es infinito y eterno. El resplandor de su gloria los cegaría de inmediato. Dos alas cubren sus *pies.* Eso sí que es extraño; ¿O no lo es? Los pies, en el mundo antiguo, eran la parte del cuerpo asociada con la suciedad o la falta de modestia. Los pies expuestos ante un rey, y

---

[9] Oswalt, *Isaiah,* 177.
[10] Para ambas interpretaciones, véanse Nm. 21:6; Is. 14:29; 30:6. El fuego "se asocia en todas partes con la santidad de Dios (Éx. 3:1-6; 13:21; 19:18; Lv. 10:1-2; Nm. 11:1-2; 1 R. 18:24; Is. 6:6-7), de modo que sería totalmente apropiado que los que declaran esa santidad (v. 3) fueran 'ardientes' en su apariencia" (Oswalt, *Isaiah,* 180-81).

no digamos ante el Rey de reyes, serían un signo de falta de respeto y de profanación, invitando a la impureza a la presencia del Santo.

El último par de alas se utiliza para volar, y mientras estos seis serafines vuelan se gritan unos a otros: "¡Santo, santo, santo es el S<small>EÑOR</small> de los ejércitos; llena está toda la tierra de Su gloria!" (6:3). ¿Por qué decir "santo" tres veces? Esta frase se conoce a menudo como el Trisagion. El hebraísta John Oswalt dice que es "la forma más fuerte del superlativo en hebreo", que indica que "el Dios de Israel es el más 'piadoso' de todos los dioses".[11] Se trata de subrayar, de la forma más enfática posible, que nadie es santo como el Señor. Su santidad lo sitúa en un reino aparte.[12]

Nótese que la extensión de la gloria de Dios no tiene límites. Su gloria llena toda la tierra, frase que atestigua no solo la omnipresencia de su gloria y su infinitud, sino el alcance de su soberanía. No hay tierra ni lugar que no haya sido tocado por su poder, gobierno y autoridad. Toda la tierra conoce la presencia de su poder, y con él su grandeza.

Pero entonces sucede algo aterrador. Mientras Isaías escucha a estos serafines, la habitación se llena de humo y los "cimientos de los umbrales" empiezan a temblar violentamente. Como crecí en la zona de la bahía de California, no me resultan desconocidos los terremotos. Cada año escolar nuestra clase se sometía a simulacros de terremoto, preparándose para "el más grande". Agacharse bajo los pupitres o las puertas siempre resultaba ridículo. ¿Era realmente necesario? Entonces, un día de octubre de 1989, un día cualquiera, se produjo un terremoto de 6,9 grados en la escala de Richter. Nunca lo olvidaré. Estaba en la sala de mi casa, donde teníamos una pecera muy grande. Fue como si un gigante se hubiera agachado y hubiera sacado el agua de un manotazo.

Después de refugiarnos en familia bajo el poste de una puerta, el terremoto por fin se detuvo. Si alguna vez has estado en un terremoto, es como estar en una escena a cámara lenta de las películas; parece una eternidad hasta que termina. Después,

---

[11] Oswalt, *Isaiah*, 181.
[12] Para otro ejemplo, véase Ap. 4:8.

encendimos las noticias, sólo para ver a las personas aplastadas hasta la muerte bajo las estructuras colapsadas. La autopista 880 parecía una serie de olas en el océano. La mayoría recordará una parte superior del Puente de la Bahía derrumbándose sobre los coches en el nivel inferior. Los vehículos se caían literalmente del puente. Ese día, San Francisco se puso de rodillas.

Cuando Isaías está en presencia de Dios—serafines volando sobre el trono, humo llenando el aire—el suelo debajo de él y las paredes a su alrededor tiemblan violentamente por los gritos de los serafines, e Isaías cae de rodillas. ¿Te imaginas lo petrificado que debe de estar? Isaías seguramente piensa que está a punto de ser devorado por completo. En ese momento, sin duda Isaías ve su vida pasar ante sus ojos. Nunca antes la *finitud* de su existencia y la *pecaminosidad* de su alma habían estado tan expuestas. Tal es el efecto de estar en presencia del Santo.

"¡Ay de mí!"

Isaías hace entonces lo único que puede hacer: grita desesperado: "¡Ay de mí! Porque perdido estoy, pues soy hombre de labios inmundos y en medio de un pueblo de labios inmundos habito, porque mis ojos han visto al Rey, el Señor de los ejércitos" (Isaías 6:5). La respuesta de Isaías es reveladora. Estar en presencia de aquel que es "santo, santo, santo" nos enfrenta no solo a la total y absoluta *otredad* del Señor, sino también a su *absoluta pureza*. Y ese es un gran problema para Isaías. Es un pecador que se encuentra ante el que es santo. No hay escapatoria para Isaías, solo la confrontación con su propia culpa y contaminación. Isaías está condenado, y lo sabe; lo siente.

Isaías no solo ve su propia situación—"¡Ay de mí! Porque perdido estoy"—sino también la de su pueblo: "en medio de un pueblo de labios inmundos habito". Los labios expresan el corazón. Expresan lo que realmente hay dentro de nosotros, incluso nuestros pensamientos más profundos y oscuros. Santiago dice que la lengua es un "fuego, un mundo de iniquidad". Contamina " todo el cuerpo, es encendida por el infierno e inflama el curso de *nuestra* vida" (3:6). Se trata, lamenta y advierte Santiago, de un "mal turbulento *y* lleno de veneno mortal" (3:8). "Con ella bendecimos a *nuestro* Señor y Padre, y con ella maldecimos a los hombres, que han sido hechos a la imagen de Dios" (3:9). Isaías, mucho antes que Santiago, sabe que esto es cierto de sí mismo y de su pueblo. ¿Cómo puede estar en presencia del Santo con esos labios y sobrevivir? No puede.

Se quita tu culpa: Amor santo

En el siglo XXI, "amor" es una palabra que ya no significa prácticamente nada. La utilizamos para todo, de modo que no se refiere a nada. Un domingo es probable que "ames" la iglesia, la pizza con un partido de fútbol y una larga siesta... y en ese orden. La cuestión es que usamos la palabra con tanta frecuencia y con tanta igualdad que la propia palabra ha perdido su significado. Antes nos "gustaban" las cosas (coches, películas, barbacoas) y reservábamos el "amor" para las cosas que más apreciamos (familia, Dios). Ahora ya no. Amamos todo y cualquier cosa.

El amor de Dios, sin embargo, no es tan superficial. Cuando expresa su amor o declara que pondrá su amor en alguien o en algo, eso significa algo especial. En la Biblia, el amor divino es tan rico que tiene una variedad de matices, cada color contribuyendo a un magnífico mosaico al final. D. A. Carson esboza cinco matices diferentes del amor de Dios en las Escrituras:

1. "El amor particular del Padre por el Hijo, y del Hijo por el Padre" (Jn. 3:35; 5:20; 14:31)
2. "El amor providencial de Dios sobre todo lo que ha hecho" (Mt. 6)
3. "La postura salvífica de Dios hacia su mundo caído" (Jn. 3:16; 15:19; 1 Jn. 2:2)
4. "El amor particular, eficaz y selecto de Dios hacia sus escogidos" (Dt. 4:27; 7:7-8; 10:14-15; Mal. 1:2-3; Ef. 5:25)

5. "El amor de Dios... dirigido hacia su propio pueblo de forma provisional o condicional—condicionado, es decir, a la obediencia" (Éx. 20:6; Sal. 103:8; Jn. 15:9-10; Jud. 21).[13]

Muchos de ellos ya se han tratado en capítulos anteriores. Sin embargo, lo que más llama la atención de Isaías 6 es la forma en que pone en el centro el amor eficaz de Dios. De la manera más personal posible, Dios fija su amor redentor en Isaías, y de una forma que Isaías nunca olvidará.

¿Hay algo que mueva a Dios a amar a Isaías de una manera salvífica? No, al menos nada externo al propio Dios. Esta respuesta puede resultar chocante; al fin y al cabo, nos tenemos en gran estima a nosotros mismos. "¡Seguro que soy una persona adorable!" exclamamos. Pero esa reacción instintiva no hace sino revelar nuestra ceguera ante la omnipresencia, lo ofensivo y lo espantoso de nuestra propia depravación. Cuando nos presentamos ante el tribunal celestial—pecadores ante el trono de un Dios santo—nuestras manchas de culpabilidad se manifiestan. Incluso nuestras mejores obras no son más que trapos de inmundicia ante Aquel que es perfecto en santidad, un punto que el propio Isaías no tiene reparo en señalar (Is. 64:6).

Sin embargo, nuestra total indignidad hace que el amor de Dios sea aún más hermoso. Su amor que nos elige y nos salva como pecadores no está condicionado a nuestra valía inherente o al valor de nuestras buenas obras. Si así fuera, no tendríamos esperanza. Nuestro grito es el mismo que el de Isaías: "¡Ay de mí!" A decir verdad, Dios nos ama cuando no somos dignos de ser amados (1 Jn. 4:10; Ro. 5:8). Mientras Isaías aún tiene ese "ay" en la punta de la lengua, uno de los serafines vuela hacia él con un carbón encendido del altar. Este carbón está tan caliente que ni siquiera el serafín, una criatura ardiente, se atreve a tocarlo. El serafín tiene que utilizar unas pinzas para tomar este carbón ardiente. Con ese carbón, el serafín toca la boca de Isaías y declara: "*Con él* tocó mi boca, y me dijo: Esto ha tocado tus labios, y es quitada tu iniquidad y perdonado tu pecado" (6:7).

---

[13] Carson, *Difficult Doctrine of the Love of God*, 16–21.

El calor es poderoso. Una llama puede calentarse tanto que purifica un objeto. En el Salmo 12:6 leemos: "Las palabras del Señor son palabras puras, plata probada en un crisol en la tierra, siete veces refinada". La pureza de la palabra de Dios es probada por un horno caliente. Un horno es tan abrasador que elimina cualquier impureza, y lo que es puro se muestra por lo que es. La palabra de Dios es tan pura que puede compararse a la plata que ha sido puesta en la llama siete veces, siendo siete el número de la perfección. Del mismo modo, el carbón del altar purifica, fundamentalmente porque procede de Dios, quien es Él mismo un "fuego consumidor" (Dt. 4:24; Is. 33:14; He. 12:29; cf. 2 Ts. 1:8).

Isaías está condenado por su culpa, pero Dios elimina esa culpa por completo, haciendo expiación por el pecado de Isaías. Tal expiación, tal perdón, es representado por el carbón ardiente que toca los labios de Isaías, el punto focal de la culpa de Isaías. Isaías es un hombre nuevo, de labios limpios y corazón puro. Perdonado, expiado, Isaías nunca olvidará el santo amor de Dios.

El justo y el justificador: Amor paternal y justicia retributiva

La expiación de la culpa que recibe Isaías apunta a una expiación mucho mayor que se encuentra en el sacrificio de Jesucristo. Es fundamental aclarar que Isaías experimenta el amor de Dios no al margen de la santidad de Dios, sino a través de ella y gracias a ella. Es el amor de Dios—un amor que proporciona la expiación necesaria para el perdón—el que no solo sostiene sino que cumple las condiciones de la santidad divina.

Muchos tienen hoy la convicción contraria. Piensan que una santidad que ejecuta la justicia por medio de la ira no puede tener nada que ver con un Dios que es amor y otorga amor. La cruz, según este punto de vista, trata del amor de Dios, pero no de la santidad, la justicia y el juicio de Dios. En este esquema, la cruz se convierte meramente en un ejemplo de cómo se puede amar a los demás, pero no es una expiación por el pecado. El pecado implicaría maldad, y la maldad la infracción de una ley divina, y con la infracción de una ley divina la necesidad de la ira y el juicio divino. El amor no puede tener nada que ver con el juicio.

¿O si puede?

Me encanta ver películas de detectives. Mi pasión empezó con el detective de ficción de Agatha Christie, Hércules Poirot, ese genio belga (interpretado por David Suchet en la serie de PBS) que parece fijarse en todos esos detalles críticos necesarios para resolver los casos más enigmáticos. Otros amigos míos se sienten más atraídos por Sherlock Holmes y su compañero el Dr. Watson. Tanto si eres fan de Poirot como de Holmes, los misterios detectivescos suelen acabar igual: el villano malvado, que acecha por las calles asesinando a inocentes, es capturado, juzgado y declarado culpable. Pero imagine, por un momento, que el villano fuera capturado, juzgado y declarado culpable, pero que luego el juez lo dejara en libertad.

Dos componentes clave de la justicia distributiva de Dios

Justicia remunerativa	Justicia retributiva
Dios distribuye recompensas (remunera) por la obediencia a su santa ley	Dios distribuye el castigo (retribuye, penaliza) por quebrantar su santa ley
Brota del amor y la gracia del pacto de Dios	Brota de la santidad, la rectitud y la justicia de Dios en forma de ira divina
Dt. 7:9-13; 2 Cr. 6:15; Sal. 58:11; Mi. 7:20; Mt. 25:21, 34; Lc. 17:10; Ro. 2:7; 1 Co. 4:7; He. 11:26	Job. 41:11; Mt. 5:22, 28-30; 10:28; Lc. 17:10; Ro. 1:32; 2:9; 12:19; 1 Co. 4:7; 2 Ts. 1:8

Nota: Para más información sobre estas distinciones, véase Berkhof, *Systematic Theology*, 75.

Una cosa es hablar de las películas, pero imagina que esto ocurriera en la vida real. El pederasta, el violador, el asesino en serie, el terrorista—todos en libertad. ¿Cuál sería la respuesta de las víctimas y sus familias? La indignación. Y con razón. ¿Por qué? Porque no se ha hecho justicia. Una sociedad caracterizada solo por la *justicia remunerativa* (una justicia que recompensa a los que hacen el bien) y no por la *justicia retributiva* (una justicia que paga a los malvados con el castigo que merecen) es una sociedad que permite que los malvados se alcen y aplasten a los inocentes. Por mucho que nuestra cultura proteste contra un Dios de justicia retributiva, no nos atrevemos a imaginar una sociedad sin ella.

Sin embargo, por alguna razón pensamos que nuestro pecado, ante un Dios perfectamente santo, es la excepción, como si Dios pudiera hacer la vista gorda sin que su propia justicia quedara contaminada por su aceptación de la injusticia. ¿Hemos olvidado que estamos ante un juez *santo,* cuyos ojos son tan puros que ni siquiera puede mirar el mal (Hab. 1:13)? "Mía es la venganza, yo pagaré, dice el Señor" (Ro. 12:19). La justicia no es una mera consecuencia de las decisiones de Dios o de su voluntad; es una propiedad esencial de Dios mismo (Sal. 5:4). Si es justo por naturaleza y odia el pecado como el que es intrínseca y absolutamente santo, entonces debe castigar la iniquidad.[14]

Asumir nuestra propia culpa ante el trono de un Dios santo—como hace Isaías—nos da una apreciación radical de lo que sucedió en el Calvario. El propio Isaías habla de ese día oscuro:

> Fue despreciado y desechado de los hombres,
> Varón de dolores y experimentado en aflicción…
> Ciertamente Él llevó nuestras enfermedades,
> Y cargó con nuestros dolores.
> Con todo, nosotros lo tuvimos por azotado,
> Por herido de Dios y afligido.
> Pero Él fue herido por nuestras transgresiones,
> Molido por nuestras iniquidades…
> Todos nosotros nos descarriamos como ovejas,
> Nos apartamos cada cual por su camino;
> Pero el Señor hizo que cayera sobre Él
> La iniquidad de todos nosotros…

---

[14] Turretin, *Institutes,* 1:237.

Pero quiso el **Señor**
Quebrantarlo, sometién*dolo* a padecimiento.
Cuando Él se entregue a Sí mismo *como* ofrenda de expiación,
Verá a *Su* descendencia,
Prolongará *Sus* días.
(Is. 53:3a, 4-5a, 6, 10)

    He aquí el Evangelio según Isaías. Nosotros, pecadores, hemos seguido nuestro propio camino, el camino de la iniquidad. Ante un Dios santo, somos culpables, merecedores de su condena eterna. Pero Dios envió a su siervo sufriente para llevar esa condena en nuestro lugar. La iniquidad que era nuestra, en cambio fue cargada sobre él. Sustituido por nosotros, este siervo fue herido por nuestras transgresiones, molido por nuestras iniquidades. La pena por nuestro pecado, la ira que debería haber sido nuestra, recayó en él, y él la soportó en nuestro lugar. Su alma hizo ofrenda por nuestra culpa aquel día. Notemos que Dios no pasa por alto la santidad y la justicia que conlleva, sino que satisface el castigo de la ley. Se hace justicia.

    Los autores del Nuevo Testamento tienen una palabra para esto: "propiciación". Cristo fue puesto como propiciación, lo que significa que satisfizo la pena por nuestro pecado llevando en la cruz la ira de Dios que merecemos. Nadie capta nuestro pecado y a Cristo como nuestra propiciación tan maravillosamente como Pablo: "Por cuanto todos pecaron y no alcanzan la gloria de Dios. *Todos* son justificados gratuitamente por Su gracia por medio de la redención que es en Cristo Jesús, a quien Dios exhibió públicamente como propiciación por Su sangre a través de la fe, como demostración de Su justicia, porque en Su tolerancia, Dios pasó por alto los pecados cometidos anteriormente, para demostrar en este tiempo Su justicia, a fin de que Él sea justo y *sea* el que justifica al que tiene fe en Jesús". (Ro. 3:23-26; cf. He. 2:17; 1 Jn. 2:2; 4:10). Según Pablo, parecía haber un problema para Dios; Dios "pasó por alto los pecados cometidos anteriormente". ¿Cómo puede un Dios santo, justo y recto hacer eso? ¿No es como el juez que mira al criminal culpable y lo deja libre? Igualmente problemático es cómo un Dios santo, justo y recto puede justificar a los pecadores cuando no se ha cumplido la pena por sus pecados. Si Dios ha de seguir siendo santo, justo y recto, esto es imposible.

Entonces, ¿por qué está Pablo tan extasiado? Porque el Dios justo no ha comprometido su carácter santo pasando por alto los pecados, sino que ha propuesto a *su propio Hijo* como propiciación. No ha dado la gracia a expensas de su justicia, sino que su propia justicia ha producido la gracia.[15] Cristo es el sacrificio perfecto, el sustituto santo, cuya sangre derramada satisface la propia justicia divina. La cruz es el modo—el único modo—en que Dios puede seguir siendo justo y justificar legítimamente a los pecadores culpables, como tú y como yo. En la cruz, la justicia y la misericordia se besan; porque Dios es a la vez "justo y justificador del que tiene fe en Jesús". "Ira, juicio, castigo—eso no suena muy amoroso", dicen algunos. Yo difiero: es el acto más amoroso que jamás haya existido.

El béisbol es el pasatiempo de Estados Unidos. Hay una razón por la que los alumnos de secundaria piensan que las clases de historia de Estados Unidos son tan aburridas; es porque la mayoría de los profesores no cuentan la historia de Estados Unidos desde las gradas. Desde la Gran Depresión hasta la Segunda Guerra Mundial, pasando por el movimiento por los derechos civiles, fue el béisbol lo que sacó a Estados Unidos adelante; y lo sigue haciendo. Después de una larga semana de trabajo, no hay nada como llevar a los niños a comer un perro caliente, una soda fría y sentarse en las gradas con la esperanza de ver un home run de tu bateador favorito de las grandes ligas. El olor a maní, el crujido de Cracker Jack... bueno, ¡esto empieza a sonar como la séptima entrada! Pero no importa a qué partido asistas, parece que siempre hay un chico o una chica que sostiene ese cartel para la cámara: "Juan 3:16". Si tienes suerte, puede que incluso los veas correr por el campo agitando el cartel antes de que los detenga personal de seguridad.

Todo el mundo conoce Juan 3:16, pero pocos se plantean cómo empieza: "Porque de la tal manera *amó* Dios al mundo, que *dio a Su Hijo unigénito*..."; ahí está: el amor de Dios. Por lo

---

[15] En este punto, véase Bavinck, *Reformed Dogmatics*, 2:224.

visto, Juan no pensaba que el sacrificio de Cristo, que él también llama propiciación (1 Jn. 2:2), se opusiera al amor divino. Muy al contrario, es el amor de Dios lo que motivó la cruz en primer lugar. Si Dios no amara, no habría enviado a su Hijo a soportar la cruz por nosotros. Como dice Juan con tanta fuerza: "En esto consiste el *amor:* no en que nosotros hayamos amado a Dios, sino en que *Él nos amó a nosotros* y envió *a Su Hijo como propiciación* por nuestros pecados" (1 Jn. 4:10).[16] El Calvario es la mayor muestra del amor santo de Dios que jamás veremos.

El Juez de toda la Tierra hará lo que es justo

"Sí, Juan 3:16 es genial, pero escuche, profesor, sigo viendo mucha maldad en el mundo. ¿Existe el santo amor de Dios a este lado de la cruz?"; esa es una buena pregunta.

Vivimos en un mundo en el que parece que a todas las personas les gusta atacar a Dios. Cuando ocurre algo catastrófico, Dios se convierte en el saco de boxeo universal. Los cristianos también sucumbimos a esta tentación. Los malvados parecen prevalecer en esta vida, y perdemos toda esperanza. "Oh, Dios, ¿dónde estás?" O tal vez gritamos de rabia: "Si realmente eres Dios, ¿por qué no detienes este mal?"

Si hubo alguna vez un pueblo que destilara maldad, ése fue Sodoma y Gomorra. Después de que Dios se apareciera a Abraham y Sara, prometiéndoles un heredero a través del cual Dios haría una gran nación, fijando su amor electivo en Abraham y sus hijos como un pueblo que "guarden el camino del Señor, haciendo justicia y juicio", Dios declara que no puede ignorar el "clamor de Sodoma y Gomorra", pues su "pecado es sumamente grave" (Gn. 18:19-20). La última vez que la maldad fue tan grande, Dios envió un diluvio y borró a la humanidad casi de la faz de la tierra (Génesis 6-9). Sodoma y Gomorra merecen el mismo destino. He aquí un pueblo que viola y asesina a los inocentes, mujeres y niños incluidos, por mera diversión. Pura maldad.

---
[16] Énfasis añadido.

Sabiendo que la ira de Dios es inminente, Abraham teme que se olvide la justicia: "¿En verdad destruirás al justo junto con el impío?... ¡Lejos de Ti! El Juez de toda la tierra, ¿no hará justicia" (18:23, 25). Abraham inicia entonces una larga negociación con Dios—así es, *con* Dios. ¿Qué pasa si solo se encuentran cincuenta... o cuarenta y cinco... o cuarenta... o treinta... o veinte justos? El Señor responde que no destruirá la ciudad si solo hay veinte justos. Abraham, sabiendo que está cruzando la línea de lo que cualquier criatura tiene derecho a pedir a Dios, pregunta entonces: ¿Y si solo se encuentran diez justos? "No *la* destruiré por consideración a los diez," dice el Señor (18:32). Qué increíblemente misericordioso es nuestro Dios. Está dispuesto a perdonarlo todo si solo se encuentra un puñado de personas temerosas de Dios. Lamentablemente, ni siquiera se encuentran diez; al final de la historia, Dios destruye Sodoma y Gomorra con azufre y fuego del cielo.

"El Juez de toda la tierra, ¿no hará justicia?"; Abraham aprende ese día que la respuesta es siempre afirmativa. Incluso en medio de la horrenda maldad de la tierra, Dios no es como esos dioses griegos pasibles que se desbocan en una ira caprichosa. Lejos de ser caprichoso, este Dios se pone su toga negra, entra en su tribunal y evalúa cada pensamiento y acción—de hecho, a cada persona—antes de agitar su mazo y declarar su veredicto: "Culpable".

El Juez de toda la tierra siempre hace lo que es justo. En medio de un mundo perverso y malvado, que pasa por alto los crímenes contra los inocentes, podemos consolarnos sabiendo que nuestro Dios es justo, y que un día arreglará todas las cosas.

Hasta ese día del juicio final, dirigimos a los injustificados hacia la cruz, pues solo allí encontrarán la paz con un Dios santo y de amor.

12

¿Debe Dios tener celo para su propia gloria?

Celo y gloria

> No adorarás a ningún otro dios, ya que el Señor, cuyo nombre es Celoso, es Dios celoso.
> Éxodo 34:14

> Porque debemos pensar en Dios más a menudo de lo que respiramos.
> Gregorio Nacianceno, *Theological Orations*

Érase una vez en la tierra de Sitim

Si la historia fuera llevada al cine, sería clasificada R. Gente ahorcada y dejada al sol, una plaga que aniquila a veinticuatro mil israelitas y una pareja adúltera asesinada en el dormitorio—esta es una historia demasiado sangrienta para el cine familiar. Me refiero a la historia de Números 25.

Todo comienza en la tierra de Sitim. El pueblo de Dios, los israelitas, comienzan a "prostituirse con las hijas de Moab" (25:1).¹ Estas mujeres cortejan a los hombres israelitas para luego sacrificarlos a sus dioses. "Israel se unió a Baal de Peor" (25:3). Mucho más tarde en la historia de Israel, Manasés, rey de Judá, lleva al pueblo de Dios a adorar a Baal en Jerusalén y luego quema a su propio hijo como ofrenda (2 R. 21:6). Por eso, cuando Dios advierte a su pueblo que no se case con mujeres de otras naciones, se entiende por qué.

En Números 25, Israel se ha entregado a la idolatría, prostituyéndose tras las hijas moabitas y adorando a sus dioses. Israel no solo ha cometido adulterio físico, sino también adulterio espiritual, pues acostarse con esas mujeres formaba parte del culto a Baal, el dios cananeo de la fertilidad. El pacto que Dios había establecido con su pueblo había sido violado. Israel ha sido un esposo infiel.

No es de extrañar que "se encendió la ira del Señor contra Israel" (Nm. 25:3). Las consecuencias de sus acciones son mortales. El Señor ordena a Moisés que reúna a "todos los jefes del pueblo y ejecútalos delante del Señor a plena luz del día". Hasta que Moisés no lo haga, la "ardiente ira del Señor" no "se aparte de Israel" (25:4). La escena es gráfica: "ejecutar" a estos hombres significa atravesarlos, empalarlos y luego clavar el poste en la tierra para que sus cadáveres puedan ser vistos por todos. Se trata de una muerte vergonzosa; en lugar de ser enterrados con sus antepasados, sus cuerpos se dejan al sol para que se los coman las aves, empalados a la vista de todos.²

---

[1] Tal vez recuerdes del capítulo 7 la historia de Balaam en Números 22-24. Balaam habla la palabra del Señor, pero es un hombre renuente, incluso desobediente e impío, Se nos dice en Apocalipsis 2:14 que fue Balaam quien "enseñó a Balac a poner tropiezo ante los hijos de Israel, para que comieran alimentos sacrificados a los ídolos y practicaran la inmoralidad sexual". Así que, aunque Balaam entrega profecías que bendicen a Israel, contrariamente a lo que Balac quiere de Balaam, sin embargo, al final Balaam encuentra otra manera de debilitar a Israel—a saber, mediante el envío de mujeres seductoras para atraer a Israel a la idolatría y la inmoralidad.

[2] Véanse los comentarios de Gordon J. Wenham sobre este vergonzoso tipo de muerte

Entonces, sucede lo impensable; "un hombre, uno de los israelitas, vino y presentó una madianita a sus parientes, a la vista de Moisés y a la vista de toda la congregación de los israelitas, que lloraban a la puerta de la tienda de reunión" (25:6). La escena es estremecedora. Delante de todo el pueblo, delante de su propia familia, y delante del tabernáculo mismo, la morada misma de Dios, este hombre está cometiendo adulterio con esta mujer madianita. Es algo perverso cometer adulterio en secreto, pero hacerlo a la vista de todos y justo delante de la casa de Dios, eso es el colmo de la perversidad, el pináculo de la idolatría.

Alguien tiene que poner fin a esta locura.

Y ese alguien es Finees, hijo de Eleazar, hijo del sacerdote Aarón. Consumido por una justa ira (piensa en Jesús volcando las mesas en el templo), Finees toma una lanza, caza a este hombre y a esta mujer en su alcoba, y los atraviesa a ambos de manera que quedan empalados en una lanza, justo a través del vientre. Dios había enviado una plaga sobre Israel; pero ahora, instantáneamente, la plaga se detiene. Veinticuatro mil personas yacían muertas.

La escena es una que podría estar en una película como *Gladiador*, excepto que Finees está lleno de un celo piadoso por la gloria del Señor. Observa la respuesta de Dios a Moisés: Finees "ha apartado Mi furor de los israelitas porque demostró su celo por Mí entre ellos, y en Mi celo no he destruido a los israelitas" (25:11). La audacia heroica de Finees surge de los celos de Dios y de los celos que brotan de los celos del propio Dios por su nombre.

"Celos", una palabra muy fea

A la sociedad actual no le gusta la palabra "celos". Es una mala palabra. Suele evocar la imagen de alguien inseguro, obsesivo y lleno de envidia. La psicología moderna suele ver los celos como una emoción impredecible basada en impulsos caprichosos como la rabia incontrolable. No es de extrañar que los cristianos de hoy se sientan avergonzados, incluso repugnados, por los numerosos

---

en la *ESV Study Bible*.

pasajes bíblicos que atribuyen los celos a Dios.[3] Sin embargo, han proyectado una concepción humana, y muy distorsionada, de los celos hacia Dios, lo que explica su disgusto.

Primero lo primero: debemos recordar que el Creador no es la criatura. Siempre que describimos a Dios, lo hacemos en lenguaje humano, utilizando símbolos y objetos que se encuentran en nuestro mundo humano, en nuestra experiencia humana, por lo que nuestro lenguaje es analógico por definición (en contraposición a unívoco; véase el cap. 2); porque estamos describiendo a un ser que no solo es más grande que nosotros, sino un *tipo* de ser totalmente distinto. Además, incluso cuando se utiliza nuestra experiencia humana para describir al que no es humano, finito y físico, nunca debemos atribuir a Dios un atributo humano en sentido *amoral*. Por desgracia, dado que nuestra cultura asocia los celos a un comportamiento reprobable, tenemos que corregir las ideas erróneas sobre lo que significan (y no significan) los celos para Dios.

El punto de partida es aclarar que la forma en que la Escritura habla de los celos no es la forma en que nuestra cultura entiende los celos. Dios no es inseguro, ni está invadido por la envidia, ni impredeciblemente lleno de una rabia irreprimible e inmoral. Para Dios, los celos significan algo totalmente distinto. Para empezar, los celos no son lo mismo que la *envidia*. En las Escrituras, la envidia se considera siempre un pecado. La envidia está ligada a codiciar, desear algo que no te pertenece, guardar rencor a alguien por tener algo que tú no tienes o por ser alguien que tú no eres.[4] La envidia se caracteriza por un espíritu malicioso, amargo e irracional.

Los celos, por otro lado, son un "deseo ardiente de mantener la devoción exclusiva dentro de una relación frente a un desafío a

---

[3] Éx. 20:5; 34:14; Nm. 25:11; Dt. 4:24; 5:9; 6:15; 29:20; 31:16-17; 32:16, 21; Jos. 24:19; 2 R. 19:31; Sal. 78:58; 79:5; Is. 9:7; 26:11; 37:32; 42:13; 59:17; 63:15; Ez. 5:13; 8:3-5; 16:38, 42; 23:25; 36:5-6; 39:25; Jl. 2:18; Nah. 1:2; Sof. 1:18; 3:8; Zac. 1:14-15; 8:2; Jn. 2:17; 1 Co. 10:22; 2 Co. 11:2; Stg. 4:5.

[4] Para profundizar en la diferencia, véase Thoennes, *Godly Jealousy*, 13-15. Thoennes hace otras distinciones; por ejemplo, el celo y los celos tampoco son idénticos, la primera es una categoría más amplia que la segunda.

esa devoción exclusiva".[5] Los celos, tal como los define la Biblia, no describen al marido loco y celoso, al lunático que desconfía injustificadamente y golpea a su mujer como resultado. No, los celos describen algo más parecido al marido que ama y cuida tanto a su mujer y es tan devoto del compromiso reflejado en las promesas que hicieron el día de su boda, que intenta seriamente atraer a su mujer hacia sí en caso de que ella esté coqueteando con el adulterio. Nadie miraría a ese segundo marido y pensaría que está loco por insistir amorosamente en la fidelidad conyugal, el tipo de fidelidad que siempre debe estar presente cuando dos personas han establecido un pacto vinculante entre sí.

En nuestra época de *in*clusivismo, el *ex*clusivismo se considera intolerante, pero si lo pensamos realmente, ser intolerante es a veces lo más amoroso que podemos ser. Ninguna mujer quiere casarse con un hombre tan tolerante que no le importe que ella tenga aventuras con otros hombres. Al fin y al cabo, con razón no queremos un cónyuge irracional y abusivo, pero sí queremos un cónyuge que dé su vida por mantener y salvar la devoción exclusiva prometida en los votos matrimoniales. El amor intolerante es el tipo de celos del que no podemos prescindir.[6] Sin él, no tenemos la seguridad de que nuestro cónyuge nos ama lo suficiente como para perseguirnos.

Su nombre es Celoso

Cuando describimos a Dios como celoso, sus celos no son ante todo por nosotros. Sí, está celoso de su pueblo, pero lo más importante es que está celoso de su propio nombre y de su propia gloria. Siempre que se le describe como celoso por su pueblo, es porque está celoso por la gloria de su propio nombre.

En primer lugar, exploremos los celos de Dios por su propia gloria. Puesto que es el Dios único, verdadero y viviente, toda la gloria le pertenece. No dará su gloria a otro (Is. 42:8). Solo Él es

---

[5] Thoennes, *Godly Jealousy*, 13.

[6] El subtítulo del libro de Thoennes es "A Theology of Intolerant Love".

Dios; por lo tanto, solo Él debe ser adorado, no los dioses de las naciones vecinas. La idolatría es la máxima afrenta a su exclusiva pretensión de divinidad. Los celos significan que Dios "siempre responde a la abrogación de su derecho exclusivo a ser reconocido como el único Dios verdadero".[7]

Tan pronto como Israel es liberado de Egipto, el primer tema que Dios aborda es la idolatría. La idolatría es un corte letal a la yugular de la gloria divina. Es el acto de dar gloria a lo creado en lugar de al Creador. Por eso, Dios dice sin ambigüedades: "Yo soy el Señor tu Dios, que te saqué de la tierra de Egipto... No tendrás otros dioses delante de Mí... Porque Yo, el Señor tu Dios, soy Dios celoso" (Éx. 20:2-3, 5). "No adorarás a ningún otro dios, ya que el Señor, *cuyo nombre es Celoso, es Dios celoso*" (34:14).

Aquí vuelve a ser relevante nuestros atributos de la simplicidad, impasibilidad e inmutabilidad. A diferencia de la emoción humana, los celos divinos no son un estado de ánimo en Dios. Los celos no son para Él el resultado de un cambio de humor, que va y viene, que fluctúa de un momento a otro. No, el propio nombre de este Dios *es* Celoso. Dios no se *pone* celoso, como si le importara su gloria con más pasión en un momento que en otro. Es celoso de su gloria siempre. Es la esencia de su identidad.

También es la razón por la que actúa como lo hace. Pregúntate: ¿Por qué Dios somete a Egipto a una aflicción tan prolongada, enviando plagas una a una (diez en total) sobre el faraón y su pueblo? Podría parecer que es simplemente porque el Faraón es muy terco. Pero esa es una respuesta superficial. Dado lo que aprendimos sobre la omnipotencia de Dios en el capítulo 10, Dios no es un Dios que pueda ser frustrado. Podría haber liberado a su pueblo la primera vez que Moisés le dijo al faraón que los dejara ir, si hubiera querido.

Incluso antes de que Moisés fuera a ver al Faraón, en el encuentro con la zarza ardiente, Dios le dijo de antemano que endurecería el corazón del Faraón para que éste se negara a liberar a los israelitas. "Y el Señor dijo a Moisés: 'Cuando vuelvas a

---

[7] Thoennes, *Godly Jealousy*, 22.

Egipto, mira que hagas delante de Faraón todas las maravillas que he puesto en tu mano. Pero Yo endureceré su corazón de modo que no dejará ir al pueblo'" (Éx. 4:21; cf. 7:13; 9:12; 10:1; 11:10; 14:4, 8). Endurecer el corazón del faraón para que Dios envíe una plaga increíble tras otra—Dios hace todo eso a propósito. Pero ¿por qué? Dios mismo dice por qué durante la octava plaga: "Entonces el Señor dijo a Moisés: 'Preséntate a Faraón, porque Yo he endurecido su corazón y el corazón de sus siervos, para mostrar estas señales Mías en medio de ellos, y para que cuentes a tu hijo y a tu nieto, cómo me he burlado de los egipcios, y cómo he mostrado Mis señales entre ellos, y para que ustedes sepan que Yo soy el Señor' " (Éx. 10:1-2). Es como si el Señor endureciera el corazón del faraón para poder demostrar su incomparable poder contra el gobernante más fuerte de la tierra y así mostrar la grandeza de su glorioso poder, no solo a los egipcios, sino al mundo entero. Cuando Israel abandona Egipto y se dirige a la tierra de Canaán, las naciones tiemblan de miedo porque saben que éste es el Dios que ha aplastado al Faraón. Como canta Moisés después de cruzar el Mar Rojo: "*Lo* han oído los pueblos *y* tiemblan" (Éx. 15:14). Dios quiere que el mundo entero "sepa que [él es] el Señor".

Un fuego que consume, un marido que ama

Israel es elegido para ser el pueblo especial de Dios, para mostrar a las naciones cómo es la bendición del pacto a través de la fidelidad al pacto. La relación de Israel con Dios se describe como un matrimonio (Os. 2). Cuando Israel se muestra infiel a su esposo, abandonando perversamente el pacto para prostituirse tras divinidades extranjeras, Dios muestra celos por su pueblo, tanto en su disciplina como en su amorosa y bondadosa persecución de una novia obstinada, descarriada y adúltera.

No es que Israel no esté advertido de antemano. Repetidamente Moisés instruye a Israel para que *recuerde*. "Tengan cuidado, pues, no sea que olviden el pacto que el Señor su Dios hizo con ustedes, y se hagan imagen tallada en forma de cualquier cosa que el **Señor** tu Dios te ha prohibido. Porque el **Señor** tu Dios es fuego consumidor, un Dios celoso" (Dt. 4:23-24). Recordar puede ser uno de los temas más comunes del Antiguo Testamento; Israel debe recordar constantemente *quién* es el Señor: un fuego consumidor. De este modo se mantendrá fiel al pacto y no experimentará el fuego que lo devora todo a su paso.

Sin embargo, los celos de Dios no se limitan a la ira. Otras veces sus celos se manifiestan en una búsqueda amorosa. El libro de Oseas compara la relación de Dios con Israel a la de un matrimonio con una prostituta. Dios ordena al profeta Oseas que se case con Gomer, una "mujer ramera" (1:2), imagen visible de la infidelidad de su pueblo y de la infidelidad al pacto. A lo largo del libro, Dios pronuncia su juicio contra el adulterio espiritual de Israel (es decir, la idolatría), comparándose no solo con un león que devora, sino con una osa despojada de sus cachorros (13:7-8).[8]

El profeta Ezequiel también utiliza la imagen del matrimonio, pero en términos aún más provocativos. Se compara a Israel con una niña a la que se deja morir en la calle, revolcándose en su sangre, el día de su nacimiento (Ez. 16:5). Mientras se revuelca en su sangre, el Señor la ve y le dice: "¡Vive!" (16:6). Una vez crecida, la convierte en su esposa y establece con ella un pacto para que le pertenezca y disfrute de los dones infinitos de su reino (16:8). Pero en lugar de eso se convierte en una "ramera" o "prostituta" no solo prostituyéndose sino haciéndolo gratuitamente (16:15-34). No solo ha cometido adulterio con un amante, sino que se ha convertido en una prostituta profesional, ofreciéndose a muchos amantes, convirtiéndose en una "mercancía que se vende".[9]

¿Qué ha fallado? Ha confiado más en su propia belleza que en el Señor (16:15). Ha olvidado de dónde viene y quién la redimió. Vive para la vanagloria y no para la gloria de Dios. Como ha dicho un autor, "el don sustituye al dador".[10] Así que el Señor la entrega a sus amantes, exponiendo su desnudez a la vista de todos (16:37),

---

[8] Is. 1:21; 54:5–6; 57:3; 57:8; Jer. 2:2, 23–25; 3:20; 31:32; Ez. 16:1–43.
[9] Thoennes, *Godly Jealousy*, 64, aunque se inspira en Block, *Ezekiel*, 1:465.
[10] Zimmerli, *Ezekiel*, 1:342; cf. Thoennes, *Godly Jealousy*, 107.

enviándola al exilio hasta que se da cuenta de que su propia belleza se ha convertido en una abominación (16:35-37). "Te juzgaré como son juzgadas las adúlteras... y traeré sobre ti sangre de furor y de celos" dice el Señor (16:38).

Aunque los celos de Dios a menudo resultan en ira, sus celos también garantizan compasión, amor inquebrantable y misericordia. En Oseas es porque Dios es un Dios celoso que ama a su novia con misericordia purificadora, garantizando la continuación de sus promesas del pacto. Aunque Israel "se iba tras sus amantes, y se olvidaba de Mí, declara el Señor" (Os. 2:13), como su esposo Dios dice "voy a seducirla" y "hablarle al corazón" (2:14). Entonces "me llamarás 'Ishí' Y no me llamarás más 'Baalí' " (2:16). Con un pacto establecido, "te desposaré conmigo para siempre" (2:19a). Los celos que conducen a la búsqueda compasiva y amorosa producirán un matrimonio caracterizado por los atributos de Dios mismo: "te desposaré conmigo en justicia y en derecho, en misericordia y en compasión; te desposaré conmigo en fidelidad" (2:19b-20). Más adelante en el libro, las imágenes cambian de Dios como esposo a Dios como padre. No obstante, se mantiene el énfasis en unos celos acompañados de compasión, amor y misericordia perdonadora. Dios es descrito como un padre paciente que ha cuidado de su hijo, aunque éste haya renegado del apellido familiar (11:1-9).

Ya sean ejemplos de juicio o de misericordia, estas metáforas pretenden captar los celos de Dios por un pueblo, un pueblo que ha de serle leal, puro y santo, apartado para adorar al único y verdadero Dios. "Pero Yo *he sido* el Señor tu Dios desde la tierra de Egipto; no reconocerás a otro dios fuera de Mí, pues no hay más salvador que Yo" (13:4).[11] Pero no debemos suponer que la amorosa persecución de Dios a su esposa infiel es solo por el bien de Israel. Por mucho que sus celos sean por el bien de Israel— alejándola de los ídolos y del camino de la destrucción para que pueda disfrutar de la bendición del pacto—son principalmente por

---

[11] Las consecuencias de rechazar al Señor son evidentes: Israel "Lo provocaron a celos con *dioses* extraños" y "lo provocaron a ira" (Dt. 32:16). "Ellos me han provocado a celo con *lo que* no es Dios; me han irritado con sus ídolos," dice el Señor (32:21; cf. 6:13-16).

el bien del propio nombre de Dios, para que su propia gloria no sea profanada entre las naciones. Al estar en juego el propio honor de Dios, sus celos se convierten en la "causa" de su "amorosa persecución de su pueblo rebelde cuando se extravía".[12]

La gloria trinitaria y los celos de nuestro Salvador

Un virus crónico que parece infectar a la Iglesia en casi todos los siglos es la tendencia a pensar que el Dios del Antiguo Testamento es un Dios de ira, mientras que el Dios del Nuevo Testamento es un Dios de amor. En primer lugar, esa caricatura puede disiparse simplemente observando los innumerables lugares del Antiguo Testamento en los que los celos de Dios se expresan a través de su persistente amor por una novia que no permanece fiel. Pero la caricatura también se desmonta cuando miramos la vida de Jesús. La imagen unilateral de Jesús como manso y apacible no hace justicia a las muchas veces que Jesús se indigna, a menudo contra los fariseos, por la corrupción que ve en el corazón humano. Su indignación—su santa ira—tiene sus raíces en los celos divinos.

En el Evangelio de Juan, Jesús habla repetidamente de la gloria entre Él y el Padre. Desde que el Verbo "se hizo carne y habitó entre nosotros," los discípulos tuvieron el privilegio de haber visto "Su gloria, gloria como del unigénito del Padre, lleno de gracia y de verdad" (1:14). Jesús "manifestó su gloria" no solo con su primer milagro en Caná de Galilea (2:11), sino cada vez que un cojo caminaba. Como dice Jesús antes de resucitar a Lázaro de la tumba: "Esta enfermedad no es para muerte, sino para la gloria de Dios, para que el Hijo de Dios sea glorificado por medio de ella" (11:4). En otras ocasiones, Jesús especifica que "no recibo gloria de los hombres" (5:41), ni es alguien que "busca su propia gloria" (7:18); en cambio, dice: "es Mi Padre el que me glorifica" (8:54), un punto que se hace visible cuando Lázaro sale de la tumba. Incluso en medio del sufrimiento, cuando Jesús se dispone a entregar su vida y a beber el cáliz de la ira divina, ora: "Y ahora, glorifícame Tú, Padre, junto a Ti, con la gloria que tenía contigo

---

[12] Thoennes, *Godly Jealousy*, 23.

antes que el mundo existiera" (17:5; cf. 12:12-28). Pero su oración no es solo para sí mismo; ora: "Padre, quiero que los que me has dado, estén también conmigo donde Yo estoy, para que vean Mi gloria, la *gloria* que me has dado; porque me has amado desde antes de la fundación del mundo" (17:24).

Lo inapreciable de esta gloria divina es lo que mueve a Jesús a ponerse celoso cada vez que ve esa gloria arrastrada por el fango. Por ejemplo, cuando Jesús viaja a Jerusalén para la Pascua, entra en el templo solo para encontrar mercaderes y vendedores de animales. "Y haciendo un látigo de cuerdas, echó a todos fuera del templo... Desparramó las monedas de los que cambian el dinero y volcó las mesas" (2:15). Jesús se enfurece: "Quiten esto de aquí; no hagan de la casa de Mi Padre una casa de comercio" (2:16). Testigos de la justa indignación de Cristo, sus discípulos recuerdan el Salmo 69:9: "EL CELO POR TU CASA ME CONSUMIRÁ" (Jn. 2:17). Aunque el celo y los celos no son idénticos—alguien puede ser celoso sin tener celo piadoso—siempre se da el caso de que los celos piadosos van acompañados de alguna forma de celo, siendo los celos una expresión del celo.[13] Cuando Jesús derriba mesas y utiliza su látigo para expulsar a los animales del templo, es evidente que Jesús se caracteriza por unos celos divinos que no toleran que la gente se burle de la santa presencia de Dios. Los celos de Jesús son un amor intolerante.

¿Debe recibir toda la gloria un ser perfectamente supremo?

Al principio de este libro, y a lo largo de todo el mismo, hemos afirmado, con la ayuda de Anselmo, que Dios es quien ninguno más grande se puede concebir.[14] Todos los atributos, hemos argumentado, se derivan de esta única verdad. Si Dios es el ser supremo, el ser de mayor perfección, entonces cualquier limitación a su ser es imposible. Un ser supremo debe ser un ser infinito, y un ser infinito debe ser independiente, simple, inmutable, impasible, eterno, omnipresente, omnipotente, omnisciente, omnisapiente,

---

[13] Thoennes, *Godly Jealousy*, 12.
[14] Anselmo, *Proslogion* 2 (*Major Works*, 87).

santo y amoroso. Pero ¿dónde encaja la gloria de Dios en este cuadro?

Si Dios es el ser supremo y perfecto, alguien quien ninguno más grande se puede concebir, entonces es el único en el universo que tiene derecho a elevarse a sí mismo, y a su propia gloria, por encima de todo lo demás. Si Él es el *summum bonum,* el bien supremo, entonces no busca la plenitud en otra persona o en otra cosa. Por el contrario, mira hacia sí mismo, pues es ahí donde se encuentra la perfección. Si no se valorara a sí mismo por encima de todo, no sería un Dios justo. Un ser justo valora lo que es más valioso; un ser justo ama lo que es más hermoso.[15] Sin embargo, Dios no necesita mirar fuera de sí mismo; Él mismo es el objeto de su propio amor, gloria y felicidad porque Él mismo es el ser más valioso, encantador y digno de adoración.[16] Él es, después de todo, el "Ser de los seres, infinitamente el mayor y mejor de los seres," dice Jonathan Edwards.[17]

Si nosotros, como criaturas, pensamos todo el tiempo en nosotros mismos y nos preocupamos sobre todo por nuestra propia reputación, creyendo que somos a quienes todos los demás deben alabar, somos, sin duda, egoístas. Actuar de esa manera podría incluso obtener la respuesta: "¿Quién te crees que eres? ¿Dios?", y esa respuesta sería merecida. Al fin y al cabo, no somos pequeños dioses, como si el universo girara a nuestro alrededor. Al contrario, hemos sido hechos *para* Dios, nuestro Creador. Como creados a su imagen, fuimos puestos aquí en la tierra para reflejarlo, atraer la atención hacia Él y reflejar su gloria. En un mundo irremediablemente narcisista, el propósito de la humanidad en la tierra según la cosmovisión bíblica es de lo más contracultural que existe. Mientras que el mundo anima a sus miembros a mirar hacia dentro y ser vanidosos, egoístas y egocéntricos, el cristianismo enmarca la existencia humana en dirección perpendicular—es

---

[15] Thoennes, *Godly Jealousy,* 64.

[16] Para más información sobre este punto, véase Rennie, "Theology of the Doctrine of Divine Impassibility: (II)", 307.

[17] Y, por lo tanto, "La verdadera virtud debe consistir principalmente en el amor a Dios" (Edwards, *Nature of True Virtue,* 550).

decir, vertical: no eres un dios, sino hecho por Dios, y tu propósito en la vida es vivir para su gloria.

Ese fin, contrariamente a lo que afirman muchos detractores del cristianismo, no es antitético a nuestra propia felicidad. Como vimos en el capítulo 8, la pregunta inicial del Catecismo Menor de Westminster dice: "¿Cuál es el fin principal del hombre?" Y responde: "El fin principal del hombre es *glorificar* a Dios y *gozar de él para siempre*". John Piper ha modificado famosamente esa respuesta a: "El fin principal del hombre es glorificar a Dios *disfrutando* de Él para siempre".[18] Dudo que los puritanos que escribieron este catecismo hubieran estado en desacuerdo. Piper ha argumentado de manera sustancial que nuestro mayor gozo y placer en la vida solo se obtendrá glorificando a Dios. Mientras que el mundo dirá que una vida glorificando a Dios es aburrida— "¿Dónde está la diversión en eso?"—la Biblia dice que una vida glorificando a Dios es donde se encuentra la mayor alegría. De ahí la conocida afirmación de Piper: "Dios es más glorificado en nosotros cuando estamos más satisfechos en Él".[19]

Todo eso para decir que nuestra propia existencia como portadores de imagen se centra en el ser más grande y perfecto que existe: Dios. La idolatría se produce cada vez que dejamos de verlo como supremo. "¿No es eso egoísta por parte de Dios?" preguntas; lo sería si no fuera el ser más glorioso que existe, si no fuera alguien quien ninguno mas grande se puede concebir. Pero como es el ser más glorioso que existe, lo más egoísta que podría hacer sería señalarnos a otra cosa o a otra persona. También sería lo *menos amoroso* que pudiera ser. Si Él es el ser más perfecto, supremo y glorioso, entonces es en Él donde se encuentra la mayor alegría de la vida. Si Dios no llamara la atención sobre sí mismo como ser supremo, no experimentaríamos la mayor alegría de la vida. Así pues, resulta que la orden de Dios de que Él reciba toda la gloria es lo más cuidadoso y amoroso que podría hacer por nosotros, porque solo entonces nos encontraremos verdaderamente

---

[18] Piper, *Desiring God*, 18.

[19] Esta es una afirmación que se encuentra a lo largo de Piper, *Desiring God* (por ejemplo, p. 10).

satisfechos en la vida. Un Dios egoísta, irónicamente, es un Dios que es perfectamente supremo, pero que no insiste en que centremos nuestras vidas en Él y las vivamos para su gloria.

Los celos piadosos y la vida cristiana

Si existimos para glorificar a nuestro Creador, entonces los celos también deberían caracterizarnos a nosotros, sus portadores de imagen. Aunque nuestros celos no son los mismos que los de Dios—nosotros estamos celosos de su gloria, no de la nuestra, mientras que Él está celoso de su propia gloria—los celos son un atributo comunicable, que debe definir al cristiano en todos los sentidos.

Es más fácil decirlo que hacerlo, sobre todo cuando la cultura en la que vivimos nos tienta con otros dioses o nos persigue por no adorar a los dioses que ellos idolatran. Cuando la presión aumenta, ¿seguiremos siendo celosos por nuestro Dios? ¿O cederemos y transigiremos? Ese es el dilema que se le plantea al profeta de Dios Elías en 1 Reyes 18. La persecución es feroz; Jezabel "destruyó a los profetas del Señor" (1 R. 18:4a). Los tiempos son tan desesperados que Abdías temía en gran manera Señor (18:3)—más de lo que teme a Jezabel—toma a cien profetas y los esconde "de cincuenta en cincuenta en una cueva" (18:4b). Seguir a Dios, en lugar de a Baal, es jugarse el cuello.

Cuando Elías desafía a los profetas de Baal en el monte Carmelo, nota que Elías reprende a los israelitas que miran. "¿Hasta cuándo vacilarán entre dos opiniones? Si el Señor es Dios, síganlo; y si Baal, síganlo a él" (18:21a). El Señor es celoso de su nombre y de su pueblo; no tolerará un pueblo que vacile entre el culto verdadero y la idolatría. La advertencia de Dios a la iglesia de Laodicea en el libro del Apocalipsis podría aplicarse igualmente a Israel durante los días de Elías: "'Yo conozco tus obras, que ni eres frío ni caliente. ¡Ojalá fueras frío o caliente! Así, puesto que eres tibio, y no frío ni caliente, te vomitaré de Mi boca" (3:15-16). El que Israel haya perdido sus celos piadosos es obvio en su respuesta a Elías: "Pero el pueblo no le respondió ni una palabra"

(1 R. 18:21b). El silencio de Israel es alto y claro: Elías está solo. "Solo yo he quedado *como* profeta del Señor, pero los profetas de Baal son 450 hombres" (18:22).

Elías sabe, sin embargo, que no está solo. Recuerda que los dioses falsos se pueden ver, hechos por manos humanas, pero no se pueden oír. No importa qué acrobacias realicen los profetas de Baal, el silencio les sigue. No baja fuego del cielo para consumir la ofrenda. Pero cuando Elías invoca al Dios que no puede ser visto, la intercesión de Elías es escuchada y "el fuego del Señor", desciende y consume el holocausto (18:38). Fíjate en la petición de Elías: "Respóndeme, oh Señor, respóndeme, *para que este pueblo sepa que Tú, oh Señor, eres Dios*" (18:37). Elías comprende los celos divinos. Sabe que Dios está celoso de su nombre y actuará, como lo ha hecho con Israel bajo la amenaza del faraón, para mostrar a todo el pueblo que solo Él es el Señor. Más adelante en la historia, mientras Elías huye de Jezabel, Elías le dice al Señor: "He tenido mucho celo por el Señor, Dios de los ejércitos". Todos los demás, dice, han "abandonado Tu pacto... He quedado yo solo" (19:10).

He aquí los celos que deben caracterizar a todo cristiano. A lo largo de este libro hemos contemplado y nos hemos maravillado ante la gloria de Dios en todas sus diversas perfecciones. Pero ten en cuenta que eso no significa nada en absoluto si nosotros, como Israel, somos llamados a ser celosos por Dios y su pacto, y sin embargo no "respondemos... ni una palabra". Un cristiano sin celos piadosos necesita una seria revisión de identidad. Tener a Baal a la izquierda y a Dios a la derecha, y permanecer en silencio, vacilando entre los dos, es invitar a Dios mismo a que te vomite de su boca. Es dar la bienvenida a la ira del Dios que es fuego consumidor.

Esta advertencia es aplicable a la Iglesia en su conjunto. Frustrado por los falsos apóstoles que se introducen en la Iglesia y llevan a los cristianos a abrazar un falso evangelio, Pablo, en el espíritu de Elías, dice a la Iglesia de Corinto: "Porque celoso estoy de ustedes con celo de Dios; pues los desposé a un esposo para presentarlos *como* virgen pura a Cristo. Pero temo que, así como la serpiente con su astucia engañó a Eva, las mentes de ustedes sean desviadas de la sencillez y pureza *de la devoción* a Cristo" (2 Co. 11:2-3).

Una "devoción sincera y pura a Cristo"—ese es el tipo de celos piadosos que debe definir a todo cristiano y a toda iglesia. Necesitamos más líderes como el apóstol Pablo, líderes que estén tan dedicados a una comprensión correcta de quién es Dios que "sientan celos divinos" por el pueblo de Dios y, como Finees y Elías, tengan el valor de levantarse y decir algo.

Nuestro Finees

Para concluir, ¿no es fascinante que cuando Finees atraviesa a esa pareja adúltera e idólatra, lleno como está de celo divino por la gloria de Dios y la pureza del pueblo de Dios, leemos inmediatamente que "cesó la plaga sobre los israelitas" (Nm. 25:8)? En ese momento se realiza la expiación y se aplaca la ira de Dios (25:11).

Finees no es más que un pequeño mesías, una sombra, un tipo del verdadero Salvador. Conociendo la maldad del pueblo de Dios, Jesús corre a la cruz y detiene la plaga (Lc. 9:51-56). Excepto que esta vez, la violencia que aplaca la ira que debería caer sobre el pueblo de Dios la ejerce Él mismo, lleno de celos divinos, el Hijo de Dios en carne y hueso. Jesús no mata a nadie con una lanza—le dice a Pedro: "Vuelve tu espada a su sitio" (Mt. 26:52). En lugar de eso, da un paso al frente y se ofrece a sí mismo para ser atravesado. Su expiación es tan eficaz que grita: "Consumado es" (Jn. 19:30). Tan satisfactorio es su pago por el pecado que la tumba se encuentra vacía al tercer día.

Cristo ha resucitado y es victorioso, y todo el mundo sabrá que Celoso es su nombre.

Glosario

El siguiente glosario pretende ayudar al lector a seguir la argumentación a lo largo de este libro. Dado que los atributos de Dios están interconectados entre sí, este glosario ayudará al lector a entender las referencias a los diversos atributos antes de que se traten en profundidad. Estas definiciones son breves y no pretenden ser exhaustivas.

Poder absoluto. Se refiere a la capacidad de Dios para hacer todas las cosas, incluidas aquellas que son posibles para Dios pero que Dios, por diversas razones, decide no hacer. *Compárese con* PODER ORDINARIO.

Accidental. Describe algo que no es esencial para algo o alguien. *Compárese con* ESENCIA.

Ad extra. Describe las obras externas de Dios en relación con el orden creado, incluyendo la creación, la providencia y la redención. *Véase también* AD INTRA.

Ad intra. Describe las obras internas de Dios en relación consigo mismo, aparte del orden creado; tales obras son eternas e inmutables. *Véase también* AD EXTRA.

Analógico. Describe algo o alguien que comparte semejanzas y continuidad con aquello a lo que se parece. No hay ni continuidad total ni discontinuidad total, sino una semejanza entre ambas. En relación con Dios, el conocimiento que la criatura tiene de Dios y el lenguaje para Dios es analógico (en lugar de unívoco o equívoco). *Compárese con* EQUÍVOCO; UNÍVOCO.

Antropomórfico. Se refiere al uso de categorías y lenguaje del mundo humano finito para describir a Dios. Este lenguaje no debe tomarse al pie de la letra, sino que es figurativo.

Antropopático. Se refiere al uso de emociones y pasiones humanas para describir a Dios. Este lenguaje no debe tomarse literalmente, sino que es figurativo.

Teología apofática. Método que describe a Dios diciendo lo que no es (por ejemplo, Dios no cambia; es inmutable). Véase también VIA NEGATIONIS; *contraste con* TEOLOGÍA CATAFÁTICA.

Apropiaciones. Aunque las obras externas de la Trinidad son indivisas (*opera Trinitatis ad extra sunt indivisa*), una persona de la Trinidad puede asumir un papel focal y un papel especial; una obra distinta puede ser apropiada por una persona concreta. Por ejemplo, es el Hijo quien se encarna, y es el Espíritu quien perfecciona la redención realizada por el Hijo.

Arquetipo. El original. En teología, Dios es el arquetipo. criatura hecha a su imagen es el ectotipo (la imitación o copia o imagen). *Compárese con* ECTÍPICO.

Aseidad. (*a se*) Dios es independiente del orden creado, autosuficiente y autoexistente. En otras palabras, es vida en sí mismo y por sí mismo.

Teología catafática. Método que describe a Dios diciendo lo que es; una afirmación positiva de Dios. Por ejemplo, Dios es amor; Dios es santo. *Véase también* TEOLOGÍA APOFÁTICA.

Concilio de Calcedonia. Concilio oficial de la Iglesia que se reunió en 451 d.C. para aclarar y establecer una interpretación ortodoxa de la persona de Cristo, en particular sus dos naturalezas.

Teísmo clásico. Posición mayoritaria de los periodos patrístico, medieval y de la Reforma. El teísmo clásico se define por atributos divinos como la simplicidad, la aseidad, la eternidad atemporal, etc., y frases como "acto puro". A veces se denomina "teología del ser perfecto," basándose en el argumento de Anselmo de que Dios es alguien a quien no se puede concebir nada más grande; es el ser perfecto. Entre sus representantes se encuentran Agustín, Anselmo, Aquino y muchos otros. *Véase también* ACTO PURO (*ACTUS PURUS*) / ACTUALIDAD PURA (*PURUS ACTUA*).

Atributos comunicables. Aquellos atributos divinos que son verdaderos de Dios y también se reflejan en sus portadores de imagen de alguna manera parcial.

Communicatio idiomatum. Comunicación de cualidades o atributos propios en el Hijo de Dios encarnado. Algunos luteranos sostienen que esta comunicación se da entre las dos *naturalezas* de Cristo. La tradición reformada sostiene que la comunicación no se produce en el plano de la naturaleza, sino en el plano de la *persona*.

Compuesto. *Véase* COMPOSICIÓN.

Composición. Cosa (o persona) finita que está formada por partes; ser compuesto. Dios no es un ser compuesto; no está formado por partes. Dios es simple. *Véase también* SIMPLICIDAD.

Trinidad económica. El Dios Trino en relación con el orden creado; se refiere a las obras externas del Dios Trino en la creación, providencia y redención. *Véase también* AD EXTRA; TRINIDAD INMANENTE.

Ectípico. Copia del arquetipo. En teología, la criatura es el ectípica y Dios es el arquetipo. *Compárese con* ARQUETIPO.

Equívoco. Algo o alguien que es totalmente diferente de algo o alguien más; no hay relación (por ejemplo, hace fresco fuera vs. alguien tiene un estilo fresco). Si se aplicara al conocimiento de Dios, no sabríamos nada verdadero de Dios. *Compárese con* ANALÓGICO; UNÍVOCO.

Esse. En relación con Dios, se refiere a Dios como ser supremo.

Esencia. Se refiere al ser de Dios; su qué. La esencia de Dios (sustancia; ser) no es una cosa y su existencia otra cosa, sino que son una y la misma. La esencia de Dios son sus atributos y sus atributos son su esencia. En referencia a la Trinidad, Dios es una esencia, tres personas. *Véase también* ESSE; *compárese con* ACCIDENTAL.

Eterno/eternidad. *Véase* ETERNIDAD ATEMPORAL.

Generación y espiración eternas. *Ver* RELACIONES ETERNAS DE ORIGEN.

Modos personales eternos de subsistencia. *Véase* RELACIONES ETERNAS DE ORIGEN.

Relaciones eternas de origen. Se refiere a la forma en que el Padre, el Hijo y el Espíritu se relacionan entre sí en la eternidad: el Padre es inengendrado (paternidad), el Hijo es eternamente engendrado del Padre (filiación; generación eterna), y el Espíritu Santo es eternamente espirado del Padre y del Hijo (espiración; espiración/procesión eterna). Estas relaciones eternas de origen son la base metafísica de las misiones externas/económicas de la Trinidad. A veces se utiliza la expresión "modos personales eternos de subsistencia" para ser más precisos: la esencia única y simple de Dios subsiste eternamente en tres personas: Padre, Hijo y Espíritu.

Extra Calvinisticum. Aunque el Verbo se encarne, la persona del Hijo no puede ser contenida o circunscrita por su naturaleza humana; debido a su divinidad, sigue existiendo y operando también fuera, o más allá, de su carne. Incluso durante la encarnación, por ejemplo, el Hijo sigue sosteniendo el universo por la palabra de su poder (He. 1:3; Col. 1:15-17). Por tanto, aunque misteriosa, la persona del Hijo está activa y concurrentemente comprometida en y a través de ambas naturalezas. El *extra Calvinisticum* no es original de Juan Calvino, sino que puede encontrarse en las obras de los padres patrísticos y medievales.

Filiación. *Véase* RELACIONES ETERNAS DE ORIGEN.

Santidad. Describe la trascendencia absoluta de Dios como el que es *a se* (aseidad), independiente del mundo, así como su pureza ética, rectitud y justicia. *Véase también* ASEIDAD (*A SE*).

Trinidad inmanente. El Dios trino en y por sí mismo en la eternidad, aparte del orden creado. *Compárese con* TRINIDAD.

TRINIDAD ECONÓMICA.

Inmensidad. No hay difusión de la esencia de Dios; es ilimitado, no está contenido por el espacio. Dios es inconmensurable. *Véase también* INFINITUD; OMNIPRESENCIA.

Inmutabilidad. Dios no cambia en modo alguno.

Impasibilidad. Dios no experimenta cambio emocional alguno; no sufre. Dios no elige simplemente ser impasible; la impasibilidad es intrínseca a su propio ser. La impasibilidad es una implicación necesaria de la inmutabilidad. *Véase también* INMUTABILIDAD.

Atributos incomunicables. Aquellos atributos divinos que son verdaderos de Dios pero no de la criatura (por ejemplo, infinitud, aseidad, simplicidad, etc.). *Compárese con* ATRIBUTOS COMUNICABLES.

Incomprensibilidad. La criatura finita no puede comprender la esencia infinita de Dios. La criatura puede conocer a Dios tal como se ha revelado en sus obras, pero no puede conocer la esencia infinita de Dios en toda su gloria y misterio. La criatura puede conocer a Dios verdaderamente, pero no de forma exhaustiva o completa. *Véase también* teología APOFÁTICA; VIA NEGATIONIS.

Incorpóreo. No físico. Dios no tiene cuerpo; Dios no es material. *Véase también* INFINITUD.

Infinitud. Dios no se puede medir; su ser es ilimitado.

Operaciones inseparables. En sus obras externas de creación, providencia y redención, el Dios Trino es indiviso. En toda obra u operación de Dios las tres personas obran inseparablemente. Las obras externas de la Trinidad son indivisas (*opera Trinitatis ad extra sunt indivisa*). La unidad de las tres personas en las obras externas de la Trinidad (Trinidad económica) deriva de la unidad de ser/esencia del Dios trino en la eternidad (Trinidad inmanente). *Véase también* APROPIACIONES; **Trinidad económica**; **Trinidad inmanente**.

Celos. Se refiere al amor celoso de Dios por su propia gloria y la devoción de su pueblo del pacto hacia él; no debe confundirse con los tipos pecaminosos de celos humanos.

Modalismo. Herejía que niega que el Dios Trino sea tres personas distintas. También se llama "sabelianismo" y "monarquianismo modalista".

Monarquianismo modalista *Véase* MODALISMO.

Modus significandi. Se refiere a cómo se aplica un término a algo o alguien. Tomás de Aquino sostenía que la *res significata* no cambia en modo alguno, pero el *modus significandi* puede cambiar. *Compárese con* RES SIGNIFICATA.

Monopoliteísmo. Dios no es un *tipo* de ser diferente, sino simplemente un ser más grande que sus criaturas. Este Dios no es tan diferente de los muchos dioses de las religiones antiguas (politeísmo), dioses que son muy parecidos a los seres humanos que los adoran—mutables y controlados por las pasiones. La única diferencia es que el Dios monopolista es uno (mono-) en lugar de muchos (poli-). El monoteísmo también se llama "personalismo teísta," "teísta" se refiere a Dios pero "personalismo" se refiere a la forma en que este Dios se define principalmente por la forma en que es una persona como los seres humanos son personas. *Compárese con* POLITEÍSMO.

Monoteísmo. Creencia en un solo Dios. *Compárese con* POLITEÍSMO.

Voluntad moral. Los mandamientos morales de Dios revelados a la humanidad sobre el bien y el mal. También se denomina voluntad "perceptiva" o "revelada". *Compárese con* VOLUNTAD SOBERANA.

Mutable. Describe algo o alguien que cambia. *Compárese con* INMUTABILIDAD.

Concilio de Nicea. Concilio oficial de la Iglesia que se reunió en 325 d.C. y condenó el arrianismo, movimiento y opinión que negaba la igualdad divina del Hijo con el Padre en la eternidad.

Omnipotencia. Dios es todopoderoso.

Omnipresencia. Dios está presente en todas partes simultáneamente con todo su ser.

Omnisapiencia. Dios es todo sabio.

Omnisciencia. Dios todo lo sabe.

Ontología. Estudio de la esencia, naturaleza, ser o existencia de algo o alguien.

Teísmo abierto. Opinión que niega que Dios conozca el futuro; niega que Dios tenga una presciencia exhaustiva.

Opera Trinitatis ad extra sunt indivisa. Las obras externas de la Trinidad son indivisas. *Véase también* OPERACIONES INSEPARABLES.

Poder ordenado. Se refiere a lo que Dios ha ordenado, decretado y querido hacer. *Compárese con* PODER ABSOLUTO.

Panenteísmo. Opinión según la cual Dios es distinto del mundo pero, no obstante, depende de él para existir, realizarse o ambas cosas. Aunque Dios y el mundo no son sinónimos (panteísmo), Dios está en el mundo y el mundo está en Dios. El panenteísmo se afirma en la teología del proceso. *Compárese con* PANTEÍSMO.

Panteísmo. Opinión según la cual Dios y el mundo son sinónimos. Dios es el mundo y el mundo es Dios. *Compárese con* PANENTEÍSMO.

Pasible. Criatura finita que experimenta cambios emocionales; alguien que sufre. *Compárese con* IMPASIBILIDAD.

Potencia pasiva. Describe algo que necesita activarse y realizarse; algo que aún debe alcanzar su potencial y llegar a la perfección. El teísmo clásico niega que Dios se caracterice por su potencia pasiva. *Compárese con* ACTO PURO (*ACTUS PURUS*) / ACTUALIDAD PURA (*PURUS ACTUA*).

Paternidad. *Véase* RELACIONES ETERNAS DE ORIGEN.

Ser perfecto. *Véase* TEÍSMO CLÁSICO.

Politeísmo. Creencia de que no existe un solo Dios, sino muchos dioses.

Potencia. *Véase* POTENCIA PASIVA.

Poder. *Véase* PODER ABSOLUTA; PODER ORDENADA.

Propiciación. Por amor a su pueblo, el Padre envió a su Hijo para que se encarnara y sustituyera al pecador a fin de pagar la pena por sus transgresiones—es decir, la ira de Dios. La Escritura dice que Cristo es la propiciación por nuestros pecados (Ro. 3:25; He. 2:17; 1 Jn. 2:2; 4:10).

Pulchrum. Se utiliza para referirse a Dios como la belleza suprema.

Acto puro (*actus purus*) / actualidad pura (*purus actua*). No hay nada en Dios que deba activarse para alcanzar su potencial, como si Dios necesitara convertirse en algo más de lo que ya es o volverse más perfecto de lo que es eternamente. Por el contrario, Él es máximamente vivo, plenamente actualizado, vida absoluta en sí mismo y por sí mismo, y por tanto incapaz de cambio o mejora como ser perfecto. Dios es acto puro, capaz de cambiar y afectar a otros, no tiene potencia pasiva, como si pudiera ser afectado y cambiado por otros. El acto puro está ligado a atributos como la infinitud, aseidad, simplicidad, inmutabilidad, eternidad atemporal, etc. *Compárese con* POTENCIA PASIVA.

Quididad. Esencia de algo o de alguien.

Justicia remunerativa. Dios distribuye recompensas (remunera) por la obediencia a su santa ley; procede del amor y la gracia pactados de Dios. *Compárese con* JUSTICIA RETRIBUTIVA.

Res significata. El objeto que se identifica está a la vista; se está significando una cosa. En relación con Dios, *res significata* se refiere al atributo que está siendo significado. Esta expresión es utilizada por Tomás de Aquino. *Compárese con* MODUS SIGNIFICANDI.

Justicia retributiva. Dios distribuye el castigo (retribuye, penaliza) por quebrantar su santa ley; procede de la santidad, rectitud y justicia de Dios en forma de ira divina. La justicia retributiva es clave para la propiciación. *Véase también* PROPICIACIÓN; *compárese con* JUSTICIA REMUNERATIVA.

Sabelianismo. *Véase* MODALISMO.

Simplicidad. Dios no está formado por partes; no es un ser compuesto o complejo. En consecuencia, no es teológicamente preciso decir que Dios posee atributos; más bien, él es sus atributos. Su esencia son sus atributos y sus atributos son su esencia; todo lo que hay en Dios simplemente es Dios. *Compárese con* COMPUESTO.

Trinitarismo social. Aunque hay diferentes tipos de trinitarismo social, en su esencia, es la creencia de que la Trinidad no se define principalmente por relaciones eternas de origen (generación eterna y espiración eterna), sino por ciertos aspectos sociales como el amor o las voluntades. El trinitarismo social ha sido adoptado por diversos teólogos modernos. *Véase también* RELACIONES ETERNAS DE ORIGEN.

Voluntad soberana. Decreto inmutable, independiente y eficaz de Dios en la eternidad sobre todas las cosas; secreto para el consejo de Dios. También se le llama voluntad "decretante" o "secreta". *Compárese con* VOLUNTAD MORAL.

Espiración. *Véase* RELACIONES ETERNAS DE ORIGEN.

Subsistencia. Típicamente usado de la Trinidad para decir que la esencia divina una y simple subsiste eternamente en tres modos personales de subsistencia: Padre, Hijo y Espíritu. En resumen, la esencia de Dios subsiste en tres personas. *Véase también* RELACIONES ETERNAS DE ORIGEN.

Summum bonum. El bien supremo.

Supereminente. Un atributo comunicable visto en la criatura es verdadero de Dios pero en medida infinita. Puesto que su ser es ilimitado, cualquier atributo comunicable en la criatura solo puede ser cierto de Dios de forma ilimitada, ya que el Creador es un tipo de ser diferente al de la criatura. *Véase también* INFINITUD.

Personalismo teísta. *Véase* MONOPOLITEÍSMO.

Eternidad atemporal. Dios no es un ser que esté sujeto a las limitaciones del tiempo. La esencia de Dios no tiene duración. *Véase también* INFINITUD.

Triteísmo. No hay un Dios sino tres dioses. El triteísmo socava la unidad de la Trinidad, negando que una esencia subsista íntegramente en tres personas.

Ubicuidad. *Véase* INMENSIDAD; OMNIPRESENCIA.

Unívoco. Algo tiene el mismo, idéntico significado que otra cosa. Aplicado al conocimiento de Dios, esto significaría que podemos conocer a Dios tal como es en sí mismo, en su esencia. Conoceríamos algo tal y como Dios lo conoce. El teísmo clásico rechaza el conocimiento unívoco de un Dios infinito. *Compárese con* ANALÓGICO; EQUÍVOCO.

Impasible. Dios es el único ser que no es movido por otro ser. Un primer ser inmóvil es necesario para explicar el movimiento de todos los demás seres y objetos móviles. *Véase también* INMUTABILIDAD; ETERNIDAD ATEMPORAL.

Verum. En relación con Dios se refiere a Dios como verdad suprema.

Via negationis. La vía de la negación. Puesto que Dios es infinito y la criatura es finita, la criatura llega a conocer mejor a Dios comprendiendo lo que no es. Este método es apropiado, dice el teísmo clásico, puesto que hay mucha más discontinuidad que continuidad entre la esencia/ser del Creador y la esencia/ser de la criatura. *Véase también* TEOLOGÍA APOFÁTICA.

Bibliografía

à Brakel, Wilhelmus. *The Christian's Reasonable Service.* Vol. 1, God, Man, and Christ. Grand Rapids: Reformation Heritage Press, 2012.

Anselmo de Canterbury. *The Major Works.* Editado por Brian Davies y G. R. Evans. Oxford: Oxford University Press, 1998.

Aquino, Tomás. *Opera Omnia.* Leonine ed. Rome: Typographia Polyglotta, 1882–.

———. *Summa contra Gentiles, Book One: God.* Traducido por Anton C. Pegis. Notre Dame, IN: University of Notre Dame Press, 1955.

———. *Summa Theologiae, Questions on God.* Editado por Brian Davies y Brian Leftow. Cambridge Texts in the History of Philosophy. Cambridge: Cambridge University Press, 2006.

Agustín de Hipona. *The City of God.* Editado por G. R. Evans. Traducido por Henry Bettenson. New York: Penguin, 1972.

———. *The Confessions.* Traducido por Henry Chadwick. Oxford: Oxford University Press, 1991.

———. *On Free Choice of the Will.* Traducido por Thomas Williams. Indianapolis: Hackett, 1993.

———. *The Trinity.* Editado por John E. Rotelle. Traducido por Edmund Hill. The Works of Saint Augustine 5. Hyde Park, NY: New City, 1991.

———. *The Trinity*. Traducido por Stephen McKenna. Fathers of the Church 45. Washington, DC: Catholic University of America Press, 1963.

Baines, Ronald S., Richard C. Barcellos, James P. Butler, Stefan T. Lindblad, and James M. Renihan, eds. *Confessing the Impassible God: The Biblical, Classical, and Confessional Doctrine of Divine Impassibility*. Palmdale, CA: RBAP, 2015.

Barrett, Jordan. *Divine Simplicity: A Biblical and Trinitarian Account*. Emerging Scholars. Minneapolis: Fortress, 2017.

Barrett, Matthew. "Balancing *Sola Scriptura* and Catholic Trinitarianism: Juan Calvino, Nicene Complexity, and the Necessary Tension of Dogmatics". *Midwestern Journal of Theology* 16, no. 2 (Fall 2017): 45–78.

———. *God's Word Alone: The Authority of Scripture*. Grand Rapids: Zondervan, 2016.

Barth, Karl. *Church Dogmatics*. Vol. 2.1, *The Doctrine of God*. 1957. Reimpresión, Peabody, MA: Hendrickson, 2010.

Bavinck, Herman. *The Doctrine of God*. Edinburgh: Banner of Truth, 1978.

———. *Reformed Dogmatics*. Vol. 2, *God and Creation*. Grand Rapids: Baker Academic, 2006.

Berkhof, Louis. *Systematic Theology*. 1959. Reimpresión, Edinburgh: Banner of Truth, 2003.

Blocher, Henri A. G. "'Middle Knowledge': Solution or Seduction?" *Unio cum Christo* 4, no. 1 (2018): 29–46.

Block, Daniel. *The Book of Ezekiel*. 2 vols. New International Commentary on the Old Testament. Grand Rapids: Eerdmans, 1997–98.

Boecio. *The Consolation of Philosophy*. Traducido por Victor Watts. London: Penguin, 1999.

Botterweck, G. Johannes, y Helmer Ringgren, eds. *Theological Dictionary of the Old Testament*. Traducido por John T. Willis et al. 15 vols. Grand Rapids: Eerdmans, 1974–2006.

Boyer, Steven D., y Christopher Hall. *The Mystery of God: Theology for Knowing the Unknowable*. Grand Rapids: Baker Academic, 2012.

Bray, Gerald. *The Doctrine of God*. Contours of Christian Theology. Downers Grove, IL: InterVarsity, 1993.

Calvino, Juan. *The Covenant Enforced: Sermons on Deuteronomy 27 and 28*. Editado por James B. Jordan. Tyler, TX: Institute for Christian Economics, 1990.

———. *Institutes of the Christian Religion*. Editado por John T. McNeill. Traducido por Ford Lewis Battles. 2 vols. The Library of Christian Classics. 1960. Reprint, Louisville: Westminster John Knox, 2006.

———. *The Secret Providence of God*. Editado por Paul Helm. Wheaton: Crossway, 2010.

Carson, D. A. *The Difficult Doctrine of the Love of God*. Wheaton: Crossway, 2000.

———. *Divine Sovereignty and Human Responsibility: Biblical Perspectives in Tension*. Eugene, OR: Wipf and Stock, 2002.

———. *How Long, O Lord? Reflections on Suffering and Evil*. 2ª ed. Grand Rapids: Baker Academic, 2006.

Carter, Craig A. *Interpreting Scripture with the Great Tradition: Recovering the Genius of Premodern Exegesis*. Grand Rapids: Baker Books, 2018.

"The Chalcedonian Decree". En *Christology of the Later Fathers*, editado por Edward R. Hardy, Library of Christian Classics, 373. Louisville: Westminster John Knox, 1954.

Charnock, Stephen. *Discourses upon the Existence and Attributes of God*. 2 vols. 1874. Reimpresión, Grand Rapids: Baker, 1996.

―――. *The Works of Stephen Charnock*. Volumes 1 y 2. Edinburgh: Banner of Truth, 1986, 2010.

Craig, William Lane. *"Toward a Tenable Social Trinitarianism"*. In *Philosophical and Theological Essays on the Trinity*, editado por Thomas McCall and Michael C. Rea, 89–99. Oxford: Oxford University Press, 2009.

Dalberg-Acton, John. *Historical Essays and Studies*. Editado por J. N. Figgis and R. V. Laurence. London: Macmillan, 1907.

Dixon, Thomas. *From Passions to Emotions: The Creation of a Secular Psychological Category*. Cambridge: Cambridge University Press, 2006.

―――. "Theology, Anti-Theology and Atheology: From Christian Passions to Secular Emotions". *Modern Theology* 15, no. 3 (1999): 297–330.

Dodds, Michael J. *The Unchanging God of Love: Thomas Aquinas and Contemporary Theology on Divine Immutability*. Washington, DC: Catholic University of America Press, 2008.

Dolezal, James E. *All That Is in God: Evangelical Theology and the Challenge of Classical Christian Theism*. Grand Rapids: Reformation Heritage Books, 2017.

―――. *God without Parts: Divine Simplicity and the Metaphysics of God's Absoluteness*. Eugene, OR: Pickwick, 2011.

―――. "Still Impassible: Confessing God without Passions". *Journal of the Institute of Reformed Baptist Studies* 1 (2014): 125–51.

―――. "Strong Impassibility". En *Divine Impassibility: Four Views of God's Emotions and Suffering*, editado por Robert Matz y A. Chadwick Thornhill. Downers Grove, IL: IVP Academic, 2019.

Dorner, Isaak A. *Divine Immutability: A Critical Reconsideration*. Traducido por Robert R. Williams y Claude Welch. Fortress Texts in Modern Theology. Minneapolis: Fortress, 1994. Primera publicación en alemán en 1856–58.

Duby, Steven J. *Divine Simplicity: A Dogmatic Account*. T&T Clark Studies in Systematic Theology. New York: Bloomsbury T&T Clark, 2016.

Edwards, Jonathan. *Charity and Its Fruits*. Carlisle, PA: Banner of Truth Trust, 1969.

———. *Discourse on the Trinity*. In *The Works of Jonathan Edwards*, vol. 21, *Writings on the Trinity, Grace, and Faith*. New Haven: Yale University Press, 2003.

———. *The End for Which God Created the World*. En John Piper, *God's Passion for His Glory: Living the Vision of Jonathan Edwards*, 117–252. Wheaton: Crossway, 1998.

———. *The Nature of True Virtue*. In *The Works of Jonathan Edwards*, vol. 8, *Ethical Writings*, ed. Paul Ramsey, 537–627. New Haven: Yale University Press, 1989.

Ellis, Brannon. *Calvin, Classical Trinitarianism & the Aseity of the Son*. Oxford: Oxford University Press, 2012.

The ESV Study Bible. Wheaton: Crossway, 2008.

Feinberg, John S. *No One Like Him: The Doctrine of God*. Foundations of Evangelical Theology. Wheaton: Crossway, 2001.

Feser, Edward. *Scholastic Metaphysics*. Germany: Editiones Scholasticae, 2014.

Frame, John M. *The Doctrine of God*. Phillipsburg, NJ: P&R, 2002.

Garrett, Duane A. *A Commentary on Exodus*. Kregel Exegetical Library. Grand Rapids: Kregel Academic, 2014.

Gavrilyuk, Paul L. "God's Impassible Suffering in the Flesh: The Promise of Paradoxical Christology". En *Divine Impassibility and the Mystery of Human Suffering*, editado por James F. Keating y Thomas Joseph White, 127–49. Grand Rapids: Eerdmans, 2009.

———. *The Suffering of the Impassible God: The Dialectics of Patristic Thought.* Oxford Early Christian Studies. Oxford: Oxford University Press, 2004.

Gill, John. *A Body of Doctrinal Divinity.* Atlanta: Turner Lassetter, 1957.

Gregorio Nacianceno. *Theological Orations.* En *Nicene and Post-Nicene Fathers,* segunda serie, editado por Philip Schaff y Henry Wace, 7:203– 434. Peabody, MA: Hendrickson, 2012.

———. *To Cledonius the Priest against Apollinarius.* In *Nicene and Post-Nicene Fathers,* segunda serie, editado por Philip Schaff y Henry Wace, 7:439–43. Peabody, MA: Hendrickson, 2012.

Gregorio de Nisa. *Quod Non Sint Tres Dii, ad Ablabium.* En *Patrologia Graeca,* editado por Jacques-Paul Migne, vol. 45. Paris, 1863.

Gunton, Colin E. *Act and Being: Towards a Theology of the Divine Attributes.* London: SCM, 2002.

Hamilton, Victor P. *Exodus: An Exegetical Commentary.* Grand Rapids: Baker Academic, 2011.

Hanby, Michael. *No God, No Science? Theology, Cosmology, Biology.* Oxford: Wiley-Blackwell, 2013.

Harman, Allan. "Singing and Living Justification by Faith Alone: The Psalms and the Wisdom Literature". En *The Doctrine on Which the Church Stands or Falls,* editado por Matthew Barrett. Wheaton: Crossway, forthcoming.

Hart, David Bentley. *The Experience of God: Being, Consciousness, Bliss.* New Haven: Yale University Press, 2013.

Helm, Paul. *Eternal God.* Oxford: Clarendon, 1988.

———. "The Impossibility of Divine Passibility". En *The Power and Weakness of God: Impassibility and Orthodoxy; Papers Presented at the Third Edinburgh Conference in Christian Dogmatics,* 1989, editado por Nigel M. de S. Cameron, 119–40. Edinburgh: Rutherford, 1990.

Henry, Carl F. H. *God Who Stands and Stays*. Vol. 5, *God, Revelation and Authority*. Wheaton: Crossway, 1999.

Hodge, Charles. *Systematic Theology*. Vol. 1. Grand Rapids: Eerdmans, 1986.

Hogg, David S. "Anselm of Canterbury (1033–1109)". En *The Dictionary of Historical Theology*, editado por Trevor A. Hart, 16–18. Grand Rapids: Eerdmans, 2000.

Horton, Michael. *The Christian Faith: A Systematic Theology for Pilgrims on the Way*. Grand Rapids: Zondervan, 2011.

———. *Christless Christianity: The Alternative Gospel of the American Church*. Grand Rapids: Baker Books, 2008.

———. *Pilgrim Theology*. Grand Rapids: Zondervan, 2013.

Huffman, Douglas S., and Eric L. Johnson, eds. *God under Fire: Modern Scholarship Reinvents God*. Grand Rapids: Zondervan, 2000.

Ireneo. *Against Heresies*. En *Ante-Nicene Fathers*, editado por Alexander Roberts y James Donaldson, 1:315–567. Peabody, MA: Hendrickson, 2012.

John Chrysostom. *On the Incomprehensible Nature of God*. Traducido por Paul W. Harkins. Washington, DC: Catholic University of America Press, 2010.

Juan de Damasco. *Expositio de Fide Orthodoxa*. En *Patrologia Graeca*, editado por Jacques-Paul Migne, vol. 94. Paris, 1863.

———. *Exposition of the Orthodox Faith*. Traducido por S. D. F. Salmond. En *Nicene and Post-Nicene Fathers*, segunda serie, editado por Philip Schaff y Henry Wace, 9:1–101. Peabody, MA: Hendrickson, 2012.

———. *The Orthodox Faith*. En *Writings*, traducido por Frederic H. Chase Jr., 165–406. Washington, DC: Catholic University of America Press, 1958.

Kuhn, P. *Gottes Selbsterniedrigung in der Theologie der Rabbinen*. Munich: Kösel, 1968.

Leigh, Edward. *A Systeme or Body of Divinity*. London, n.d. Lewis, C. S. *The Problem of Pain*. New York: Macmillan, 1959.

———. *The Weight of Glory*. New York: HarperCollins, 2001.

Lister, J. Ryan. *The Presence of God: Its Place in the Storyline of Scripture and the Story of Our Lives*. Wheaton: Crossway, 2015.

Lister, Rob. *God Is Impassible and Impassioned: Toward a Theology of Divine Emotion*. Wheaton: Crossway, 2013.

Littlejohn, Bradford. *God of Our Fathers: Classical Theism for the Contemporary Church*. Moscow, ID: The Davenant Institute, 2018.

Long, D. Stephen. *The Perfectly Simple Triune God: Aquinas and His Legacy*. Minneapolis: Fortress, 2016.

McCormack, Bruce L., ed. *Engaging the Doctrine of God: Contemporary Protestant Perspectives*. Grand Rapids: Baker Academic, 2008.

McGinnis, Andrew M. *The Son of God beyond the Flesh: A Historical and Theological Study of the* extra Calvinisticum. New York: Bloomsbury T&T Clark, 2014.

Molina, Luis de. *On Divine Foreknowledge: Part IV of the "Concordia"*. Traducido por by Alfred J. Freddoso. Cornell Classics en Philosophy. Reimpresión, New York: Cornell University Press, 2004.

Moltmann, Jürgen. *The Crucified God: The Cross of Christ as the Foundation and Criticism of Christian Theology*. 40th anniv. ed. Minneapolis: Fortress, 2015.

———. *The Trinity and the Kingdom: The Doctrine of God*. Minneapolis: Fortress, 1993.

Moreland, J. P., y William Lane Craig. *Philosophical Foundations for a Christian Worldview*. Downers Grove, IL: InterVarsity, 2003.

Mozley, J. K. *The Impassibility of God: A Survey of Christian Thought*. Cambridge: Cambridge University Press, 1926.

Muller, Richard A. *Dictionary of Latin and Greek Theological Terms: Drawn Principally from Protestant Scholastic Theology.* 2ª ed. Grand Rapids: Baker Academic, 2017.

———. *The Divine Essence and Attributes.* Vol. 3, *Post-Reformation Reformed Dogmatics: The Rise and Development of Reformed Orthodoxy, ca. 1520 to ca. 1725.* Grand Rapids: Baker Academic, 2003.

———. "Incarnation, Immutability, and the Case for Classical Theism". *Westminster Theological Journal* 45 (1983): 22–40.

———. *The Triunity of God.* Vol. 4 of *Post-Reformation Reformed Dogmatics: The Rise and Development of Reformed Orthodoxy, ca. 1520 to ca. 1725.* Grand Rapids: Baker Academic, 2003.

Nash, Ronald H. *The Concept of God: An Exploration of Contemporary Difficulties with the Attributes of God.* Grand Rapids: Zondervan, 1983.

Ockham, William. *Predestination, God's Foreknowledge, and Future Contingents.* Traducido por Marilyn McCord Adams y Morman Kretzmann. 2ª ed. Indianapolis: Hackett, 1983.

Oden, Thomas C. *The Living God.* Vol. 1, *Systematic Theology.* San Francisco: HarperSanFrancisco, 1987.

Oliphint, K. Scott. *God with Us: Divine Condescension and the Attributes of God.* Wheaton: Crossway, 2012.

———. *The Majesty of Mystery: Celebrating the Glory of an Incomprehensible God.* Bellingham, WA: Lexham, 2016.

Orígenes. *De Principiis.* En *Ante-Nicene Fathers,* editado por Alexander Roberts y James Donaldson, 4:239–382. Peabody, MA: Hendrickson, 2012.

———. *Homilies on Jeremiah; Homily on 1 Kings 28.* Traducido por John Clark Smith. Fathers of the Church 97. Washington, DC: Catholic University of America Press, 1998.

Oswalt, John N. *The Book of Isaiah: Chapters 1–39*. New International Commentary on the Old Testament. Grand Rapids: Eerdmans, 1986.

Owen, John. *The Works of John Owen*. Editado por William H. Goold. Vol. 2, *Of Communion with God the Father, Son, and Holy Ghost*. Edinburgh: Banner of Truth, 1965.

———. *The Works of John Owen*. Editado por William H. Goold. Vol. 3, *Discourse Concerning the Holy Spirit*. 1850–53. Reimpresión, Edinburgh: Banner of Truth Trust, 2009.

———. *The Works of John Owen*. Editado por William H. Goold. Vol. 12, *Vindicae Evangelicae*. 1850–53. Reimpresión, Edinburgh: Banner of Truth Trust, 1999.

Packer, J. I. *Keep in Step with the Spirit: Finding Fullness in Our Walk with God*. Rev. ed. Grand Rapids: Baker Books, 2005.

———. *Knowing God*. Downers Grove, IL: InterVarsity, 1973.

———. *Puritan Portraits*. Fearn, Ross-shire: Christian Focus, 2012.

Parker, Robert. "Greek Religion". En *The Oxford Illustrated History of Greece and the Hellenistic World*, editado por John Boardman, Jasper Griffin, y Oswyn Murray, 248–68. Oxford: Oxford University Press, 1988.

Peterson, David. *Possessed by God: A New Testament Theology of Sanctification and Holiness*. Downers Grove, IL: InterVarsity, 1995.

Pink, Arthur W. *The Attributes of God*. Grand Rapids: Baker, 1975.

Piper, John. *Desiring God: Meditations of a Christian Hedonist*. Colorado Springs: Multnomah, 2011.

———. *The Pleasures of God: Meditations on God's Delight in Being God*. Rev. ed. Sisters, OR: Multnomah, 2000.

Placher, William C. *The Domestication of Transcendence: How Modern Thinking about God Went Wrong*. Louisville: Westminster John Knox, 1998.

Raddle-Gallwitz, Andrew. *Basil of Caesarea, Gregory of Nyssa, and the Transformation of Divine Simplicity.* Oxford Early Christian Studies. Oxford: Oxford University Press, 2009.

Renihan, Samuel. *God without Passions: A Primer; A Practical and Pastoral Study of Divine Impassibility.* Palmdale, CA: RBAP, 2015.

———, ed. *God without Passions: A Reader.* Palmdale, CA: RBAP, 2015.

Rennie, Charles J. "Analogy and the Doctrine of Divine Impassibility". En Baines et al., *Confessing the Impassible God*, 47–80.

———. "A Theology of the Doctrine of Divine Impassibility: (I) Impassibility and the Essence and Attributes of God". En Baines et al., *Confessing the Impassible God*, 279–304.

———. "A Theology of the Doctrine of Divine Impassibility: (II) Impassibility and the Divine Affections". En Baines et al., *Confessing the Impassible God*, 305–36.

Rogers, Katherin A. *Perfect Being Theology.* Reason and Religion. Edinburgh: Edinburgh University Press, 2000.

Sanders, Fred. *The Deep Things of God: How the Trinity Changes Everything.* Wheaton: Crossway, 2010.

———. *The Triune God.* New Studies in Dogmatics. Grand Rapids: Zondervan, 2016.

Sanlon, Peter. *Simply God: Recovering the Classical Trinity.* Nottingham, England: Inter-Varsity, 2014.

Schaeffer, Francis A. *No Little People.* In *The Complete Works of Francis A. Schaeffer*, 3:3–194. Wheaton: Crossway, 2003.

Shedd, William G. T. *Dogmatic Theology.* Editado por Alan W. Gomes. 3ª ed. Phillipsburg, NJ: P&R, 2003.

Sheridan, Mark. *Language for God in Patristic Tradition: Wrestling with Biblical Anthropomorphism.* Downers Grove, IL: IVP Academic, 2005.

Smith, William Chalmers. "Immortal, Invisible". En *Hymns for Praise and Worship*, no. 21. Nappanee, IN: Evangel, 1984.

Sonderegger, Katherine. *Systematic Theology*. Vol. 1, *The Doctrine of God*. Minneapolis: Fortress, 2015.

Sproul, R. C. *Enjoying God: Finding Hope in the Attributes of God*. Grand Rapids: Baker Books, 2017.

Swain, Scott R. "Divine Trinity". En *Christian Dogmatics: Reformed Theology for the Church Catholic*, editado por Michael Allen y Scott R. Swain, 78–106. Grand Rapids: Baker Academic, 2016.

Swinnock, George. *The Incomparableness of God*. Vol. 4 *of The Works of George Swinnock*. Edinburgh: Banner of Truth, 1992.

"El símbolo de Calcedonia". En *The Creeds of Christendom*, editado por Philip Schaff, 2:62–63. Reimpresión, Grand Rapids: Baker Books, 2007.

Tertuliano. *Against Marcion*. En *Ante-Nicene Fathers*, editado por Alexander Roberts y James Donaldson, 3:271–475. Peabody, MA: Hendrickson, 2012.

Thoennes, K. Erik. *Godly Jealousy: A Theology of Intolerant Love*. Fearn, Ross-shire: Mentor, 2005.

Tozer, A. W. *The Attributes of God*. Vol. 1, *A Journey into the Father's Heart*. Camp Hill, PA: Christian Publications, 1997.

———. *The Attributes of God*. Vol. 2, *Deeper into the Father's Heart*. Camp Hill, PA: Christian Publications, 2001.

———. *The Knowledge of the Holy*. San Francisco: HarperSanFrancisco, 1961.

Turretin, Francis. *Institutes of Elenctic Theology*. Editado por James T. Dennison Jr. Traducido por George Giger. Vol. 1, *First through Tenth Topics*. Phillipsburg, NJ: 1992.

Ussher, James. *A Body of Divinitie, or the Summe and Substance of Christian Religion*. London: M.F., 1645.

Vanhoozer, Kevin J. *Remythologizing Theology: Divine Action, Passion, and Authorship*. Cambridge Studies in Christian Doctrine. Cambridge: Cambridge University Press, 2010.

Vos, Geerhardus. *Reformed Dogmatics*. Traducido por Richard B. Gaffin Jr. Vol. 1, *Theology Proper*. Bellingham, WA: Lexham, 2012–14.

Waltke, Bruce K., y James M. Houston. *The Psalms as Christian Worship: A Historical Commentary*. Grand Rapids: Eerdmans, 2010.

Ware, Bruce, ed. *Four Views on the Doctrine of God*. Nashville: B&H, 2008.

———. *God's Greater Glory: The Exalted God of Scripture and the Christian Faith*. Wheaton: Crossway, 2004.

———. *God's Lesser Glory: The Diminished God of Open Theism*. Wheaton: Crossway, 2000.

Watson, Thomas. *A Body of Divinity*. Reimpresión, Edinburgh: Banner of Truth, 2012.

Webster, John. *Confessing God: Essays in Christian Dogmatics II*. New York: Bloomsbury T&T Clark, 2016.

———. *God without Measure: Working Papers in Christian Theology*. Vol. 1, *God and the Works of God*. New York: Bloomsbury T&T Clark, 2016.

Weinandy, Thomas G. *Does God Change? The Word's Becoming in the Incarnation*. Studies in Historical Theology 4. Still River, MA: St. Bede's Press, 2002.

———. "Does God Suffer?" *First Things* 117 (November 2001): 35–41.

———. Does God Suffer? *The Mystery of God's Love*. Notre Dame, IN: University of Notre Dame Press, 2000.

———. "Impassibility of God". En *New Catholic Encyclopedia*, editado por Thomas Carson y Joann Cerrito, 7:357–60. 2ª ed. Detroit: Thomson Gale, 2003.

Williams, Garry J. *His Love Endures Forever: Reflections on the Immeasurable Love of God.* Wheaton: Crossway, 2016.

Zimmerli, Walther. *Ezekiel.* Hermeneia. 2 vols. Philadelphia: Fortress, 1979–83.

NOVEDAD

En este libro Duane A. Garrett también explora importantes temas interpretativos como la naturaleza de la ley, la función de la elección y los pactos, y cómo funciona la profecía, ofreciendo audazmente un camino a seguir que es fiel al texto y a la fe cristiana.

LANZAMIENTO EN 2024

VOLUMEN I
PROLEGÓMENOS A LA TEOLOGÍA

DOGMÁTICA REFORMADA POSTERIOR A LA REFORMA

Origen y desarrollo de la ortodoxia reformada, ca. 1520 a ca. 1725

RICHARD A. MULLER

Segunda Edición

Richard Muller ha emprendido este estudio exhaustivo de doctrinas específicas para demostrar cómo se desarrolló la doctrina en el período protestante temprano.

Nuestra meta es equipar a cada creyente con literatura de un sólido contenido bíblico que le permita profundizar en la Palabra de Dios y crecer en la madurez cristiana.

Síguenos en redes sociales
como **@montealtoes**

Puedes *adquirir* nuestros libros en:
www.montealtoeditorial.com

www.ingramcontent.com/pod-product-compliance
Lightning Source LLC
LaVergne TN
LVHW040040080526
838202LV00045B/3426